中小学教师  培训

教育法规与教师道德

卫建国◎主　编
陈红艳◎副主编

ZHONGXIAOXUE JIAOSHI PEIXUN YONGSHU

Jiaoyu fagui yu jiaoshi daode

北京师范大学出版集团
BEIJING NORMAL UNIVERSITY PUBLISHING GROUP
北京师范大学出版社

图书在版编目(CIP)数据

教育法规与教师道德/卫建国主编. —北京：北京师范大学出版社，2013.7(2022.8重印)
(中小学教师培训用书，卫建国主编)
ISBN 978-7-303-16426-4

Ⅰ.①教… Ⅱ.①卫… Ⅲ.①基础教育－教育法－研究－中国②中小学－教师－师德－研究－中国 Ⅳ.①D922.164②G635.16

中国版本图书馆 CIP 数据核字(2013)第 094393 号

北师大出版社教师教育分社微信公众号　京师教师教育

出版发行：	北京师范大学出版社　www.bnupg.com
	北京市西城区新街口外大街 12-3 号
	邮政编码：100088
印　　刷：	北京虎彩文化传播有限公司
经　　销：	全国新华书店
开　　本：	730 mm×980 mm　1/16
印　　张：	11.5
字　　数：	210 千字
版　　次：	2013 年 7 月第 1 版
印　　次：	2022 年 8 月第 10 次印刷
定　　价：	23.00 元

策划编辑：陈红艳	责任编辑：陈红艳
美术编辑：纪　潇	装帧设计：纪　潇
责任校对：李　菡	责任印制：马　洁

版权所有　侵权必究
反盗版、侵权举报电话：010-58800697
北京读者服务部电话：010-58808104
外埠邮购电话：010-58808083
本书如有印装质量问题，请与印制管理部联系调换
印制管理部电话：010-58805079

序 言
PREFACE

　　教育大计，教师为本；有好的教师，才有好的教育。这不仅成为国人的共识，而且也成为全球各国有识之士的共识。在当代中国，随着基础教育改革的不断深入，人们逐渐认识到，更新教育观念，提高教育质量，深化教学改革，归根到底取决于教师的素质和水平。没有好的教师，就难有好的教育，就难以培养高水平的学生，教育教学改革也难以进行下去。提升教师素质尤其是提升农村中小学教师素质，努力造就一支师德高尚、业务精湛、结构合理、充满活力的高素质专业化教师队伍，是推动我国基础教育发展的根本保障。

　　习近平总书记在全国教育大会上指出，教师是人类灵魂的工程师，是人类文明的传承者，承载着传播知识、传播思想、传播真理，塑造灵魂、塑造生命、塑造新人的时代重任，要坚持把教师队伍建设作为基础工作。高等师范院校作为培养教师的基地，在提升中小学教师素质方面肩负着义不容辞的责任。随着教师教育改革的不断深化以及教师教育职前职后一体化进程的全面推进，高等师范院校的职责也发生了新的变化。高等师范院校不仅要继续担负教师教育职前培养这一传统的任务，培养高素质的中小学教师；而且要承担教师教育职后培训这一新的任务，提高现有中小学教师队伍的素质。从近几年高等师范院校教师教育改革的实践看，高等师范院校在中小学教师职后培训方面可以大有作为。

　　首先，高等师范院校可以为中小学教师提供职后培训，提升中小学教师素质。这种培训可以是全方位的，包括教育观念、教学模式、专业内容、课程培训、岗前培训、入职培训、听课评课指导等。

其次，高等师范院校在研究基础教育、引领基础教育的教学改革与发展方面可以大有作为。简言之，高等师范院校要不断创新服务基础教育的形式，提高服务基础教育的能力，通过研究和服务基础教育，引领基础教育的发展方向。这是一项十分重要的任务，也是一项比较困难的任务。在这方面，教育部直属高等师范院校做了大量工作，地方师范院校做得还比较欠缺，需要加大工作力度。

最后，高等师范院校可以在中小学建立教研科研基地，帮助和带领中小学教师共同进行教研科研活动，提高他们的教研科研能力。这是高师院校教师的优长所在，也是在更深入和更高层次上服务基础教育和引领基础教育的活动。

为了适应教师教育改革和中小学教师职后培训需要，我们在多年进行中小学教师职后培训实践的基础上，编写了这套中小学教师职前与职后培训用书。

本套用书在策划和编写过程中，始终强调要体现三个特点：其一，前瞻性或前沿性：教材内容要反映本学科发展的最新成果和发展趋势，观点要新，内容要新。其二，实践性、实用性、可操作性：紧密结合中小学教育教学实际，贴近中小学教师工作实际，立足于管用和应用，选择与中小学教育教学密切相关的重要问题加以讨论。其三，简洁性与可读性：简单明了，形式力求活泼。突出案例教学，或以案例为主线呈现教材内容，用鲜活生动的案例表现教材内容，避免空谈理论。

我们深知，提高中小学教师的整体素质是一件复杂而困难的工作，不是编写一套书或讲几节课就能解决问题的。但有一套内容观点先进、实践性和应用性强、形式简洁灵活的培训用书，毕竟也是一件十分重要和必要的工作。我们的这项工作愿意为提升中小学教师素质尽绵薄之力。

是为序。

卫建国
于山西师范大学

目 录
CONTENTS

专题一　教育法原理 ·· 1
　　一、教育法的性质、地位和体系 ································ 1
　　二、教育法律关系 ·· 3
　　三、教育法律责任 ·· 7
　　四、教育行政执法和教育法律救济 ····························· 16

专题二　教育法律法规解读 ··· 21
　　一、《中华人民共和国教育法》解读 ·························· 21
　　二、《中华人民共和国义务教育法》解读 ···················· 39
　　三、《中华人民共和国教师法》解读 ·························· 46
　　四、《中华人民共和国未成年人保护法》解读 ·············· 53

专题三　依法治教与教育者的法律素养 ························ 57
　　一、依法治教的主要内容 ··· 57
　　二、教育者的法律素养及提高途径 ····························· 71

专题四　教师职业与教师道德 ····································· 78
　　一、教师劳动的特点和价值 ······································ 78
　　二、教师道德的特点和作用 ······································ 86

专题五　《中小学教师职业道德规范》解读 ················· 95
　　一、爱国守法：教师职业的基本要求 ························· 95
　　二、爱岗敬业：教师职业的本质要求 ························ 101

三、关爱学生：师德的灵魂 …………………………………… 106
　　四、教书育人：教师的天职 …………………………………… 113
　　五、为人师表：教师职业的内在要求 ………………………… 123
　　六、终身学习：教师专业发展的不竭动力 …………………… 127
专题六　中小学教师常见的道德问题与道德困惑 ……………… 135
　　一、中小学教师常见的道德问题 ……………………………… 135
　　二、职业迷惘与师德困惑 ……………………………………… 141
专题七　现代社会的师德培育和师德修养 ……………………… 147
　　一、师德培育和修养的意义与目标 …………………………… 147
　　二、师德培育和修养的原则 …………………………………… 155
　　三、师德培育和修养的方法与途径 …………………………… 164
参考文献 …………………………………………………………… 174
后　　记 …………………………………………………………… 176

专题一 教育法原理

一、教育法的性质、地位和体系

(一)教育法的含义及其特征

教育法是国家制定的调整教育关系的法律规范的总和。教育法的调整对象是教育社会关系,它是国家机关、教育行政部门、各级各类学校及其他教育机构、教职工、学生、学生家长、社会团体和公民等在教育活动中形成的各种社会关系。

法律具有程序性、规范性、确定性、普遍约束性和强制性。教育法作为法的重要组成部分,除具有法的一般特征外,还有自身的特征。

(1)广泛性。教育法涉及的法律关系主体和适用范围都十分广泛,所以具有广泛性。教育是一种社会性事业,涉及千家万户、各个机关和社会其他各方面,已经成为一种最广泛的社会活动。

(2)行政主导性。教育关系以教育行政法律关系为主,具有行政主导性,这一点与民事关系所特有的双向性和刑事关系的触犯刑律性有重要区别,而与行政规范有很强的关联。

(3)教育性。教育法除具有法的评价、指引、预测、强制作用外,更侧重于法的教育作用。教育法主要是靠教育宣传和行政措施来加以贯彻。在处理教育纠纷时,主要有警告、记过、降级、撤职、开除等行政处分。在解决教育问题中,通常情况下,较多地采用说服教育、批评教育等措施。

(二)教育法的内容和体系

教育法的体系是指教育法作为一个专门的法律部门,按照一定的原则组成一个相互协调、完整统一的整体。它是教育法按照一定的纵向和横向联系组成的,是覆盖各级各类教育和教育主要方面的、不同效力的教育法律法规的体系。

1. 教育法体系的纵向结构

教育法体系的纵向结构是指由不同层次的教育法律、法规组成等级有序的纵向关系。它表现了一个国家的教育法律、法规是由哪些层次的教育法律形式所组成，以及它们之间的从属关系。教育法体系的纵向结构，实际上是教育法的表现形式、渊源。我国教育法的表现形式主要有：宪法中的教育条款、教育基本法和教育单行法、教育行政法规、地方性教育法规、部门教育规章和地方政府教育规章。除了上述五种主要形式外，教育法的表现形式还有自治条例，其地位相当于地方性法规或条例，教育国际条约或协定也是教育法的表现形式。

(1)教育法的层级。各种表现形式的教育法，由于制定机关的性质和法律地位不同，因而就具有不同的法律效力，按效力大小，我们可以把教育法各种主要形式，从高到低排成以下五个层级。

层级	形式	制定机关
	宪法中的教育条款	全国人民代表大会
第一层级	教育基本法律	全国人民代表大会
第二层级	教育单行法律	全国人民代表大会常务委员会
第三层级	教育行政法规	国务院
第四层级	地方性教育法规	省、自治区、直辖市人大或其常委会
第五层级	教育规章 — 部门教育规章	教育部及国务院部委
	教育规章 — 地方政府教育规章	省、自治区、直辖市人民政府

这五个层次与宪法中的教育条款，为教育活动提供了系统的行为规则，其中前四个层次，是法院审理教育行政案件的依据；这五个层次构成教育行政机关教育管理活动和教育行政复议的依据。

(2)教育法的效力从属关系。各种形式的教育法在效力上有如下图所示的从属关系：

图中箭头表示从属关系，下一级的教育法不能与本级以上的教育法相抵触。上位阶教育法律的效力高于下位阶教育法律的效力，当下位阶教育法律与上位阶教育法律发生抵触时，下位阶教育法律不具有法律效力，应当依法予以废止或修改。同位阶教育法律的规定发生冲突时，特别法的规定优于普通法的规定，适用特别法的规定，普通法的规定不予适用，但普通法的规定仍具有法律效力。教育政策在与教育法律法规不发生冲突时，也可以用来协调教育关系。同位阶的教育法律法规具有同等效力，可以同时适用或选择适用。

2. 教育法体系的横向结构

教育法体系的横向结构是指划分出若干个平行的，处于同一层级的部门法，

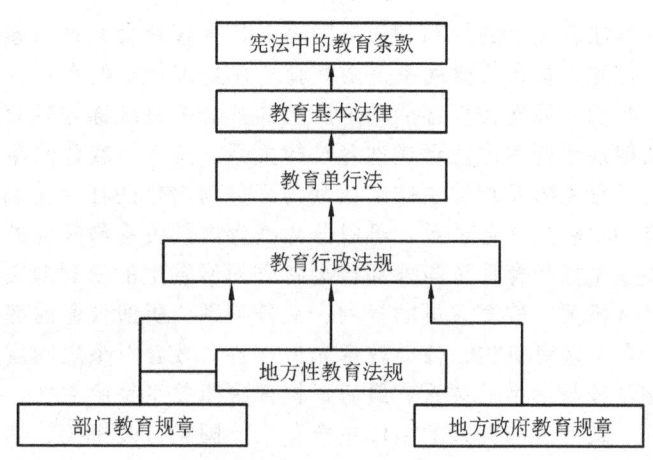

教育法的效力从属关系图

从而形成教育法调整的横向覆盖面。

我国的教育法体系正在形成之中。从现有状况和立法趋势看,主要含以下八大部类:①教育基本法;②义务教育法;③职业教育法;④高等教育法;⑤教师法;⑥成人教育法或终身教育法;⑦学位法;⑧教育投入法或教育财政法。

3. 教育法的基本内容

我国现行教育法主要包括《中华人民共和国教育法》《中华人民共和国教师法》《中华人民共和国义务教育法》《中华人民共和国高等教育法》《中华人民共和国职业教育法》《中华人民共和国民办教育促进法》《中华人民共和国学位条例》《教师资格条例》等。

二、教育法律关系

(一)教育法律关系的含义及特征

法律关系是法律通过调整社会生活而形成的体现为相关主体之间法律意义上权利和义务联系的那一部分社会关系,是社会关系内容和法律形式的有机统一。[1] 教育法律关系是教育法律通过调整教育社会生活而形成的教育主体及相

---

[1] 姚建宗:《法理学》,198页,北京,中国政法大学出版社,2006。

关主体之间教育法意义上的权利和义务关系，是教育社会关系内容和教育法律形式的统一。首先，教育法律关系是由教育法律规范调整的在教育活动中产生的社会关系。我们一般把在教育活动中产生的社会关系统称为教育关系。教育关系受教育法律规范调整才能形成教育法律关系。其次，教育法律关系是以教育法律规定的教育主体及相关主体的权利与义务为内容的社会关系。通常，由教育法律调整的权利与义务关系，可以分为教育内部关系与教育外部关系。所谓教育外部关系是指教育系统与外部社会各方面所发生的权利与义务关系。如政府机关与教育机关、教育人员的权利、义务关系。所谓教育内部关系是指教育系统内部的各类教育机构、各类教育人员及各类教育对象之间发生的权利与义务关系。如学校与学生的关系。最后，教育法律关系是由主体、客体与内容三要素构成的。教育法律关系的主体主要包括：国家行政机关、学校及其他教育机构、教师和其他教育工作者、受教育者、公民等；客体是指教育法律关系主体的权利与义务共同指向的对象。它主要包括：教育行为、教育财产和精神产品等；教育法律关系的内容是教育法律关系主体享有的权利与承担的义务。这三者共同构成了教育法律关系，缺一不可。

(二)教育法律关系的分类

1. 教育行政法律关系

教育行政法律关系是指教育行政主体在实施教育行政管理过程中，与教育行政管理相对人之间形成的具有教育法权利义务内容的行政关系。在我国的教育活动中，教育行政法律关系主要表现为教育行政机关与学校等教育机构在对教育实施行政管理的过程中，与广大教师、学生之间形成的具有教育法权利义务内容的行政关系，主要包括教育行政机关与学校之间，教育行政机关与教师、学生之间，学校与教师、学生之间的因教育行政主体实施法律、法规授予的行政管理职权所发生的各种行政法律关系。

2. 教育民事法律关系

教育民事法律关系是由教育民事法律规范所调整的在教育活动中发生的人与人之间的关系。教育民事法律关系主要是一种合同关系。教育合同是指教育机构与公民、法人、其他社会组织之间为实现一定的教育目的而签订的有关实施教育教学行为或提供教育协作行为的协议，包括人才培养合同和联合办学合同。教育合同都是为某种教育目的而设立，故其权利义务必须包含教育方面的特定内容。所谓"特定内容"，是指提供某种教育教学行为或教育协作行为。因此，应划清教育合同与其他相关合同的界限：

①应区分教育合同与教育机构同外界进行一般民事交往的民事合同。教育

机构为满足自身需要购买资料设备、进行技术交易以及基建对外发包等所签订的合同不应属于教育合同,因其既非教育目的也不具有特定的教育内容。

②应区分教育合同与教师聘任合同。两者的区别同样在于内容上的差异。聘任合同是教育机构为完成其教育职能而与教师签订的有关录用、报酬、辞聘等方面的协议,并不涉及教育过程本身即不具有教育特定内容,因此也不属于教育合同,这类合同应属劳动合同或传统意义上的雇佣合同。

③应区分教育合同与行政合同。行政合同旧称"公法契约",是国家机关与国家机关、个人与国家机关之间以发生所谓公法上的关系(行政权利义务关系)为目的的合同行为,如计划生育的保证协议等。它同教育合同的明显差异表现为主体与目的不同,教育合同为平等的教育主体间以发生教育民事法律关系为目的而签订的合同;行政合同则是行政主体为发生行政关系之目的而签订的合同。

(三)教育法律关系的产生、变更和消灭

教育法律关系的产生,是指教育法律关系主体开始取得某项权利或承担某项义务,即在教育法律关系主体之间构成了一定的权利与义务关系。如一个学生被某一学校录取并入学注册,那么这个学生就与学校之间产生了法定的权利与义务关系。

教育法律关系的变更是指教育法律关系构成要素的变更,即主体、内容或客体三要素中的某一个发生了改变。如学校基建合同中的建筑面积、地点、竣工期限的变更。

教育法律关系的消灭是指教育法律关系主体不再享有某项权利或承担某项义务,即教育法律关系主体间的权利与义务关系的终止。如教师退休、学生退学,他们与原学校之间相应的权利与义务关系即告终止。

教育法律关系的产生、变更和消灭是需要一定的法律事实的。所谓法律事实,就是由法律规定的能够引起法律关系产生、变更和消灭的客观情况。根据与人的意志的关系,可以将法律事实分为法律事件与法律行为。法律事件是指不以人的意志为转移而必然导致学生与学校的权利义务的终止。法律行为则是依照当事人的意志而产生的活动,如开办学校、聘用教师、招收学生、解聘或开除教师、开除学生学籍、乱收费用、伤害学生等行为。这些行为都会导致教育法律关系产生、变更与消灭。

[案例]

某初三毕业班的一位刘姓女生,9年前的某日,在某幼儿园上大班时(当时年仅6岁)的一次游戏课玩滑梯时,由于带班老师注意力分散,使其从滑梯高处

不慎跌落地面，折断了左手无名指。当时，幼儿园方面及时将孩子送到临近一家医院救治，支付了医药费、家长护理费、孩子营养费等一切费用，并多次带着礼品到医院及学生家中探望，向家长赔礼道歉。家长对幼儿园真诚的态度和善后处理很满意，也十分感激，打消了原来想要求幼儿园赔偿损失的念头，再没有向幼儿园提出任何要求，园方与家长之间就此了结了这件事。9年后，刘某面临初中毕业，家长希望她报考一所音乐艺术学校，但在体检时发现她的左手无名指因外伤留下明显残疾，不能报考这类艺术学校。为此，家长向女儿9年前就读的幼儿园提出高额赔偿损失的要求。认为女儿的残疾是由于幼儿园的过错造成的，应当承担赔偿。刘某受到伤害是9年前的事情，她的法定监护人知道其健康权被侵害。按照法律规定，应当适用短期诉讼时效，期间为一年，诉讼时效应从当时家长知道受伤时的1990年6月计算，刘的法定监护人没有提出损害赔偿的请求，到1991年6月止，就超过了诉讼时效期间了。如果没有诉讼时效中止、中断的法定事由和人民法院认为正当延长的理由，人民法院就不再保护她的损害赔偿的权利。结果，她可以起诉，但人民法院只能判决她败诉。

（四）中小学、幼儿园与未成年人学生的法律关系的性质

未成年人学生与学校之间究竟是一种什么性质的关系，是一个争议较大的问题。目前主要有两种观点：第一种观点认为，学校与未成年人学生之间是一种监护与被监护关系，其理由为：未成年人因其认知能力的限制，需有监护人对其进行教育、照顾、管理和保护。家长将学生送到学校学习，由学校管理其在校期间的学习与生活，这样对未成年人学生的监护职责就由家长自动（或委托）转移到了学校。第二种观点认为，根据国家法律规定，学校与学生之间是一种由法律确定了的教育与被教育的关系，学校承担的是一种社会职责，这种职责里面包含有对未成年人学生在校期间进行照顾、管理和保护的法律义务，但这种法律义务并非监护职责。我们认为监护人把未成年人送到学校并不发生监护职责的转移，监护职责是基于民法上的身份权制度，监护职责只因监护权的依法变更而发生转移。家长将未成年人学生送到学校并不意味着未成年人学生法定监护人的变更，法定监护人的变更须由法院通过审理而裁定，家长无权自己转移监护权，放弃监护职责。学校、幼儿园与学生之间是一种教育与被教育的关系，包括教育行政法律关系和教育民事法律关系（主要体现为教育合同关系）。义务教育学校与未成年人学生之间主要是一种教育行政法律关系，幼儿园、民办学校与未成年人学生之间主要是一种教育合同关系。

三、教育法律责任

(一)教育法律责任的含义及特征

法律责任是由于法律主体没有履行或者没有适当履行其法定或约定义务的特定的法律事实所导致的由法律强制其必须加以履行的以补救或补偿为特色的第二性的法律义务，通常以对于损害的赔偿、补救或者接受相应的制裁与惩罚的形式表现出来。法律责任是法律存在及其有效的必要条件，其本质在于社会对人的行为的否定性的规范评价。[1] 教育法律责任是教育法律主体因没有履行或者没有适当履行教育法规定的义务所导致的由教育法强制其必须加以履行的法律义务，通常以对于学生、教师人身损害的赔偿、补偿或接受教育法的制裁与惩罚的形式表现出来。教育法律责任是教育法律存在及有效的必要条件。教育法律责任与违反教育法的行为紧密相连，只有在发生了违反教育法的行为之后才会出现这种法律后果。教育法律责任的承担者是负有遵守教育法义务的特定的教育法律关系主体。教育法律责任主要是一种行政法律责任，与教育行政制裁紧密相连。

(二)教育法律责任的种类

教育法根据违法主体的法律地位和违法行为的性质，规定了承担教育法律责任的三种主要方式，即行政法律责任、民事法律责任和刑事法律责任。

1. 违反教育法的行政法律责任

行政法律责任指行政主体和行政相对人因违反作为第一性义务的行政法上的法定义务而应承担的具有强制性的第二性的法律义务。因为现行教育法的相当一部分是以政府及其教育行政部门为一方，调整教育活动中的行政关系，具有行政法的属性，违反教育法的行为本身就带有行政违法性，所以行政法律责任是违反教育法最主要的一种法律责任，而且在实际工作中，对于违反教育法的行为追究法律责任，大量是追究行政法律责任。根据《教育法》《义务教育法》及其《实施细则》等法律法规的规定，违反教育法的行政法律责任的承担方式主要有教育行政处分和教育行政处罚两类。

---

[1] 姚建宗：《法理学》，207、208、210页，北京，中国政法大学出版社，2006。

[案例]

2005年6月，某县教育体育局接到举报电话，反映该县某小学在6月的全县小学统考中，将该校五年级4名考生拒于考场之外，后经文教局查证属实。在调查取证过程中，又发现该校隐瞒六年级考生5人。文教局遂以《查处通报》的形式，对该小学统考违纪人员作出处理：撤销何某校长职务，建议乡教委撤销李某教导主任职务，两人异地安排工作；主要责任人何某、李某各赔偿统考违纪经济损失500元，付某、王某各赔偿经济损失400元；违纪事件所涉4人，3年不得评优评模，不得晋升专业技术职务，本年师德考核记零分，年度考核定为不称职。何某、李某、付某、王某对文教局的处理不服。李某申请行政复议，经局纪检委、局务会议核查研究决定，维持原处理。何某等4人于2006年10月以该县文教局为被告向县人民法院提起行政诉讼，请求法院撤销被告对4名原告作出的行政处罚决定，退回不合理的罚款1 800元，并由被告支付本案诉讼费用。县人民法院经审理查明，何某等人为提高本校学生成绩，隐瞒考生人数，均属事实。但法院认为，被告文教局应在法律规定的职权范围内，按照法律和行政法规行使其行政管理职权。在教育部禁止用任何形式进行统考统练的意见下发后，被告自行设定统考统练，且在无法律依据的前提下，责令原告赔偿损失的行政处罚，无法无据，属于无效行政行为。4名原告要求撤销被告违法处罚决定的请求，应予支持。法院判决如下：撤销被告文教局下发的《关于对某小学统考严重违纪问题的查处通报》中责令4名原告赔偿经济损失的处罚决定；诉讼费120元由被告承担。

2. 违反教育法的民事法律责任

民事法律责任是民事主体因未履行或未适当履行其第一性的法定或约定义务而应承担具有强制性的第二性法律义务。教育法上的民事责任，是指教育法律关系主体违反教育法的规定，侵犯了主体一方的财产或人身权利，依照法律规定应当承担的民事法律责任。《教育法》第八十一条对违反教育法的民事责任作了原则性的规定。《义务教育法》及其《实施细则》规定了下列行为应承担相应的民事责任：①侵占、破坏学校场地、房屋和设备的；②侮辱、殴打教师、学生的；③体罚学生的；④将校舍、场地出租、出让或移作他用，妨碍义务教育实施的。

[案例]

某高中高二年级分文理班。原高二（4）班一女生王某被分到了高二（6）班。由于王某皮肤长得很白，班主任赵某以为她擦了化妆品。在王某刚到高二（6）班的一个星期内，赵某三次警告王某不要擦化妆品。王某曾对赵某说她没有擦化妆品，赵某不信。在一天早自习上，赵某当着全班同学的面说："王某，看你的脸抹的那么白，就跟挂了大白似的。快到前面桶里去洗一洗。"王某含着泪说："我洗，我给你洗。"赵某认为王某当着全班同学的面冲撞了她，于是当天下午赵某把王某的母亲找到了学校。在办公室里，赵某当着王某母亲的面，狠狠地批评了王某。王某向赵某承认了错误并写出了书面检讨。王某的母亲也向赵某赔了礼，道了歉。在此后的一个月时间里，因王某不能完成作业和考试成绩低，赵某多次让王某到办公室站着，最长的一次是王某背着书包，连续3天站在赵某的办公室旁边没有上课。王某认为自己"洗脸风波"之后，赵某就看不上她、刁难她，于是整天偷着哭，慢慢地变得精神恍惚，最后住进了精神病院。经医院诊断，确认她患了精神分裂症。班主任赵某要求学生王某洗"化妆品"是对学生王某名誉权的侵犯。尽管老师对学生进行指导是权利，根据《中学生日常行为规范》中的规定学生不烫发、不化妆，老师可以对之进行教育，指出其错误并要求其改正，但是在本案中班主任赵某不顾事实，无中生有的认为学生王某的脸白是化妆所致，要求其在全班同学面前去洗根本不存在的"化妆品"显然是存在过错，而且在事前，学生王某已经告知赵某没擦化妆品，而赵某却不信学生的话，又不做深入的调查，只是想当然的认为学生王某是个不听话的"坏"学生。这种做法使学生的名誉受到伤害，事实也证明由于这种伤害使得学生的心理产生了坏的影响。在本案中，班主任赵某侵犯学生王某的名誉权，体罚学生侵害学生受教育权的行为是违法的。根据《教师法》第三十七条和《未成年人保护法》第四十八条对赵某应予行政处分。对于学生王某所患的精神分裂症，教师的行为虽然在某种程度上有着因果关系，但是这主要还是由于学生王某认识错误所致。赵某的行为不是必然导致学生王某精神分裂症的原因，对此，赵某不承担民事赔偿责任，而只应承担行政责任。

3. 违反教育法的刑事法律责任

刑事法律责任是刑法规定的，因实施犯罪行为而产生的，由司法机关强制犯罪者承受的刑事惩罚或单纯否定性法律评价的负担。违反教育法的刑事法律责任，是指教育法律主体实施违反教育法的行为同时该行为又触犯了刑法所必须承受的刑事惩罚的负担。

《教育法》《义务教育法》及其《实施细则》对挪用、克扣教育经费、扰乱学校教育教学秩序、破坏校舍及其他财产、侮辱、殴打教师学生情节严重的，体罚学生情节严重的，玩忽职守致使校舍倒塌、造成师生伤亡事故情节严重的，招生中徇私舞弊的行为追究刑事责任也作了规定。《刑法》第一百三十八条规定："明知校舍或者教育教学设施有危险，而不采取措施或者不及时报告，致使发生重大伤亡事故的，对直接责任人员，处3年以下有期徒刑或者拘役；后果特别严重，处3年以上7年以下有期徒刑。"《刑法》第四百一十八条规定："国家机关工作人员在招收公务员、学生工作中徇私舞弊,情节严重的,处3年以下有期徒刑或拘役。"

[案例]

2007年11月6日晚,呼和浩特市天气奇冷,该市民族小学500多名小学生上完晚自习,由于天冷,宿舍又第一次生起火炉,孩子们急于去宿舍烤火,一出教室便一窝蜂地朝宿舍跑。在经过宿舍区的门洞时,前面的孩子摔倒,后面的孩子仍往前拥,结果造成7名小学生被踩死、18名被踩伤的惨剧。根据检察机关的侦查,民族小学的管理工作存在很大漏洞,学校班主任教师和生活教师的责任范围不明确,学生下晚自习后从教室到宿舍区这段距离长期以来没有人负责,生活教师不到岗也是正常事。法院认定校长、主管学生生活的副校长、学生生活教师负责人三人为这次事件的主要责任者,他们的行为已构成玩忽职守罪。

(三)中小学校的校园安全保障义务及其责任

1. 中小学校的校园安全保障义务

根据《中小学幼儿园安全管理办法》的规定,学校的安全保障义务主要体现在以下几个方面:

①建立健全安全制度,采取相应的管理措施,预防和消除教育教学环境中存在的安全隐患。校内安全管理制度包括门卫制度、校内安全定期检查制度和危房报告制度、实验室安全管理制度、学生安全信息通报制度、住宿学生安全管理制度、用水用电用气等相关设施安全应急机制等。

②对在校学生进行必要的安全教育和自护自救教育。学校应当将安全教育纳入教学内容,对学生开展安全教育,培养学生的安全意识,提高学生的自我防护能力。

③学校应当全面履行日常安全管理职责,最大限度地保障学生在校园的人身、财产安全。学校在日常的教育教学活动中应当遵循教学规范,落实安全管理要求,合理预见,积极防范可能发生的风险。

④当发生伤害事故时,学校应当及时采取措施救助受伤害学生。学生在校期间突发疾病,学校发现,应当根据实际情况及时采取相应措施。校园内发生火灾、食物中毒、重大治安等突发安全事故以及自然灾害时,学校应当启动应急预案,及时组织教职工参加抢险、救助和防护,保障学生身体健康和人身、财产安全。发生学生伤亡事故时,学校应当按照《学生伤害事故处理办法》规定的原则和程序等及时实施救助,并进行妥善处理。

2. 违反校园安全保障义务的责任

学校不履行安全教育职责，对重大安全隐患未及时采取措施，有关主管部门应当责令其限期改正；拒不改正或者有下列情形之一的，教育行政部门应当对学校负责人和其他直接责任人员给予行政处分；构成犯罪的，依法追究其刑事责任：①发生重大安全事故，造成学生和教职工伤亡的；②发生事故后未及时采取适当措施，造成严重后果的；③瞒报、谎报或者缓报重大事故的；④妨碍事故调查或者提供虚假情况的；⑤拒绝或者不配合有关部门依法实施安全监督管理职责的。

根据《学生伤害事故处理办法》第九条之规定，因学校未履行安全职责造成的学生伤害事故，学校应当依法承担相应的民事赔偿责任。

(四) 中小学校园学生伤害事故的责任认定与赔偿

1. 学校承担责任的情形

根据《学生伤害事故处理办法》第九条之规定，具有下列情形之一的，学校应当依法承担相应责任：

①学校的校舍、场地、其他公共设施，以及学校提供给学生使用的学具、教育教学和生活设施、设备不符合国家规定的标准，或者有明显不安全因素的；

[案例]

12岁的小学生荣海洋放学后和13岁的荣波等人一起在附近的荣苗小学操场上玩。当荣波攀爬篮球架时，球架突然倒地，将站在球架底下的荣海洋当场砸死。我国《民法通则》第一百二十六条规定："建筑物或者其他设施以及建筑物上的搁置物、悬挂物发生倒塌、脱落、坠落造成他人损害的，它的所有人或者管理人应当承担民事责任，但能够证明自己没有过错的除外。"对于本案来说，被告能否证明自己没有过错是关键所在。因为过错推定原则的一个重要特征是举证责任倒置，即不承担民事责任应由被主张的人证明，不能证明的即推定由其承担民事责任。原告律师指出，本案受害人和肇事者都是未成年人，对事故的发生会造成的后果根本无法预料。根据《民法通则》规定，学校作为篮球架的管理人负有管理本校设施以及教育学生的责任，因此不能推卸责任。根据《学生伤害事故处理办法》第九条(一)之规定：学校也应当依法承担相应责任。法庭最后采纳了原告律师的意见，在追加荣波为第二被告后作出了如下判决：被告荣苗小学支付原告各项赔偿金3 500元；被告荣波支付赔偿金1 320元。

②学校的安全保卫、消防、设施设备管理等安全管理制度有明显疏漏，或者管理混乱，存在重大安全隐患，而未及时采取措施的；

③学校向学生提供的药品、食品、饮用水等不符合国家或者行业的有关标

准、要求的;

④学校组织学生参加教育教学活动或者校外活动,未对学生进行相应的安全教育,并未在可预见的范围内采取必要的安全措施的;

[案例]

某县小学五年级学生马建国2008年11月5日上早操时因迟到插队时被同学摔倒在地,造成左肘臂骨折,花去医药费1 300余元。其父多次与校方协商要求其承担责任,赔偿医疗损失。而校方则认为,学校按时上操是正常的集体活动,马建国迟到违反校规,学校不负任何责任。其父遂以法定代理人的身份把校方推上了被告席,法院认为,马建国被摔伤,系校方管理不当所致,应承担主要民事责任,其父作为监护人也应承担一定的责任。经法庭调解,双方达成协议:学校赔偿马建国医疗费1 000元,诉讼费及其他费用由其父负担。根据《学生伤害事故处理办法》第九条(四)之规定:学校也应当依法承担相应责任。

⑤学校知道教师或者其他工作人员患有不适宜担任教育教学工作的疾病,但未采取必要措施的;

⑥学校违反有关规定,组织或者安排未成年学生从事不宜未成年人参加的劳动、体育运动或者其他活动的;

[案例]

2008年5月某市小学二年级学生在学校的倡导及班主任老师的指导下,组成一个"学雷锋小组",有成员16人,均是不满10周岁的未成年人。某星期天,该小组全体成员到某福利院做好事。事前未告知班主任及学校。在打扫卫生中,女学生赵小娟在擦洗房间的玻璃时,失足从椅子上摔下来,造成左脚骨折。本案在辩论责任归属时出现分歧,有人认为该小组去福利院做好事事先未告知学校及班主任,不属学校或班主任安排的活动事项,学校和班主任不存在管理上的问题。但该小组是在学校及班主任的倡导下成立,平时学校也经常要求学生多做好事,故本案虽发生在校外,学校也应负一定责任。根据《学生伤害事故处理办法》第九条(六)之规定:学校也应当依法承担相应责任。

⑦学生有特异体质或者特定疾病,不宜参加某种教育教学活动,学校知道或者应当知道,但未予以必要的注意的;

⑧学生在校期间突发疾病或者受到伤害,学校发现,但未根据实际情况及时采取相应措施,导致不良后果加重的;

⑨学校教师或者其他工作人员体罚或者变相体罚学生,或者在履行职责过程中违反工作要求、操作规程、职业道德或者其他有关规定的;

[案例]

2003年6月,年仅12岁的某小学六年级学生刘某在某次语文测验中未做完全部试题便匆匆交卷，班主任宋老师为让其记住这个粗心大意的教训，要求刘某站起来并让班上同学都狠狠地打他一下。刘某忍痛回家，此后，刘某病情加重，出现头痛、恶心、呕吐等症状，医院初步诊断为脑震荡，刘某服药后未见好转。随后刘某先后被转至另外两家医院，分别诊断为"脑震荡"和"脑外伤综合征"，住院回家后刘某出现了健忘、反应迟钝等精神病症状。2003年12月，专家鉴定认为，刘某被殴打后出现创伤后应激障碍，伤残程度为六级。本案中，宋老师指使其他同学殴打刘某的行为具有明显的"体罚"性质，侵犯了学生的合法权利。根据《学生伤害事故处理办法》第九条(九)之规定，学校应当承担相应的责任。法院据此判决宋老师和学校共同赔偿医疗费、护理费、伤残补助费等共计140 000元。

⑩学校教师或者其他工作人员在负有组织、管理未成年学生的职责期间，发现学生行为具有危险性，但未进行必要的管理、告诫或者制止的；

⑪对未成年学生擅自离校等与学生人身安全直接相关的信息，学校发现或者知道，但未及时告知未成年学生的监护人，导致未成年学生因脱离监护人的保护而发生伤害的；

⑫学校有未依法履行职责的其他情形的。

[案例]

2007年某市第二十二小学发生一起疫苗错接事件，数十名学生出现不同程度征兆反应，至22日有62名学生正接受观察治疗。12日下午，该校组织四年级的93名学生到校医疗室打流脑疫苗，事后发现有三支卡介苗被误当做流脑注射给了学生，当晚就有学生出现注射部位肿大、咳嗽、头昏、恶心等症状。据市卫生局透露，这次第二十二小学组织的流脑疫苗接种违反了国家有关法规。疫苗的接种应由卫生防疫部门统一组织实施，任何组织和个人都不得自行接种疫苗，在这起事故中，学校及有关人员负有责任，根据《学生伤害事故处理办法》第九条(十二)之规定，学校也应当依法承担相应责任。

2. 学校免责的情况

(1)意外因素造成的学生伤害事故。根据《学生伤害事故处理办法》第十二条之规定，因下列情形之一造成的学生伤害事故，学校已履行了相应职责，行为并无不当的，无法律责任：①地震、雷击、台风、洪水等不可抗的自然因素造成的；②来自学校外部的突发性、偶发性侵害造成的；③学生有特异体质、特定疾病或者异常心理状态，学校不知道或者难于知道的；④学生自杀、自伤的；⑤在对抗性或者具有风险性的体育竞赛活动中发生意外伤害的。

[案例]

2008年某市中学教师王某起诉某中学，要求该中学对因过错造成其女死亡并导致原告人经济损失一事承担损害赔偿责任,某人民法院受理这一起13年前的案子,并正式立案审查。13年前,当时15岁的原告之女王某在该中学初三就学,因其与同学发生纠纷,并对班主任白某和教导处主任郭某的批评不服,于1995年5月27日在学校教导处服毒寻短见,经抢救无效,在医院死亡。这一案件的关键在于认定被告在教育工作中方法是否得当,解决学生纠纷时态度是否公正,以及王某的非正常死亡与被告的行为之间有无因果关系。一审判决认为,原告之女王某与其同学张某、裴某因戏逗产生矛盾,当时第三人白某处理问题得当,并没有对王某打骂、体罚等情况,其服敌敌畏中毒死亡,亦非被告及第三人白某所致。原告虽主张王某死亡是因为白某、郭某教育方法不当,解决学生之间纠纷不公,致王某长期精神受压抑,造成其非正常死亡,但不能提供证据,经查不能证实,故原告要求被告赔偿之主张本院不予支持。在本案中学校及其他教育机构或教师在教育工作中无任何过错,对所发生的学生人身伤害事故不负法律责任。

(2)在学校管理职责范围之外发生的学生伤害事故。根据《学生伤害事故处理办法》第十三条之规定,下列情形下发生的造成学生人身损害后果的事故,学校行为并无不当的,不承担事故责任;事故责任应当按有关法律法规或者其他有关规定认定:①在学生自行上学、放学、返校、离校途中发生的;②在学生自行外出或者擅自离校期间发生的;③在放学后、节假日或者假期等学校工作时间以外,学生自行滞留学校或者自行到校发生的。

[案例]

某年6月12日下午,某市第六小学根据市教育学会、市教研室下发的关于进行小学大课间活动评优的通知精神,按期组织全校学生进行大课间活动,活动内容是广播操比赛。学校在比赛结束后放学比平时正常放学时间稍早。五年级男生刘某(13岁)与另一同学张某一起回到家里换上凉鞋后,前往附近的大沙河洗澡,下水后才几分钟,刘某就两腿抽筋,只见他在水中挣扎了几下便沉入水底。两天后,刘某膨胀变形的尸体才在数十里之外的下游河段浮出水面。事故发生后,刘某的法定监护人刘双(刘某的父亲)与刘某所在学校市第六小学就刘某善后处理事宜协商不成,便一纸诉状将学校推上了被告席。

原告之子刘某是限制民事行为能力的人,具有部分民事行为能力,应当预见到下河洗澡的危险性,刘某本人对自己的死亡后果应负全部责任。原告作为监护人,没有尽到监护义务,也应当承担相应责任。根据《小学管理规程》的有关规定,学校提前放学应属于正常放学时间,对刘某之死无过错,不承担赔偿责任。该案的关键在于该学生伤害事故的发生系在学校管理职责范围之外。

3. 学生或者监护人承担责任的情形

根据《学生伤害事故处理办法》第十条之规定，学生或者未成年学生监护人由于过错，有下列情形之一，造成学生伤害事故，应当依法承担相应的责任：①学生违反法律法规的规定，违反社会公共行为准则、学校的规章制度或者纪律，实施按其年龄和认知能力应当知道具有危险或者可能危及他人的行为的；②学生行为具有危险性，学校、教师已经告诫、纠正，但学生不听劝阻、拒不改正的；③学生或者其监护人知道学生有特异体质，或者患有特定疾病，但未告知学校的；④未成年学生的身体状况、行为、情绪等有异常情况，监护人知道或者已被学校告知，但未履行相应监护职责的；⑤学生或者未成年学生监护人有其他过错的。

4. 其他人承担责任的情形

(1) 消费与服务的经营者、活动的组织者承担责任。根据《学生伤害事故处理办法》第十一条之规定，学校安排学生参加活动，因提供场地、设备、交通工具、食品及其他消费与服务的经营者，或者学校以外的活动组织者的过错造成的学生伤害事故，有过错的当事人应当依法承担相应的责任。

[案例]

物理课实验电池爆炸，学校应否承担责任？

某中学二年级一班学生在实验室进行电能、磁能转变的物理实验时，因器材不够，老师让曹某去校门口某商店购买了10节实验所需1号干电池。实验过程中，曹某在按实验操作规程认真检查后，按下了电源开关，电池舱的两节1号电池发生爆炸，一块电池碎片击中曹某的左眼，经治疗，曹某的左眼视力仅恢复到0.3。

本案中的事故属于"产品致人损害的民事责任"（简称"产品责任"），虽然事故发生在学校，但其不属于学校责任事故，根据《中华人民共和国民法通则》和《中华人民共和国产品质量法》的有关规定，应由电池的制造者与销售者一起负连带责任，学校不承担责任。

(2) 个人致害行为的责任承担。根据《学生伤害事故处理办法》第十四条之规定，因学校教师或者其他工作人员与其职务无关的个人行为，或者因学生、教师及其他个人故意实施的违法犯罪行为，造成学生人身损害的，由致害人依法承担相应的责任。

5. 损害赔偿项目的确定与金额计算

(1) 损害赔偿项目的确定。根据《最高人民法院关于审理人身损害赔偿案件适用法律若干问题的解释》第十七条之规定，受害人遭受人身损害，因就医疗支出的各项费用以及因误工减少的收入，包括医疗费、误工费、护理费、交通费、住宿费、住院伙食补助费、必要的营养费，赔偿义务人应当予以赔偿。受害人因伤致残的，其因增加生活上需要所支出的必要费用以及因丧失劳动能力导致的收入损失，包括残疾赔偿金、残疾辅助器具费、被扶养人生活费，以及因康复护理、继续治疗实际发生的必要的康复费、护理费、后续治疗费，赔偿义务人也应当予以赔偿。受害人死亡的，赔偿义务人除应当根据抢救治疗情况赔偿本条第一款规定的相关费用外，还应当赔偿丧葬费、被扶养人生活费、死亡补偿费以及受害人亲属办理丧葬事宜支出的交通费、住宿费和误工损失等其他合理费用。

(2)损害赔偿金额的计算。根据《最高人民法院关于审理人身损害赔偿案件适用法律若干问题的解释》的相关规定，医疗费、误工费、护理费、交通费、住院伙食补助费、营养费、残疾赔偿金、残疾辅助器具费、丧葬费、死亡赔偿金、精神损害抚慰金等都有非常细致的具体规定和计算方法，这里就不一一列举了。仅以精神损害抚慰金为例，就可以看出损害赔偿金额的计算之规定的详细具体。

根据《最高人民法院关于确定民事侵权精神损害赔偿责任若干问题的解释》第九条、十条之规定：精神损害抚慰金包括以下方式：①致人残疾的，为残疾赔偿金；②致人死亡的，为死亡赔偿金；③其他损害情形的精神抚慰金。精神损害的赔偿数额根据以下因素确定：①侵权人的过错程度，法律另有规定的除外；②侵害的手段、场合、行为方式等具体情节；③侵权行为所造成的后果；④侵权人的获利情况；⑤侵权人承担责任的经济能力；⑥受诉法院所在地平均生活水平。法律、行政法规对残疾赔偿金、死亡赔偿金等有明确规定的，适用法律、行政法规的规定。

四、教育行政执法和教育法律救济

(一)教育行政执法

1. 教育行政执法的含义

教育行政执法是指国家行政机关(主要是教育行政机关)及其工作人员和法律授权组织，按照法定职权和程序，针对教育领域内的特定事项和特定的人或组织，适用教育法律规范并产生法律效力的活动，是依法治教的关键所在，是实现政府教育管理职能的基本手段。

教育行政执法的主体，大致有以下几种：一是教育行政机关。各级国家教育行政机关是教育执法最重要的主体；二是其他国家行政机关。教育行政执法的主体虽然主要是各级教育行政机关，但不仅仅是教育行政机关。在农村某些教育行政执法的主体是乡、镇人民政府。例如根据《中华人民共和国义务教育法实施细则》的规定，农村适龄儿童、少年的监护人拒不送其子女接受义务教育的，由乡政府批评教育，经教育不改，可视具体情况处以罚款；三是教育行政法律法规授权的组织。如高校属于事业单位，但经《中华人民共和国学位条例》授权可以代表国家对某个公民学术水平所达到的等级进行确认，授予其学位，在特定情况下履行行政管理职责，也构成行政主体。这类行政主体称为授权行政主体。

教育行政执法的相对人，是指在教育行政法律关系中处于被管理者的地位，与教育行政主体的执法行为有直接利害关系，并能承担相应法律责任的一方当事人，包括以下几类：一是公民，主要包括学生及其他受教育者、教师及其他教育工作者、父母或其他监护人；二是法人，各级各类学校作为社会组织，如举办学校的社会团体。

2. 教育行政执法的原则

(1)合法原则。合法原则是指教育行政主体在执法过程中要遵守教育法律、法规，教育行政执法活动要有法的依据，严格依法办事。具体表现在以下几个方面：①教育行政执法主体必须合法，即必须是有权执法的行政机关或法定授权组织；②教育行政执法的权限必须合法，即必须在其法定权限范围内实施行政执法行为，越权即为无效行政行为；③教育行政执法的内容必须合法，即教育行政主体的执法活动必须有法律依据；④教育行政执法的程序必须合法，即教育行政执法应符合法定程序；⑤教育行政执法的形式必须合法，即教育行政执法行为的作出，必须具备法定形式。

(2)合理原则。合理原则是指教育行政主体不仅应当按照法律、法规规定的条件、种类和幅度范围实施行政执法行为，而且这种行政执法行为必须符合法律意图或精神，符合公平正义等法律理性。为了保证行政效率，根据客观情况采取适当的措施或做出合适的决定。教育行政主体的自由裁量行为要根据客观实际情况，要在适度的范围，要符合社会大多数人的公平正义观念。这就是说，行政活动，不但要合法，而且要合理。合理原则概括起来有如下几个方面的内容：①教育行政执法必须符合教育法律的立法宗旨和本意；②必须有合理的动机，其最初的出发点和诱因，不得违背社会公平观念；③意思表示必须完全真实，必须考虑与该行政执法行为有关的全部客观情况或事实，应当排除不正常的影响或干扰，不能考虑不相关的因素；④必须符合公正原则，在执法时应平等对待各相对人及事件，同等情况同等对待，不同情况按比例分别对待；⑤应当及时，对于相对人的申请或依职权应当管理的事项，及时予以答复和处置。

(3)公开原则。公开原则是指教育行政执法活动的全部内容和过程都应当公开。教育行政是涉及相对人权益的活动,在执法过程中教育行政主体的地位比相对人一方优越,如果教育行政执法活动不向社会公开,相对人一方不能了解自己的权益及法律、法规的有关规定,不了解行政执法的规则、标准和理由,就不利于他陈述自己的理由和事实。同时,公开有利于社会监督,这对于防止行政机关的偏私,对保护当事人的合法权益,有着十分重要的意义和作用。公开原则的具体表现如下:教育行政执法的依据公开、过程公开、执法信息公开。

3. 教育行政措施

教育行政措施,是指教育行政主体针对特定的相对人,就特定事件对其权利义务所作的意思表示。教育行政措施的规定和采取,是教育行政执法的主要形式之一,具体表现为命令(通知)、批评、许可、免除、征收、发放、行政确认等行为。

4. 教育行政制裁

教育行政制裁分为教育行政处分和教育行政处罚。教育行政处分主要有两种情形:一是对教育行政机关公务员的行政处分,适用《中华人民共和国公务员法》,处分种类为:警告、记过、记大过、降级、撤职、开除;二是对学校教职工的行政处分,处分种类分为警告、记过、记大过、降级、降职、撤职、留用察看、开除八种。

对教师进行处分,应有教育法律法规的依据,并应对其所犯错误的事实认真进行调查对证,还须经过一定的会议讨论,作出书面结论。在讨论的时候,除特殊情形外,应通知受处分人出席并允许其申述意见。教师对处分不服,有权直接向教育行政机关申诉。

教育行政处罚是教育行政主体对违反教育行政法律规范,但尚未构成犯罪的外部相对人进行惩戒的教育行政执法行为。教育行政处罚的形式有警告、罚款、没收违法所得、撤销资格、停止招生、吊销许可证等。现行教育法律、法规规章中设定的教育行政处罚形式颇多,但基本属于申诫罚、财产罚、能力罚三个种类。申诫罚的主要形式是警告。财产罚的主要形式有罚款、没收违法所得、没收。教育领域的能力罚基本上为该领域所特有,主要形式包括撤销违法的学校和其他教育机构,取消颁发学历、学位和其他学业证书的资格,撤销教师资格,停考,责令停止招生,吊销办学许可证等。

5. 教育的行政强制

教育的行政强制执行,是指教育行政相对人拒不履行第一次的行政决定,教育行政主体或人民法院为强迫其履行义务而采取强制措施的执法行为。

[案例]

某县农民王某不具备办学条件，未经审批擅自开办学校，招收学生230余名并收取学费。县教委据此向王某发出《非法办学停办通知书》，王某不服，要求听证。县教委在举行听证后依法做出了没收王某非法所得6 000元，撤销王某非法办学点的行政处罚。王某在法定期限内既未申请行政复议，又不提起行政诉讼，也不履行处罚决定，县教委依法向法院申请强制执行。县法院采取强制措施依法没收了王某的非法所得6 000元并取缔了该非法办学点。

(二)教育法律救济

1. 教育法律救济的概念

所谓法律上的救济，是指国家机关通过一定的程序和途径裁决社会生活中的纠纷，从而使权益受到损害的相对一方获得法律上的补救。教育中的法律救济，其首要作用是保障教师、学生及学校等教育法律关系主体在教育活动中的合法权益。另一方面，教育法律救济，对教育行政主体及其公务人员的职务违法侵权行为具有预防控制作用。教育法律救济的途径，即教师、学生和学校认为其合法权益受到损害时请求救济的渠道和方式，主要包括司法救济渠道和行政救济渠道两类。教育行政救济渠道又分行政申诉和行政复议两种。

2. 教育行政申诉

教育行政申诉是指教师、学生在其合法权益受到当地政府有关部门、学校或其他教育机构侵害时，依法向人民政府及其有关部门说明情况，请求受理机关予以处理的制度。教育行政申诉是一项法定的申诉制度，《教师法》第三十八条明确规定了教师的申诉权："教师对学校或者其他教育机构侵犯其合法权益的，或者对学校或者其他教育机构作出处理不服的，可以向教育行政部门提出处理。"《教育法》第四十二条规定了受教育者的申诉权："对学校给予的处分不服提出申诉，对学校、教师侵犯其人身权、财产权等合法权益，提出申诉或提起诉讼。"

[案例]

某中学物理教师王某与主管教学的副校长李某曾有过争议，王某在获得校长张某同意并合理安排了所上课程的情况下外出参加了一个学术研讨会。王某返校上课时，发现学校已让新调来的刘某接替其上课。经打听，王某外出期间，校长张某调离本校，李某升任校长，李某以王某无组织无纪律，擅离职守、无故旷课为由将王某解聘。王某向县教育局反映情况并提出申诉。县教育局维持了学校的解聘决定，将王某调至某初级中学任教。王某不服，向市教育行政部门提出申诉。市教育行政部门在查明事实的情况下作出了支持王某申诉请求的决定。

3. 教育行政复议

教育行政复议，是指公民、法人或其他组织认为教育行政主体的具体教育行政行为侵犯其合法权益，依法向其上级机关或其他机关提出重新处理的申请，复议机关依法对该行为的合法性和适当性进行审查并作出决定的行政法律制度。根据教育法律、法规和《行政复议法》的有关规定，可以申请教育行政复议的主要有以下几类：①对教育行政处罚决定不服的；②对教育行政强制措施不服的；③对教育行政不作为不服的；④对教育行政机关变更、中止、撤销有关的证书的规定不服的；⑤认为教育行政机关违法要求履行义务的。

4. 涉及教育的诉讼

涉及教育的诉讼包括教育行政诉讼和教育民事诉讼。教育的行政诉讼，是指教育行政管理相对人认为教育行政主体的具体行政行为侵犯其合法权益，依法向人民法院起诉，请求给予法律救济，人民法院对教育行政主体的具体行政行为的合法性进行审查并作出裁定或判决的专门活动。在教育行政诉讼过程中由被告承担举证责任，法律不得调解结案。民事诉讼是公民、法人为解决人身权、财产权等民事权利纠纷，保护自己的合法权益，依法向人民法院提起诉讼，由人民法院进行审理并作出裁判的制度。教育领域通过民事诉讼解决的纠纷，主要集中在：学生在教育过程中人身受到伤害而引发的赔偿纠纷；学校、教师不当教育行为涉嫌侵犯学生人格权、受教育权而引发的侵权纠纷等方面。

专题二 教育法律法规解读

改革开放以来，随着我国教育事业的不断改革与发展，进一步加强教育法制建设，实施依法治教显得越来越迫切。中共中央、国务院《关于深化教育改革全面推进素质教育的决定》明确指出："全面推进素质教育，根本上要靠法治、靠制度保障。"作为一名教育实践工作者，应该对国家出台的各项法律有所了解，以便在实际工作中切实做到依法治教，依法治学，从而更好、更规范地搞好教育教学工作。

一、《中华人民共和国教育法》解读

《中华人民共和国教育法》（以下简称《教育法》）是国家全面调整各类教育关系，规范我国教育工作的基本法律，在我国教育法规体系中处于"母法"地位，具有最高的法律权威，起着统领作用。其他一切单行教育法律法规的制定，都要以《教育法》为依据，不得与其所确立的原则和规范相违背。该法于1995年3月18日由第八届全国人民代表大会第三次会议通过，1995年9月1日起实施。《教育法》的颁布，是我国教育史上具有里程碑意义的大事，标志着我国教育从此进入了一个新的历史时期，走上了依法治教的轨道，为我国教育事业的改革和发展提供了坚实的法律保障。《教育法》共十八章八十四条，其中规定了一系列全局性的重大问题。本节主要就我国教育的性质、方针和原则，我国教育基本制度、各类教育法律关系主体的权利和义务、教育对外交流与合作、法律责任五个方面进行解读。

（一）我国教育的性质、方针和原则

教育的性质、方针和原则是一个国家教育的根本出发点和归宿，《教育法》在总则中，对我国教育的性质、方针和教育活动原则作了法律规定。

1. 我国教育的性质

教育的性质是教育工作的首要问题，它对我国教育事业的成败具有决定性的作用。教育的基础不管多么好，教育不管多么发达，如果其性质和方向错了，

就不能实现教育的目的，教育也不能完成其在国民经济和社会发展中的使命。《教育法》第三条规定："国家坚持以马克思列宁主义、毛泽东思想和建设有中国特色社会主义理论为指导，遵循宪法确定的基本原则，发展社会主义的教育事业。"马列主义、毛泽东思想和建设有中国特色社会主义理论是我国社会主义性质的根本保证，以此为指导思想的教育，必然体现社会主义特性。为社会主义现代化建设培养人才，是对我国教育性质的本质规定。

2. 我国的教育方针

教育方针是国家政策的总概括，是教育发展的总方向，从我国教育的社会主义性质出发，《教育法》第五条规定了我国的教育方针："教育必须为社会主义现代化建设服务，必须与生产劳动相结合，培养德、智、体等方面全面发展的社会主义事业的建设者和接班人。"这个方针规定了我国教育的目的是培养德、智、体等方面全面发展的社会主义建设者和接班人，为社会主义现代化建设服务，而实现教育目的的途径是教育与生产劳动相结合。

3. 我国教育的原则

教育原则是进行教育活动时必须遵循的基本要求，是保证教育目的得以顺利实现、教育活动得以顺利进行的重要方面。《教育法》对此也作出了比较明确的规定。

①方向性原则。教育的方向性原则主要指必须坚持教育的社会主义方向。《教育法》第六条规定："国家在受教育者中进行爱国主义、集体主义、社会主义的教育，进行理想、道德、纪律、法律、国防和民族团结的教育"。这就明确了我国教育的社会主义方向，以区别于资本主义性质的教育。

②公共性原则。教育的公共性原则是现代教育的重要特征，也可以简称为"公益性"原则，它是指教育事业的过程和结果具有社会影响。《教育法》第八条规定："教育活动必须符合国家和社会公共利益"，其实质就是指教育要面向全体公民而非少部分人。

③平等性原则。教育的平等性原则主要是指人们在教育方面享有平等的权利和义务，平等地承担法律责任，任何人不得拥有超越法律的特权。《教育法》第九条规定："中华人民共和国公民有受教育的权利和义务"，"公民不分民族、种族、性别、职业、财产状况、宗教信仰等，依法享有平等的受教育机会"。也就是罗尔斯所说的"地位和职务向所有人开放"、"前途是向才能开放的"、"作为向才能开放的前途的平等。"[1]

④照顾性原则。教育的照顾性原则主要是指对少数民族、边远地区及残疾

---

① [美]罗尔斯：《正义论》，何怀宏等译，61~62页，北京，中国社会科学出版社，1988。

人教育事业的一些特殊优惠。《教育法》第十条规定:"国家根据各少数民族的特点和需要,帮助各少数民族地区发展教育事业","国家扶持边远地区发展教育事业","国家扶持和发展残疾人教育事业"。如罗尔斯所言:"为了平等地对待所有人,提供真正同等机会,社会必须更多地注意那些天赋较低和出生于较不利的社会地位的人们……遵循这一原则,较大的资源可能要花费在智力较差而非较高的人们身上,至少在某一阶段,比方说早期学校教育期间是这样。"[①]也就是说,在满足了一部分人接受良好教育需求的同时,还应该及时向处于不利地位的那些"最少受惠者"进行必要的教育补偿,以弥补他们各方面的先天欠缺。

(二)我国基础教育相关制度

新中国成立以来,我国教育制度日渐完善,已形成一系列基本制度。《教育法》第二章对我国教育的基本制度作了法律规定。这里着重介绍与基础教育相关的一些教育制度。

1. 学校教育制度

学校教育制度简称学制,是国家教育制度的重要组成部分。具体是指一个国家各级各类学校的系统,它规定各级各类学校的性质、任务、入学条件、修业年限以及它们之间的关系。学制系统内的学校和其他教育机构的设置、教育形式、修业年限、招生对象、培养目标等,由国务院或者由国务院授权教育行政部门规定。《教育法》第十七条规定:"国家实行学前教育、初等教育、中等教育、高等教育的学校教育制度。"

学前教育的主要办学机构是幼儿园,招收3~6岁幼儿,向幼儿进行与他们年龄特征相适应的教育,促进其身心健康活泼地成长,为进入小学教育打好基础。

初等教育主要指全日制小学教育,招收6~6岁半的儿童入学,学制5~6年。初等教育的任务是给儿童以德、智、体全面的基础教育,为他们进一步接受中等教育打下良好的基础。

中等教育指全日制普通中学、职业中学、农业中学、中等专业学校、技工学校和业余中学、成人中专等。当前普通中学分初级中学与高级中学两个阶段,学制一般为三三制。中等教育的任务一方面是为社会培养劳动后备力量;另一方面是为高校培养合格新生。

高等教育指普通高等本科、专科院校,成人高等院校,职业技术高等教育院校及其他各种类别的高等教育机构与学校。高等教育分专科,本科与研究生

---

① [美]罗尔斯:《正义论》,何怀宏等译,96页,北京,中国社会科学出版社,1988。

三个层次。专科教育修业年限为2～3年，本科教育修业年限为4～5年。研究生教育分硕士与博士两个阶段，修业年限一般均为3年。

2. 义务教育制度

早在1986年，国家就颁行了《义务教育法》，1995年颁布的《教育法》再一次重申了义务教育制度。《教育法》第十八条规定："国家实行九年制义务教育制度。各级人民政府采取各种措施保障适龄儿童、少年就学。适龄儿童、少年的父母或者其他监护人以及有关社会组织和个人有义务使适龄儿童、少年接受并完成规定年限的义务教育。"2006年6月29日第十届全国人民代表大会常务委员会第二十二次会议经过修订，自2006年9月1日起施行新的《义务教育法》。义务教育制度的实施，大大促进了我国基础教育的发展，提高了全民文化素质，为各种专门人才的培养奠定了良好的基础。

3. 学业证书制度

学业证书，是指学校及其他教育机构颁发的，证明学生完成学业情况的凭证。《教育法》第二十一条规定："国家实行学业证书制度。经国家批准设立或者认可的学校及其他教育机构按照国家有关规定，颁发学历证书或者其他学业证书。"学业证书从学生完成学业的情况可分为毕业证书、结业证书、肄业证书。从学历的有效性可分为学历证书、非学历证书。相应学校颁发的毕业证书为学历证书。进修证明、资格证书等为非学历证书。学历包括小学学历、初中学历、高中学历、中专学历、大学专科学历、大学本科学历、研究生学历。

4. 教育督导与评估制度

教育督导制度是县以上各级人民政府授权给所属的教育部门，对下级人民政府及其教育部门的教育工作进行监督、指导的制度。《教育法》第二十四条规定："国家实行教育督导制度和学校及其他教育机构教育评估制度。"现阶段教育督导的范围主要是中小学教育和幼儿教育。教育督导的基本形式有综合督导、经常性检查等。我国教育督导机构分为国家、省（自治区、直辖市）、地（市、州、盟）、县（区、旗）四级设置。各级教育督导机构设专职和兼职督导。督导机构完成督导任务，应向本级人民政府及其教育行政部门及上级督导机构报告督导结果，提出意见和建议。

教育评估制度是依据一定的教育目标和标准，对学校的办学水平和教育制度等方面进行评价和估量，以保证办学基本质量的一项制度。学校评估主要有合格评估，办学水平评估和选优评估三种形式。合格评估是对新设置学校的基本办学条件和教育质量的评估；鉴定结论有合格、暂缓通过和不合格三种。对于评估不合格学校，一般责令其限期整顿。办学水平评估，是上级人民政府和学校主管部门对学校办学水平进行的经常性评估,这是政府和学校主管部门对学校进行监督和考核的重要形式。评估的结论分为优秀、良好、合格、不合格四种。选优评估是在学校间进行的评比选拔活动,其目的是鼓励先进,树立标兵,促进竞争,提高水平。教育评估制度的实施,对加强学校建设,提高教育教学质量起着良好的推动作用。

(三)教育法律关系主体的权利和义务

法与权利、义务不可分割,任何法律都是社会成员直接或间接的权利和义务规范。《教育法》对各类教育关系主体的权利、义务都作了明确的规定,把教育关系主体的行为纳入法制化、规范化的轨道。

1. 学校及其他教育机构的权利和义务

学校是专门组织实施教育教学活动的实体,是教育法律关系中最重要的主体。作为独立的法人实体,学校及其他教育结构既可以行使一定的权利,同时也必须履行一定的义务。

(1)学校及其他教育机构的权利。《教育法》第二十八条对学校及其他教育机构可以行使的权利,即办学自主权作了九个方面的规定。

①按照章程自主管理。章程是指为保证学校正常运行,主要就办学宗旨、主要任务、内部管理体制及财务活动等重大的基本问题,做出全面规范而形成的自律性基本文件。[①]它是学校自主管理的依据。学校按照章程自主管理,是学校法人地位的重要体现,也是落实学校法律地位的重要保证。我国《教育法》第三条规定:"学校及其他教育机构具备法人条件的,自批准设立或登记注册之日起取得法人资格"。这表明,学校是具有独立法人资格的机构,学校及其他教育机构一经批准设立或登记注册设立,其章程对本机构的活动便具有全面的约束力,章程所规定的内部自主管理的各项权利即为法律所确认。在不违背国家法律的前提下,学校及其他教育机构可以根据章程自主组织实施管理活动,制定具体的管理规章和发展规划,做出管理决策,建立和完善自身的管理系统,全面实施自主管理,自主办学,自我约束,根据社会需要依法办好教育而不受其他机构的干扰。

②组织实施教育教学活动。教育教学活动是学校及其他教育机构最基本、最主要的活动。学校工作的主要任务就是组织相关人员实施教育教学活动,并不断改善教育教学条件,提高教育教学质量。与此同时,教育教学活动也是学

---

① 教育部人事司:《教育法治基础》,79页,北京,北京师范大学出版社,2002。

校其他各项工作的中心，其他各项活动的开展都必须围绕教育教学活动展开。根据这项权利，学校有权根据国家相关教学计划、教学大纲和课程标准的规定，因校制宜，自主组织学校教育教学活动的实施。

③招收学生和其他受教育者。招生权是学校的一项重要基本权利。学校及其他教育机构有权根据自己的办学宗旨、培养目标、规格、发展规划、任务及实际办学条件和能力，依据国家有关招生的法律法规的规定，制定本机构的具体招生办法，发布招生广告，决定招生的具体数量和人员，确定招生范围和来源，决定录取与不录取等，任何组织和个人都不得非法干涉。

④对受教育者进行学籍管理，实施奖励或处分。学校及其他教育机构与受教育者之间除了教育与受教育关系外，还有管理与被管理关系。《教育法》授予学校及其他教育机构对受教育者进行学籍管理、实施奖励或处分等管理权限。学校及其他教育机构有权根据主管部门的学籍管理规定，针对受教育者的不同层次和类别，制定有关入学与报名注册、考试与成绩、纪律与考勤、休学与复学、转学、退学等管理办法，实施学籍管理活动。同时学校及其他教育机构还有权根据国家有关学生奖励和处分的规定，结合本校的实际，制定具体的奖励与处分办法，并对受教育者实施奖励与处分的管理活动。[①]

⑤对受教育者颁发相应的学业证书。学业证书是对受教育者颁发的证明其学习经历、知识水平、专业技能的国家承认的具有法律效力的文件。向受教育者颁发相应的学业证书，这是学校及其他教育机构自主实施教育教学活动所必然享有的权利。学校及其他教育机构有权根据自己的办学宗旨、培养目标和教育教学任务要求，依据国家有关学业证书管理的规定，对经考核成绩合格的受教育者，按其类别颁发毕业证书、结业证书等学业证书。学校向受教育者颁发学业证书，要遵循公正、公开的原则，并接受主管部门和受教育者的监督。

⑥聘任教师及其他职工，实施奖励或者处分。学校及其他教育机构根据国家有关教师和其他教职工管理的法律法规、规章和主管部门的规定，从本校的办学条件、办学能力和实际编制情况出发，有权制定本机构教师和其他人员聘任办法，自主决定聘任、解聘教师和其他职工，签订和依约解除聘任合同，并有权对教职员工实施奖励和处分以及其他具体管理活动。学校的这项权利，有利于其自主选用优秀人才从教，建立奖勤罚懒、奖优罚劣的激励机制，从而提高教育教学质量和办学效益。

⑦管理、使用本单位的设施和费用。学校及其他教育机构管理、使用本单

---

① 郑良信：《教育法学通论》，159页，南宁，广西教育出版社，2000。

位的设施和费用,既是一项从物质上保证教育活动正常进行的重要的办学自主权,又是一项教育事业法人依法享有的维持自身生存和发展基础的法人财产权。无论从哪一方面来看,管理和使用本单位的设施和费用,对学校及其他教育机构而言,都是一项举足轻重的权利。根据《教育法》及有关法律法规的规定,学校及其他教育机构对其占有的场地、教师、宿舍、教学设备、设施等和办学经费以及其他有关财产享有管理权和使用权,必要时可以对其所占有的财产进行处置或获得一定的收益。但是,学校及其他教育机构应当依法妥善管理和合理使用这些财产,以维护社会公共利益,保障正常教育活动,防止国有资产流失,促进教育事业发展。①

[案例]

　　某校周围皆为居民住家,私房甚多。某日校长发现学校东边围墙被扒开一个豁口,约20平方米空地被丁某占为房基,且打下了基脚。校长即领人前去察看,丁某毫不掩饰,并说此地原为其祖业。对此校内议论纷纷,一种意见认为学校权益不容侵犯,应当夺回;一种意见认为丁某为当地一小霸,学校难以斗过地头蛇,况且这块空地学校用处不大,且人家说是祖业,难辨真假,让他家占去算了。校长认为,纵是再小一块地方,也不容他人侵犯。于是,组织了四五个人去丁某家再次交涉,希望他停止侵占学校用地的行为,并出示当年建校图纸,足以证明该地为学校所有。但丁妻当即撒泼,又哭又闹,并操起凳子向校长劈去,校长在扭打之中头部受伤。校长回校后向当地公安局派出所报了案,要求对丁某非法侵占、破坏学校场地围墙的行为予以处罚并赔偿损失,对丁某和丁妻故意伤害他人的行为予以治安管理处罚,并应赔偿医疗费用。公安机关通过取证调查,依法对学校提出的要求进行了及时处理。

　　在本案中,学校资产是国家所有,所有权在国家,学校对其占有的场地依法享有使用权,并受国家保护,任何个人和组织都不得非法侵占。因此,主张迁就丁某、放弃被丁某所侵占的学校土地的意见是错误的;而意气用事,强力夺回的主张也是不妥的。该校校长依据事实和法律,通过当地公安机关使丁某夫妇侵占学校用地、毁坏学校财产、打伤校长的种种违法行为受到制裁,学校和干部、教师的合法权益得到保障,其做法是适当的。

　　⑧拒绝任何组织和个人对教育活动的非法干涉。抵御非法干预是学校及其他教育机构的一项重要的法定权利,是《教育法》对维护学校及其他教育机构正常教育教学秩序的有力的法律保证。学校及其他教育机构对来自行政机关、

---

①　郑良信:《教育法学通论》,160页,南宁,广西教育出版社,2000。

企业事业组织、社会团体及公民个人等任何方面的非法干涉教育教学活动的行为，有权拒绝和抵制。这种非法干涉来自各个方面并且形式多样，如强占校舍和场地、随意冲进教室抓人、侵占师生的人身安全、随意要求停课加课、各种名目的乱摊派等。学校及其他教育机构对这类非法行为，有权抵制，并可通过教育行政部门会同当地有关部门予以治理。

⑨法律、法规规定的其他权利。这是一项概括性的规定，是指除以上列举的八项具体权利以外的其他权利和有关现行法律法规规定的其他方面的权利，以及即将制定和未来制定的法律法规确立的学校及其他教育机构可行使的权利等。"国家保护学校及其他教育机构的合法权益不受侵犯。"法律的这项规定，有利于进一步完善学校及其他教育机构的办学自主权，从而保障我国教育事业的健康发展。

[案例]

某初中生马超，学习成绩不好，守纪情况也差。一天，在教学楼内玩球，故意将一个价值三百元的吊灯打坏，学校在查明事实经过后，依据学校有关"损坏公物要赔偿和罚款"的规章制度，对马超作出三点处理决定：一是给予警告处分；二是照价赔偿吊灯；三是罚款三百元。（对此学校、教师、学生及家长均没有感到什么不妥当。该校在全校师生大会上以此事为案例，大谈依法治校、从严治校的重要性。）

学校对马超的处理意见并不都是合法的，一、二条处理意见是合法的，但对学生刻意罚款则是一种典型的违法行为。因为行政制裁分为行政处分和处罚两个方面，而实施行政处分和处罚的单位是有明确要求的，国家特定行政机关享有行政处罚权如工商、税务、治安等机关，而学校只有行政处分的权力，可以对学生处分（纪律处分），但没有对学生进行行政处罚的权利。

（2）学校及其他教育机构的义务。《教育法》第二十九条对学校及其他教育机构应当履行的义务，即在从事教育活动中应承担的责任作了六个方面的规定：

①遵守法律、法规。这是国家法律对一切社会组织和全体公民的一项共同的基本要求。《宪法》第五条规定："一切国家机关和武装力量、各政党和社会团体、各企事业组织都必须遵守宪法和法律。一切违反宪法和法律的行为，必须予以追究。"学校及其他教育机构作为实施教育教学活动、培养各类人才的社会公益性事业组织，毫无疑问必须履行遵守法律法规的义务。

②贯彻国家的教育方针，执行国家教育教学标准，保证教育教学质量。现代社会的教育教学活动是一种高度专门化的活动，是体现社会整体利益和整体意志的社会公共事业。国家作为社会整体利益和整体意志的代表，必须以法律

的形式规定应遵守的教育方针和教育教学标准。学校及其他教育机构在组织实施教育教学活动的过程中，应当履行这一法定义务，贯彻国家的教育方针和教育教学标准，保证教育教学质量，努力为社会主义现代化建设培养德、智、体等方面全面发展的各级各类人才。

③维护受教育者、教师及其他职工的合法权益。学校及其他教育机构作为依法设立的社会组织，有依法维护本机构内部成员合法权益的义务，学校及其他教育机构在行使招收学生及其他受教育者，聘任教师和职工的权利时，应当履行维护受教育者、教师及其他职工的合法权益的义务。学校及其他教育机构不得有克扣、拖欠教职工工资，拒绝符合入学条件的受教育者入学等侵权行为。当学生或教职工的合法权益受到来自社会的侵犯时，学校及其他教育机构有积极协助有关单位查处违法行为人，维护本机构成员合法权益的义务。

④对学生及其家长的义务。《教育法》第二十九条第（四）款规定："以适当方式为受教育者及其监护人了解受教育者的学业成绩及其他有关情况提供便利。"这是学校及其他教育机构对学生及其家长应尽的义务。我国法律保护受教育者及其监护人了解受教育者的学业成绩及其他情况的知情权。此项知情权是实现公民平等的受教育权和在学业成绩与品德行为上获得公正评价权的必要前提之一。学校及其他教育机构对受教育者及其监护人了解受教育者学业成绩和其他在校情况的请求，不得以任何借口拒绝，而应当提供便利条件，帮助受教育者及其监护人行使此项知情权。值得注意的是，学校及其他教育机构在管理和提供受教育者的学业成绩及其他个人资料时，必须采取适当的方式，不得侵犯受教育者的隐私权、名誉权等合法权益，不得损害受教育者的身心健康。

⑤遵照国家有关规定收取费用并公开收费项目。学校及其他教育机构是社会公益性机构，公民依法享有入学学习的权利，但同时应当依照国家有关规定缴纳一定费用。学校及其他教育机构应当按照中央和地方各级人民政府及有关部门的收费规定，确定收取学杂费的具体标准，不得巧立名目乱收费用，更不能以此牟利。同时，收费项目应向社会公开，接受学生家长和社会各界的监督，维护办学机构的公益性质。

⑥依法接受监督。为了保证教育事业的社会主义方向、贯彻国家教育方针、执行国家统一教育教学标准，学校及其他教育机构应依法接受来自国家权力机关、国家行政机关、国家司法机关即检察机关和审判机关的监督，同时还应当接受来自中国共产党的监督和社会各界以及广大人民群众的监督。学校及其他教育机构应认真履行依法接受监督的义务，对来自各方面的各种形式的合法监督，应当积极给予配合，不得拒绝，更不得妨碍监督检查工作的正常进行。

以上六项义务，是《教育法》第二十九条规定的学校及其他教育机构应当履行的义务。所谓应当履行就是必须履行，若不依法履行以上各项义务即为违法，应对行为人依法追究法律责任。学校及其他教育机构依法履行以上义务同行使法定权利一样，对端正办学思想、规范办学行为、保护社会公共利益、提高教育质量、促进我国教育事业的顺利发展具有重要的现实意义。

2. 受教育者的权利和义务

《教育法》第三十六条规定："受教育者在入学、升学、就业等方面依法享有平等权利。"

(1)受教育者的权利。受教育者的权利是指受教育者依法享有的在教育教学过程中为或不为一定行为的资格。我们这里所说的受教育权是《教育法》第四十二条对受教育者所授予的五项具体的权利，即参加教育教学活动权、获得奖贷助学金权、获得公正评价和证书权、享有申诉和起诉权及其他法定权利等。

①受教育者参加教育教学活动的权利。这是指受教育者享有"参加教育教学计划安排的各种活动，使用教学设施、设备、图书资料"的权利。这是受教育者最基本的权利，任何组织和个人不得以任何借口非法剥夺受教育者的这项基本权利。在教育教学过程中，受教育者有权参加教育教学计划安排的各种讲授课程、讲座、课堂讨论、观摩、实验、见习、实习、测验和考试等活动，并且每一个受教育者都有使用教育教学设施、设备和图书馆资料的平等权利，无论是学校内的教室、实验室、图书馆、阅览室、电教设施和设备、体育锻炼的场馆和设备、教学实验用具、图书资料，还是校外的少年宫、文化宫、电教馆等，受教育者都有权使用。这项权利体现了教学民主精神，是广大学生接受教育和获取知识的重要途径和保障。学校及其他教育机构应当依法按规定提供符合卫生安全标准的教育教学设施、设备、图书资料及其他教育教学用品，保证受教育者完成学习任务。

[案例]

2002年9月2日，是珠海市中小学生喜滋滋迎来开学的第一天，可对在某中心小学读书的几位学生来说，却是一个难忘与屈辱的一天。上午10时左右，正在学校上课的5名学生被老师叫出教室，要他们离开学校，同时被告知下午不用再来学校上课了。

原来，这几个学生都是镇上某工厂的职工子弟，由于镇政府与该厂闹矛盾而被请出校门。该中心小学吴校长对记者解释说：把学生请出校门并非他们的主张，学校只是服从镇里的安排。他说，"我们是爱护学生的，但我们首先受地方政府管。"

据调查，事情的缘由是因为镇里有关部门在募捐教育基金和其他一些问题时与该工厂产生了不少摩擦，镇政府希望用这种方式来促使矛盾的解决。于是才发生了学生被请出校门的事情。①

本案例中，学校的做法完全是错误的。政府与工厂之间闹矛盾，本与学校无关，学校的义务应该是保护学生，使其接受正常的教育教学，但学校却以服从镇里的安排为由，平白无故地剥夺了学生的受教育权，这极大地损害了学生的受教育权。学校的这种做法是违法的，应该承担法律责任。

②受教育者获得奖贷助学金的权利。这是指受教育者享有"按照国家有关规定获得奖学金、贷学金、助学金"的权利。这是受教育者获得国家各种经济资助的权利。奖学金是为奖励品学兼优的学生和报考国家重点保证的、特殊的、条件艰苦的专业的学生而设立的经济资助制度，其中有优秀生奖学金、专业奖学金和定向奖学金等。优秀生奖学金用于鼓励德、智、体等方面全面发展品学兼优的学生。专业奖学金用于报考师范、农林、民族、体育和航海等专业的学生，其中德智体全面发展的优秀学生还可以获得较高等级的奖学金。定向奖学金是有关部门和地区为鼓励立志毕业后到边疆地区、经济贫困地区和自愿从事煤炭、矿业、石油、地质等艰苦行业的学生设立的。

贷学金是指为向家庭经济困难的学生提供帮助而设立的经济资助制度。国家和社会向符合入学条件、家庭经济确有困难的，或正在就读的确有经济困难的普通高等学校学生提供一定数量的无息贷款，定期归还。凡是符合规定条件的学生都可以通过学校申请贷学金，这是受教育者的一项受法律保护的平等权利。

助学金，即勤工助学金，是指为使学生特别是家庭经济困难的学生通过参加劳动获得报酬，资助完成学业的经济资助制度。学校设立勤工助学金，学生经济确有困难，可以通过参加勤工俭学活动，获得相应的报酬，以保证完成学业。凡是符合规定的学生都有权参加勤工俭学活动，并获得一定的劳动报酬，任何单位和个人不得克扣或拖欠学生的助学金。

③受教育者获得公正评价和证书的权利。这是指受教育者享有"在学业成绩和品行上获得公正评价，完成规定的学业后获得相应的学业证书、学位证书"的权利。在学业成绩和品行上获得公正评价是指受教育者有权在德、智、体各方面获得按照国家统一标准的一视同仁的客观评价。受教育者应接受学业成绩和学生行为准则的品行考核，学校和教师应当对学生作出出于公心、实事求是、

---

① 褚宏启：《中小学法律问题分析（理论篇）》，81页，北京，红旗出版社，2003。

公正合理的评价，不能有亲有疏，亦不能敷衍了事。对学生的评定要根据规定的要求，从学生实际出发，用全面和发展的眼光看待学生，恰如其分地分析学生的优缺点，实行民主评定，防止片面性。

完成规定的学业后获得相应的学业证书或学位证书是受教育者的一项重大权利。国家建立教育考试制度，经国家批准或认可的学校及其他教育机构可以依照国家有关规定，对通过考试、符合规定条件的本校学生颁发相应的学历证书或其他学业证书。凡中华人民共和国公民，不受学校和年龄的限制，均可自愿申请参加高等教育和中等专业教育自学考试。国家公布考试专业，组织考试，颁发证书。对取得毕业证书者，国家承认其学历。不具有颁发证书资格的学校及其他教育机构的学生，可参加相应的国家教育考试，对考试合格者国家颁发相应的证书。实施职业技术教育和培训的学校及其他教育机构，可实行学业证书和技术等级证书双重证书制度。

④受教育者享有申诉和起诉的权利。这是指受教育者享有"对学校给予的处分不服，向有关部门提出申诉，对学校、教师侵犯其人身权、财产权等合法权益，提出申诉或者依法提出诉讼"的权利。这是受教育者保护自身合法权益的权利。但学生对学校给予的处分不服时，可以向主管该学校的教育行政部门提出申诉。教育行政部门接到申诉后，应在规定时间内进行调查核实并作出仲裁。受教育者的人身权、财产权等合法权益不受侵犯，通常是指学校或教师不得体罚或变相体罚学生，不得非法搜查学生，不得非法拘禁学生，不得侵犯学生的通信自由，不得非法占有学生的财产等。若有学校或教师侵犯学生人身权、财产权等合法权益的行为发生，学生可以依法提起诉讼，以保护自身的合法权益。受教育者在自身合法权益受到侵犯时，应通过合法途径，采取合法方式，寻求国家的法律保护。

⑤受教育者享有其他法定的权利。这是指受教育者除了享有以上四项权利外，还享有"法律、法规规定的其他权利"。这是《教育法》授予受教育者的一项广泛的权利，即允许受教育者享有以上四项基本权利以外的其他法律、法规规定的各项权利。例如，《未成年人保护法》规定的学校不得使未成年学生在危及人身安全、健康的校舍和其他教育设施中活动，保护未成年人享有人身安全和健康的权利。又如《教育法》第四十四条规定的"教育、体育、卫生行政部门和学校及其他教育机构应当完善体育、卫生保健设施，保护学生的身心健康"。

(2)受教育者的义务。受教育者的义务是指受教育者依法承担的在教育教学过程中必须为或不为一定行为的责任。受教育者的权利和义务是同时存在并相一致的，享受一定的权利就应履行相应的义务，履行一定的义务就意味着可以享有相应的权利。《中华人民共和国宪法》第三十三条规定："任何公民享有宪法和法律规定的权利，同时必须履行宪法和法律规定的义务。"这就是公民权利和义务相一致原则。受教育者作为公民在享有宪法和法律规定的权利的同时必须履行宪法和法律规定的义务。《教育法》第四十三条对学生受教育者所规定的四项基本义务，即遵纪守法的义务、养成良好品德的义务、努力学习的义务和遵守其他制度的义务。

①受教育者遵纪守法的义务。这是指受教育者应当履行"遵守法律、法规"的义务。法律和法规是国家、社会组织和公民一切活动的基本准则，任何组织和公民都必须遵守国家的法律和法规。受教育者作为社会主义事业的建设者和接班人，首先要遵守每一个公民都必须遵守的法律和法规，这是作为公民必须履行的基本义务。作为受教育者的公民，在遵守国家法律法规时，要重点遵守其中关于学生的规定。换言之，要注重遵守教育法律法规的规定。教育法对不同层次的和不同类型学校的学生有不同的要求。

②受教育者养成良好品德的义务。这是指受教育者应当履行"遵守学生行为规范，尊敬师长，养成良好的思想品德和行为习惯"。这是国家教育方针对受教育者在德育方面的进一步要求，也是培养德、智、体等方面全面发展的社会主义事业的建设者和接班人的教育目标的基本要求。德、智、体全面发展以德育为首，以教书育人、培养人才为本。受教育者养成良好品德既是受教育者成才的基本义务，又是学校教育的重要职责。对不同层次和不同类型学校的学生，履行养成良好品德的具体标准是不同的。

③受教育者努力学习的义务。受教育者的根本任务就是努力学习科学文化知识，完成规定的学习任务，这是受教育者的一项特定的主要义务。该义务的具体内容主要是指受教育者应当明确学习目的，刻苦认真学习；遵守课堂纪律，按时到校，不迟到、不早退、不无故缺课；上课专心听讲，勇于提出问题，敢于发表自己的见解，积极回答教师的提问；认真复习，按时独立完成各科作业；遵守考试纪律，考试不作弊；完成各个阶段的必修课程，努力取得优良成绩等。受教育者履行本项义务有利于促进受教育者的才智和素质的不断提高。完成规定的学习任务，是指在教育阶段结束时，受教育者通过各项规定的考试和考核，达到了教学计划要求的各项标准。

④受教育者遵守其他制度的义务。这是指受教育者应当履行"遵守所在学校或者其他教育机构的管理制度"的义务。学校及其他教育机构为了保证教育教学工作的顺利进行，需要制定有关的管理制度及其他制度，这是教育管理制度的重要组成部分。学校管理制度的主要内容有：学校管理体制，学校管理过程和

方法,学校思想政治工作、教学、科研、生产劳动、体育卫生、人事、保卫、总务、财务、图书仪器以及其他各项工作的管理等,是保证学校及其他教育机构教育教学活动正常有序进行的基本措施。对于这些管理制度,受教育者有遵守的义务。遵守学校及其他教育机构的管理制度,与遵守国家的法律法规在实质上是一致的。

3. 其他关系主体的权利和义务

其他关系主体主要指国家、社会、企事业单位、家庭等,对于这些关系主体,更多的是义务而不是权利,《教育法》对此做了相关规定。其中,第三十七条规定:"国家、社会对符合入学条件、家庭经济困难的儿童、少年、青年,提供各种形式的资助";"国家、社会、学校及其他教育机构应当根据残疾人身心特性和需要实施教育,并为其提供帮助和便利";"国家、社会、家庭、学校及其他教育机构应当为有违法犯罪行为的未成年人接受教育创造条件";"从业人员有依法接受职业培训和继续教育的权利和义务。国家机关、企业事业组织和其他社会组织,应当为本单位职工的学习和培训提供条件和便利";"教育、体育、卫生行政部门和学校及其他教育机构应当完善体育、卫生保健设施,保护学生的身心健康"等。

(四)教育对外交流与合作

教育对外交流与合作,"就特定意义而言,是指我国与其他国家或地区之间进行有关教育的交流和项目协作活动;就一般意义而言,是指不同的国家、地区之间进行有关教育的交流和项目协作活动,即国际间的教育交流与合作。"[①] 教育交流与合作对于促进各国人民互相了解、互相学习,实现教育资源共享,推进教育事业和人类社会共同发展、共同进步具有重要的作用。随着全球化时代的到来,国际间的各种交流活动变得越来越频繁,教育活动自然也不例外。学校间开展相互学习、交流的机会同样越来越多,很多不同国家的学校都相继结成友好学校,展开了经常化的教育交流活动。但是,在进行教育对外交流与合作活动时我们不能随心所欲,而要遵循一定的原则和要求。

1. 开展对外教育交流与合作的原则

为了保证教育对外交流与合作健康有序地发展,《教育法》第六十七条规定:"国家鼓励开展教育对外交流与合作。教育对外交流与合作坚持独立自主、平等互利、相互尊重的原则,不得违反中国法律,不得损害国家主权、安全和社会

---

① 郑良信:《教育法学通论》,252页,南宁,广西教育出版社,2000。

公共利益。"这是关于教育对外交流与合作必须遵守的基本原则。这一规定主要包括以下三个方面内容：

(1)国家鼓励开展教育对外交流与合作的原则。作为一项原则，国家鼓励开展教育对外交流与合作原则表明了国家对学校开展教育对外交流与合作的基本态度和法律依据，也是我国长期以来教育对外交流与合作各项政策原则的法律表现。这说明，国家对于教育对外交流与合作工作，是大力支持的。学校在开展教育对外交流与合作活动时，无须瞻前顾后，可以放开手脚，进行全方位交流与合作。

(2)坚持独立自主、平等互利、相互尊重的原则。独立自主原则主要是"指国家按照人民的意志和国家利益，独立地处理内部事务和国家事务，不受他国干涉国家主权的独立行使的权利。作为一个主权国家，我国有自主决定教育方针、教育制度，自主制定教育法律、法规，自主决定是否加入国际教育组织机构，是否缔结有关教育的国际性条约、公约的权利。"[①]这一原则要求我们在教育对外交流与合作中，要有理有节，在一些根本问题上不能委曲求全，而要敢于坚持自己的主张和利益。

平等互利原则要求我们在教育对外交流与合作中，应相互尊重对方的国家主权，共同维护自身的和对方的正当利益；在决定交流的方式及合作项目时，要考虑对方的实际需要；在各项交流中，应当平等相待，取长补短、互惠互利。

相互尊重原则要求在教育对外交流与合作中，要充分尊重对方的文化传统、生活习惯、道德观念、法律法规等国家和民族的教育和文化传统，不把自己的观点强加于人。同时，要防止各种不良思想及与我国法律相违背的言论以各种形式进入国内，对青少年造成伤害。

(3)维护国家利益原则。在教育对外交流与合作活动中，经常涉及相关法律问题以及国家机密或属于国家机密范围内的尖端科学技术问题和其他法律禁止的行为等。维护国家利益原则规定了我国机构、组织、社团和个人在教育对外交流与合作中应当遵守的相关主权、安全及利益原则。即必须坚持遵守我国法律原则、维护国家主权和安全原则、维护社会公共利益原则。

2. 境内公民出国接受教育

国家对于留学工作的总方针是："支持留学、鼓励回国、来去自由。"无论是公派还是自费留学人员都是国家的宝贵财富，国家给以重视和信任。国家鼓励所有留学人员学成归来报效祖国，或短期回国进行学术交流合作，或采取多种

---

① 郑良信：《教育法学通论》，255页，南宁，广西教育出版社，2000。

方式支持祖国的社会主义建设事业。为了维护国家教育主权和保护自费出国留学人员的权益，国家规定国内外组织和个人不得擅自在中国境内招收自费出国留学生。

(1)境内公民出国留学。我国出国留学人员，按照派遣方式分为公派留学人员和自费留学人员。其中公派留学人员又有国家公派留学人员和单位公派留学人员。二者只是计划归口和经费开支渠道不同，在选派条件和管理等方面是相同的。

公派出国留学人员的选拔原则是"按需派遣、保证质量、学用一致"，公派出国留学人员，按接受教育层次和学习目标不同分为大学生、研究生、进修人员和访问学者。

自费出国留学人员，是指境内公民提供可靠的本人、亲友或其他渠道的经费保证，自行联系到国外高等学校、科研机构学习或进修的人员。公民自费出国留学，是为国家培养人才的一条重要渠道，国家予以支持。除享受公费完成大学或研究生学业者应按规定在国内服务一定年限外，其他无任何限制。国家对待自费留学人员，在政治上和公派留学人员一视同仁，给予关心爱护，鼓励学成回国工作。

(2)境内公民出国研究和任教。境内公民出国研究和任教，包括出国研究、学术交流和任教两个方面。出国研究、学术交流，是指期限较短的学术访问和考察、短期合作研究、短期讲学、参加国际会议等经常性的、较普遍的交流形式。此外，出国留学人员中的进修人员和访问学者在其学习进修期间，也负有研究和学术交流的任务。

3. 境外个人来华任教

《教育法》第六十九条规定："中国境外个人符合国家规定的条件并办理有关手续后，可以进入中国境内学校及其他教育机构学习、研究、进行学术交流或者任教，其合法权益受国家保护。"学校可以自主地通过校际交流协议或与我国有关机构和团体签订交流与合作协议，办理教育交流事宜。聘任外籍专家、教师，应当根据平等互利、协商一致的原则，订立外国文教专家聘任合同，明确双方的权利和义务以及争议的解决办法。外籍专家和教师不得在我国以任何形式进行传教活动或宣传宗教，不得从事采访、经商、咨询服务等与教育无关的社会公务以及与身份不相符的其他活动，应当遵守中国法律和社会规范，全面履行其聘任合同。聘请单位应当为外籍专家创造有利的工作条件和提供必需的生活保障。

(五)违反《教育法》的法律责任

法律责任是指违反法律规定所应承担的法律后果，它与违法行为及法律制裁是紧密相连的。《教育法》对各种违法行为的法律责任做出了明确的规定，下面我们从四个方面作简单说明。

1. 违反有关教育基本制度的法律责任

违反有关教育基本制度主要包括在办学、国家考试、招生、颁发学历学位证书等方面，不按照国家法律相关要求行使，违反国家教育法律相关规定的行为。

(1)违规举办学校及其他教育机构。《教育法》第二十五条规定："任何组织和个人不得以营利为目的举办学校及其他教育机构。"第七十五条规定："违反国家有关规定，举办学校或者其他教育机构的，由教育行政部门予以撤销；有违法所得的，没收违法所得；对直接负责的主管人员和其他直接责任人员，依法给予行政处分。"

(2)在国家考试中作弊、非法举办国家教育考试。《教育法》第七十九条规定："在国家教育考试中作弊的，由教育行政部门宣布考试无效，对直接负责的主管人员和其他直接责任人员，依法给予行政处分"；"非法举办国家教育考试的，由教育行政部门宣布考试无效；有违法所得的，没收违法所得；对直接负责的主管人员和其他直接责任人员，依法给予行政处分。"

(3)在招生工作中徇私舞弊。在招生考试中徇私舞弊是指主管及直接从事或参与学校招生考试工作的人员，利用职权或工作之便，为了达到使考生或者其他人员被录取的目的，故意采取隐瞒、虚构、篡改、毁灭、泄露、提示、协助考生作弊等手段，在考试、考核、体检、保送生推荐等环节中，歪曲事实，掩盖真相，以假乱真，使不符合招收录取条件的考生或者其他人员被招收录取，或者使符合招收录取条件的考生或者其他人员未被招收录取。

(4)违法颁发学历、学位证书。《教育法》第八十条规定，违法颁发学位证书、学历证书或者其他学业证书的，由教育行政部门宣布证书无效，责令收回或者予以没收；有违法所得的，没收违法所得；情节严重的，取消其颁发证书的资格。

2. 违反有关教育法律关系主体权利和义务的法律责任

《教育法》第八十一条规定："违反本法规定，侵犯教师、受教育者、学校或者其他教育机构的合法权益，造成损失、损害的，应当依法承担民事责任。"

(1)违反有关教育法律，侵害教师权利。侵害教师权利主要指学校及其他教育机构、教育行政部门或者其他团体和个人，无视教师的合法权益，随意伤害、侮辱、无故辞退教师等行为。

(2)违反有关教育法律，侵害学生的受教育权。侵害学生权利主要指学校及其他教育机构、教师无视学生的合法权益，随意停课、罚款、体罚学生等行为。

(3)违反有关教育法律，侵害学校权利。侵害学校权利主要指教育行政部门或者其他团体和个人，无视学校的合法权益，故意占用学校办学用地、扰乱学校教育教学秩序等行为。

3. 违反有关教育投入与条件保障的法律责任

(1)不按照预算核拨教育经费。《教育法》第七十一条规定："违反国家有关规定，不按照预算核拨教育经费的，由同级人民政府限期核拨；情节严重的，对直接负责的主管人员和其他直接责任人员，依法给予行政处分。"

(2)挪用、克扣教育经费。《教育法》第七十一条规定："违反国家财政制度、财务制度，挪用、克扣教育经费的，由上级机关责令限期归还被挪用、克扣的经费，并对直接负责的主管人员和其他直接责任人员，依法给予行政处分；构成犯罪的，依法追究刑事责任。"

(3)违规向学校收取费用。《教育法》第七十四条规定："违反国家有关规定，向学校或者其他教育机构收取费用的，由政府责令退还所收费用；对直接负责的主管人员和其他直接责任人员，依法给予行政处分。"

(4)违规向学生收取费用。《教育法》第七十八条规定："学校及其他教育机构违反国家有关规定向受教育者收取费用的，由教育行政部门责令退还所收费用；对直接负责的主管人员和其他直接责任人员，依法给予行政处分。"

4. 违反有关教育教学活动的法律责任

(1)扰乱学校教育教学秩序，破坏学校财产，侵占校舍、场地。《教育法》第七十二条规定："结伙斗殴，寻衅滋事，扰乱学校及其他教育机构教育教学秩序或者破坏校舍、场地及其他财产的，由公安机关给予治安管理处罚；构成犯罪的，依法追究刑事责任。侵占学校及其他教育机构的校舍、场地及其他财产的，依法承担民事责任。"

(2)明知校舍、设施有危险，不采取措施，造成人员伤亡或重大财产损失的。《教育法》第七十三条规定："明知校舍或者教育教学设施有危险，而不采取措施，造成人员伤亡或者重大财产损失的，对直接负责的主管人员和其他直接责任人员，依法追究刑事责任。"

二、《中华人民共和国义务教育法》解读

《中华人民共和国义务教育法》(以下简称《义务教育法》)是我国改革开放以来颁布的第一部教育方面的单行法律。该法于1986年4月12日经第六届全国人民代表大会第四次会议通过,于当年7月1日起开始实施。2006年6月29日经第十届全国人民代表大会常务委员会第二十二次会议对其进行了修订,自2006年9月1日起施行新的《义务教育法》。制定和修改《义务教育法》的目的在于更好地"保障适龄儿童、少年接受义务教育的权利,保证义务教育的实施,提高全民族素质。"《义务教育法》是促进和保证我国基础教育健康发展的基本法,它的颁布,标志着我国基础教育进入了一个新的历史阶段,标志着我国义务教育制度的正式建立,使我国基础教育事业开始走上依法治教的轨道,有力地推动了我国基础教育的普及和全民素质的提高,对于落实教育优先发展的战略地位和义务教育"重中之重"的地位,提高全民族的基本素质具有十分重要的现实意义和深远的历史意义。《义务教育法》共八章六十三条,对学龄儿童就学、教育教学保障、管理与监督等方面做出明确规定。同时,也对国家、社会、学校、家长的权利、义务及法律责任作出了明确的规定。

(一)义务教育管理体制

义务教育管理体制主要涉及实施义务教育的领导、执行、管理等问题。《义务教育法》第七条明确规定:"义务教育实行国务院领导,省、自治区、直辖市人民政府统筹规划实施,县级人民政府为主管理的体制。"与此同时,《义务教育法》第七条还规定了各级政府的具体职责。"县级以上人民政府教育行政部门具体负责义务教育实施工作;县级以上人民政府其他有关部门在各自的职责范围内负责义务教育实施工作。"该体制明确了中央、省和县三级政府对义务教育都负有一定的责任,但义务教育的实施主体主要是县级人民政府。

(二)义务教育的就学制度

就学制度主要涉及儿童的入学年龄、入学条件、保障部门及入学机构。《义务教育法》对这些方面的具体内容都做出了明文规定。

1. 入学年龄

《义务教育法》对儿童的入学年龄有明确规定。《义务教育法》第十一条规定:

"凡年满六周岁的儿童，其父母或者其他法定监护人应当送其入学接受并完成义务教育；条件不具备的地区的儿童，可以推迟到七周岁。适龄儿童、少年因身体状况需要延缓入学或者休学的，其父母或者其他法定监护人应当提出申请，由当地乡镇人民政府或者县级人民政府教育行政部门批准。"

2. 入学条件

《义务教育法》明确提出了免费入学的就学制度。《义务教育法》第二条规定："实施义务教育，不收学费、杂费。国家建立义务教育经费保障机制，保证义务教育制度实施。"第十二条规定："适龄儿童、少年免试入学。"这就说明，义务教育阶段的适龄儿童、少年入学不需要缴纳任何费用，其上学期间所有的花费由地方政府为其承担。与此同时，国家还设立补助金，帮助贫困学生完成学业。

3. 入学保障机构

《义务教育法》规定了儿童入学接受义务教育的入学保障机构。《义务教育法》第十二条规定："地方各级人民政府应当保障适龄儿童、少年在户籍所在地学校就近入学。"第十三条规定："县级人民政府教育行政部门和乡镇人民政府组织和督促适龄儿童、少年入学，帮助解决适龄儿童、少年接受义务教育的困难，采取措施防止适龄儿童、少年辍学。"由于各种原因，父母或者其他法定监护人在非户籍所在地工作或者居住的适龄儿童、少年，在其父母或者其他法定监护人工作或者居住地接受义务教育的，当地人民政府应当为其提供平等接受义务教育的条件。具体办法由省、自治区、直辖市规定。所有这些规定，都旨在说明义务教育的保障单位是地方各级人民政府而非中央政府和省政府。与此同时，《义务教育法》对于现役军人子女接受义务教育也作出了明确规定："县级人民政府教育行政部门对本行政区域内的军人子女接受义务教育予以保障。"

对于因特殊原因参加各种训练的少年儿童接受义务教育，《义务教育法》也作出了明文规定。其中第十四条规定："根据国家有关规定经批准招收适龄儿童、少年进行文艺、体育等专业训练的社会组织，应当保证所招收的适龄儿童、少年接受义务教育；自行实施义务教育的，应当经县级人民政府教育行政部门批准。"

（三）义务教育的教育教学

义务教育教育教学活动是实施义务教育的核心，是保证义务教育质量的重要途径，涉及教育教学基本要求及教育教学标准等问题。《义务教育法》及《义务教育法实施细则》对上述问题作出了明确规定。

1. 义务教育教学基本要求

义务教育的教育教学基本要求是实施义务教育的灵魂，是学校在教育教学工作中应该坚持的一些基本原则和达成的目标。《义务教育法》第三条对此作了总体规定："义务教育必须贯彻国家的教育方针，实施素质教育，提高教育质量，使适龄儿童、少年在品德、智力、体质等方面全面发展，为培养有理想、有道德、有文化、有纪律的社会主义建设者和接班人奠定基础。"《义务教育法》第三十四条进一步规定："教育教学工作应当符合教育规律和学生身心发展特点，面向全体学生，教书育人，将德育、智育、体育、美育等有机统一在教育教学活动中，注重培养学生独立思考能力、创新能力和实践能力，促进学生全面发展。"

《义务教育法实施细则》以《义务教育法》为依据，对义务教育的教育教学方向、内容、方法与手段等方面作出了详细具体的规定："实施义务教育必须贯彻国家的教育方针，坚持社会主义方向，实行教育与生产劳动相结合，对学生进行德育、智育、体育、美育教育。实施义务教育的学校，必须按国务院教育主管部门发布的指导性教学计划、教学大纲和省级教育主管部门制订的教学计划，进行教育教学活动。"《义务教育法》第三十五条规定："学校和教师按照确定的教育教学内容和课程设置开展教育教学活动，保证达到国家规定的基本质量要求。""实施义务教育的学校，应当选用经国务院教育主管部门审定的或者其授权的省级教育主管部门审定的教科书。""实施义务教育的学校的教育教学工作，应当适应全体学生身心发展的需要。学校和教师不得对学生实施体罚和变相体罚或者其他侮辱人格尊严的行为。对品性有缺陷、学习有困难的儿童应当给予帮助，不得歧视。"[①]

学校应当把德育放在首位，寓德育于教育教学之中，开展与学生年龄相适应的社会实践活动，形成学校、家庭、社会相互配合的思想道德教育体系，促进学生养成良好的思想品德和行为习惯。

智育工作要转变教育观念，改革人才培养模式，积极实行启发式和讨论式教学，切实提高教育教学质量。《义务教育法》第三十五条规定："国家鼓励学校和教师采用启发式教育等教育教学方法，提高教育教学质量。"通过启发式教学，激发学生独立思考和创新的意识，让学生感受、理解知识产生和发展的过程，培养学生的科学精神和创新思维习惯，重视培养学生收集处理信息的能力，获得新知识的能力，分析和解决问题的能力、团结协作和社会活动能力。

---

① 张乐天：《教育法规导读》，122页，上海，华东师范大学出版社，2000。

学校应当切实加强体育和美育工作。《义务教育法》第三十七条规定:"学校应当保证学生的课外活动时间,组织开展文化娱乐等课外活动。社会公共文化体育设施应当为学校开展课外活动提供便利。"通过开展各种丰富多彩的体育活动和课外文化艺术活动,使学生掌握基本的运动技能,养成坚持锻炼身体的良好习惯,增强学生感受美、欣赏美和创造美的能力。与此同时,要不断减轻学生的课业负担,切实推进素质教育,努力造就具有创新精神和实践能力,德、智、体、美等方面全面发展的社会主义事业建设者和接班人。

2. 义务教育教学标准

义务教育的教育教学标准,即义务教育必备的办学条件标准和要求,该标准和要求应由省级人民政府教育主管部门根据普及义务教育的基本要求和本地具体情况制定。办学标准的主要内容应包括:实施义务教育教室和课桌椅的具体要求,每班学生的最高名额限制,学生的活动场地,住宿生的食宿条件、厕所等必要的生活设施;教学仪器设备、体育设施、图书资料的配备标准,保证正常教学的增添图书所需的经常性费用;任课教师至少应取得的教材教法考核合格证书和必须具备的规定学历等要求。[①]

各省级人民政府教育主管部门制定的办学标准和要求,应当报国家教育行政部门备案。各地制定的办学条件标准和要求可随着时间的推移加以修订。

(四)实施义务教育的条件保障

为了保障义务教育教学工作的正常进行,《义务教育法》及《义务教育法实施细则》就实施义务教育的机构保障、经费保障及师资保障等问题作出了相关规定。

1. 机构保障

(1)地方人民政府的办学职责。为保障适龄儿童、少年能就近入学,各级人民政府应当合理设置小学和初级中等学校,城市和农村建设发展规划必须包括相应的义务教育设施。《义务教育法》第十五条规定:"县级以上地方人民政府根据本行政区域内居住的适龄儿童、少年的数量和分布状况等因素,按照国家有关规定,制定、调整学校设置规划。新建居民区需要设置学校的,应当与居民区的建设同步进行。"

为保障居住分散的适龄儿童、少年以及盲、聋哑和弱智儿童顺利入学,地方人民政府要根据需要设置寄宿制学校和相应的实施特殊教育的学校(班),对

[①] 郑良信:《教育法学通论》,294页,南宁,广西教育出版社,2000。

视力残疾、听力语言残疾和智力残疾的适龄儿童、少年实施义务教育。特殊教育学校(班)应当具备适应残疾儿童、少年学习、康复、生活特点的场所和设施。与此同时,普通学校也应当接收具有接受普通教育能力的残疾适龄儿童、少年随班就读,并为其学习、康复提供帮助。

县级以上地方人民政府应根据需要,为具有预防未成年人犯罪法规定的严重不良行为的适龄少年设置专门的学校实施义务教育。

县级以上人民政府及其教育行政部门应当促进学校均衡发展,缩小学校之间办学条件的差距,不得将学校分为重点学校和非重点学校。学校不得分设重点班和非重点班。

(2)学校管理职责。为了保障义务教育的教育教学,《义务教育法》对学校的一些活动也进行了规定。《义务教育法》第二十四条规定:"学校应当建立、健全安全制度和应急机制,对学生进行安全教育,加强管理,及时消除隐患,对需要维修、改造的,及时予以维修、改造,预防发生事故;学校不得聘用曾经因故意犯罪被依法剥夺政治权利或者其他不适合从事义务教育工作的人担任工作人员。"

"学校不得违反国家规定收取费用,不得以向学生推销或者变相推销商品、服务等方式谋取利益。"

"学校实行校长负责制。校长应当符合国家规定的任职条件。校长由县级人民政府教育行政部门依法聘任。"

"对违反学校管理制度的学生,学校应当予以批评教育,不得开除。"

2. 经费保障

义务教育投入是义务教育实施发展和完善的经济基础,必要的教育事业费和基建投资是改善办学条件、实施义务教育的重要保证。没有相应经费的保障,就无法保障义务教育的顺利实施。《义务教育法》第四十二条规定:"国家将义务教育全面纳入财政保障范围,义务教育经费由国务院和地方各级人民政府依照本法规定予以保障;国务院和地方各级人民政府将义务教育经费纳入财政预算,按照教职工编制标准、工资标准和学校建设标准、学生人均公用经费标准等,及时足额拨付义务教育经费,确保学校的正常运转和校舍安全,确保教职工工资按照规定发放。"

(1)经费分担主体问题。《义务教育法》第四十四条规定:"义务教育经费投入实行国务院和地方各级人民政府根据职责共同负担,省、自治区、直辖市人民政府负责统筹落实的体制。农村义务教育所需经费,由各级人民政府根据国务院的规定分项目、按比例分担。"

《义务教育法》第四十六条规定:"国务院和省、自治区、直辖市人民政府规范财政转移支付制度,加大一般性转移支付规模和规范义务教育专项转移支付,支持和引导地方各级人民政府增加对义务教育的投入。地方各级人民政府确保将上级人民政府的义务教育转移支付资金按照规定用于义务教育。"

国务院和县级以上地方人民政府根据实际需要,设立专项资金,扶持农村地区、民族地区实施义务教育。

(2)财政拨款比例问题。对于义务教育财政拨款的比例问题,《教育法》第四十二条也作了明确规定:"国务院和地方各级人民政府用于实施义务教育财政拨款的增长比例应当高于财政经常性收入的增长比例,保证按照在校学生人数平均的义务教育费用逐步增长,保证教职工工资和学生人均公用经费逐步增长。"这就是我们平常所说的"三个增长"原则。"三个增长"原则保证了教育拨款的速度适度超前经济发展速度,符合教育与经济相互协调发展规律。

(3)生均公用经费问题。《义务教育法》对生均公用经费基本标准也做出了相应规定,其中第四十三条规定:"学校的学生人均公用经费基本标准由国务院财政部门会同教育行政部门制定,并根据经济和社会发展状况适时调整。制定、调整学生人均公用经费基本标准,应当满足教育教学基本需要;省、自治区、直辖市人民政府可以根据本行政区域的实际情况,制定不低于国家标准的学校学生人均公用经费标准;特殊教育学校(班)学生人均公用经费标准应当高于普通学校学生人均公用经费标准。"

3. 师资保障

建立一支数量充足、质量良好、结构合理、相对稳定的师资队伍,是实施义务教育的根本保证。对此,《义务教育法》也作出了相关规定。

(1)教师的培养与管理。《义务教育法》第三十条规定:"国家建立统一的义务教育教师职务制度。教师职务分为初级职务、中级职务和高级职务。"第三十二条规定:"县级以上人民政府应当加强教师培养工作,采取措施发展教师教育。"县级人民政府教育行政部门应当均衡配置本行政区域内学校师资力量,组织校长、教师的培训和流动,加强对薄弱学校的建设。

《义务教育法》第三十三条规定:"国务院和地方各级人民政府鼓励和支持城市学校教师和高等学校毕业生到农村地区、民族地区从事义务教育工作。县级人民政府教育行政部门依法认定其教师资格,其任教时间计入工龄。"

(2)教师的相关待遇。《义务教育法》第三十一条规定:"各级人民政府保障教师工资福利和社会保险待遇,改善教师工作和生活条件;完善农村教师工资经费保障机制。教师的平均工资水平应当不低于当地公务员的平均工资水平。

特殊教育教师享有特殊岗位补助津贴。在民族地区和边远贫困地区工作的教师享有艰苦贫困地区补助津贴。"

(3)对教师的基本要求。《义务教育法》第二十八、二十九条规定：教师应当为人师表，忠诚于人民的教育事业。在教育教学中应当平等对待学生，关注学生的个体差异，因材施教，促进学生的充分发展。教师应当尊重学生的人格，不得歧视学生，不得对学生实施体罚、变相体罚或者其他侮辱人格尊严的行为，不得侵犯学生合法权益。

(五)违反《义务教育法》的法律责任

我国《义务教育法》第五十一至第六十条分别对违反《义务教育法》的行为进行了约束，并根据违法的性质和情节严重程度，规定了相应的行政、民事和刑事法律责任。我们主要从以下三个方面进行分析。

1. 违反义务教育就学有关制度的法律责任

就学制度是保障儿童基本受教育权的根本制度，《义务教育法》第五十七条规定：学校拒绝接收具有接受普通教育能力的残疾适龄儿童、少年随班就读的，由县级人民政府教育行政部门责令限期改正；情节严重的，对直接负责的主管人员和其他直接责任人员依法给予处分；适龄儿童、少年的父母或者其他法定监护人无正当理由未依照本法规定送适龄儿童、少年入学接受义务教育的，由当地乡镇人民政府或者县级人民政府教育行政部门给予批评教育，责令限期改正。

胁迫或者诱骗应当接受义务教育的适龄儿童、少年失学、辍学的；非法招用应当接受义务教育的适龄儿童、少年的，依照有关法律、行政法规的规定予以处罚。

2. 违反义务教育教学相关规定的法律责任

违反义务教育教学相关规定主要是指政府及教育行政机关，学校及其他教育机构，国家机关工作人员，适龄儿童、少年父母或者法定监护人等不遵守《义务教育法》相关规定而应承担的行政、民事和刑事法律责任。

(1)政府及教育行政机关违反义务教育教学规定的法律责任。《义务教育法》第五十三条、五十四条规定，凡将学校分为重点学校和非重点学校的，改变或者变相改变公办学校性质的，侵占、挪用义务教育经费的、向学校非法收取或者摊派费用的，由上级人民政府或者其教育行政部门责令限期改正、通报批评；情节严重的，对直接负责的主管人员和其他直接责任人员依法给予行政处分；县级人民政府教育行政部门或者乡镇人民政府未采取措施组织适龄儿童、少年入学或者防止辍学的，依照前款规定追究法律责任。

（2）学校及其他教育机构违反义务教育教学规定的法律责任。《义务教育法》第五十六条规定："学校违反国家规定收取费用的，由县级人民政府教育行政部门责令退还所收费用；对直接负责的主管人员和其他直接责任人员依法给予处分。学校以向学生推销或者变相推销商品、服务等方式谋取利益的，由县级人民政府教育行政部门给予通报批评；有违法所得的，没收违法所得；对直接负责的主管人员和其他直接责任人员依法给予处分。"

《义务教育法》第五十七条规定："学校有下列情形之一的，由县级人民政府教育行政部门责令限期改正；情节严重的，对直接负责的主管人员和其他直接责任人员依法给予处分：拒绝接收具有接受普通教育能力的残疾适龄儿童、少年随班就读的；分设重点班和非重点班的；违反本法规定开除学生的；选用未经审定的教科书的。"

（3）国家机关工作人员违反义务教育教学规定的法律责任。《义务教育法》第五十六条规定："国家机关工作人员和教科书审查人员参与或者变相参与教科书编写的，由县级以上人民政府或者其教育行政部门根据职责权限责令限期改正，依法给予行政处分；有违法所得的，没收违法所得。"

（4）适龄儿童、少年父母或者法定监护人违反义务教育教学规定的法律责任。《义务教育法》第五十八条规定："适龄儿童、少年的父母或者其他法定监护人无正当理由未依照本法规定送适龄儿童、少年入学接受义务教育的，由当地乡镇人民政府或者县级人民政府教育行政部门给予批评教育，责令限期改正。"

3. 违反义务教育条件保障相关规定的法律责任

违反义务教育条件保障主要是指地方政府及教育行政机关未很好地履行《义务教育法》规定的相应义务，不能为适龄儿童、少年提供接受义务教育的机构，或者不能按规定数额拨付义务教育经费，而应承担的行政、民事和刑事法律责任。

三、《中华人民共和国教师法》解读

《中华人民共和国教师法》是我国重要的教育人事法律。它以各级各类学校和其他教育机构中履行教学职责的专业人员为适用对象，是我国新中国成立以来第一部专门针对从事某一职业的人制定的单行性法律。它的出台，为规范教育队伍建设，进一步改革和完善教育人事制度、提高教师待遇、保障教师权益提供了重要的法律依据。《教师资格条例》及《教师资格条例》实施办法，为提高教师素质，加强教师队伍建设，提供了重要的法律依据。

（一）教师的权利和义务

教师的权利，就是教师依照《教师法》的规定所享有的权利。它表现为教师作出一定的行为或要求他人作出相应的行为，在必要时可请求有关国家机关以强制行为保障其权利的实现。根据我国《教师法》第七条的规定，我国教师享有下列权利：①进行教育教学活动，开展教育教学改革和实验；②从事科学研究、学术交流，参加专业的学术团体，在学术活动中充分发表意见；③指导学生的学习和发展，评定学生的品行和学业成绩；④按时获取工资报酬，享受国家规定的福利待遇以及寒暑假期的带薪休假；⑤对学校教育教学、管理工作和教育行政部门的工作提出意见和建议，通过教职工代表大会或者其他形式，参与学校的民主管理；⑥参加进修或者其他方式的培训。

[案例]

丰某，2001年师范学院毕业后分配在某中学，任初一（2）班的班主任、语文老师。在教学中，他不鼓励学生死记硬背，也不采取题海战术，而是重视学生的独立思考能力和综合素质，因而深受学生的喜爱。2003年，他所带的班参加中考成绩不突出，升学率也不高，于是学校据此做出决定，扣发丰某全年奖金。丰某感到很是不解，为什么国家一再提倡素质教育，要坚决改变以升学率高低为主要指标评估教育政绩优劣、教学水平高低和教师工作好坏的做法，而学校却以升学率较低为由扣发其全年奖金。丰某对学校的处理决定不服，应该怎么办？丰某应当向学校所在地的教育行政部门提出申诉。根据《教师法》第三十九条，丰某如对学校扣发其全年奖金的处理决定不服，可向学校所在地的教育行政部门提出申请。如果教育行政部门在30日内未做出决定，丰某可以其不作为为由依法向人民法院提起行政诉讼。

教师的义务，是指教师依照《教师法》的规定所承担的必须履行的责任。它表现为教师必须依照法律的规定作出一定行为或不得从事一定行为，即教师行为的界限。根据《教师法》第八条规定，教师应当履行下列义务：①遵守宪法、法律和职业道德，为人师表；②贯彻国家的教育方针，遵守规章制度，执行学校的教学计划，履行教师聘约，完成教育教学工作任务；③对学生进行宪法所确定的基本原则的教育和爱国主义、民族团结的教育，法制教育以及思想品德、文化、科学技术教育，组织、带领学生开展有益的社会活动；④关心、爱护全体学生，尊重学生人格，促进学生在品德、智力、体质等方面全面发展；⑤制止有害于学生的行为或者其他侵犯学生合法权益的行为,批评和抵制有害于学生健康成长的现象;⑥不断提高思想政治觉悟和教育教学业务水平。

《教师法》第三十七条规定:"教师有下列情形之一的,由所在学校、其他教育机构或者教育行政部门给予行政处分或者解聘。①故意不完成教育教学任务给教育教学工作造成损失的;②体罚学生,经教育不改的;③品行不良、侮辱学生,影响恶劣的。教师有前款第②项、第③项所列情形之一,情节严重,构成犯罪的,依法追究刑事责任。"

(二)教师资格制度

教师资格制度是一种国家法定的职业许可制度,只有具备法定条件和专业能力,经认定合格的人才可以取得教师资格,从事教师职业,因而它是国家为公民进入教师行业设置的第一道门槛,对保证教师队伍的职业素质具有重要意义。

1. 教师资格制度的实施与监督

中国公民在各级各类学校和其他教育机构中专门从事教育教学工作,应当具备教师资格。国务院教育行政部门负责全国教师资格制度的组织实施和协调监督工作;县级以上(包括县级)地方人民政府教育行政部门根据《教师资格条例》规定权限负责本地教师资格认定和管理的组织、指导、监督和实施工作。依法受理教师资格认定申请的县级以上地方人民政府教育行政部门,为教师资格认定机构。

2. 教师资格的分类与适用

教师资格分为:①幼儿园教师资格;②小学教师资格;③初级中学教师和初级职业学校文化课、专业课教师资格(以下统称初级中学教师资格);④高级中学教师资格;⑤中等专业学校、技工学校、职业高级中学文化课、专业课教师资格(以下统称中等职业学校教师资格);⑥中等专业学校、技工学校、职业高级中学实习指导教师资格(以下统称中等职业学校实习指导教师资格);⑦高等学校教师资格。成人教育的教师资格,按照成人教育的层次,依照上款规定确定类别。取得教师资格的公民,可以在本级及其以下等级的各类学校和其他教育机构担任教师;但是,取得中等职业学校实习指导教师资格的公民只能在中等专业学校、技工学校、职业高级中学或者初级职业学校担任实习指导教师。高级中学教师资格与中等职业学校教师资格相互通用。

3. 教师资格条件

中国公民凡遵守宪法和法律,热爱教育事业,具有良好的思想品德,具备

《教师法》规定的学历或者经国家教师资格考试合格，有教育教学能力（包括符合国家规定的从事教育教学工作的身体条件），经认定合格的，可以取得教师资格。取得教师资格应当具备的相应学历是：①取得幼儿园教师资格，应当具备幼儿师范学校毕业及其以上学历；②取得小学教师资格，应当具备中等师范学校毕业及其以上学历；③取得初级中学教师、初级职业学校文化课、专业课教师资格，应当具备高等师范专科学校或者其他大学专科毕业及其以上学历；④取得高级中学教师资格和中等专业学校、技工学校、职业高中文化课、专业课教师资格，应当具备高等师范院校本科或者其他大学本科毕业及其以上学历；取得中等专业学校、技工学校和职业高中学生实习指导教师资格应当具备的学历，由国务院教育行政部门规定；⑤取得高等学校教师资格，应当具备研究生或者大学本科毕业学历；⑥取得成人教育教师资格，应当按照成人教育的层次、类别，分别具备高等、中等学校毕业及其以上学历；⑦申请认定中等职业学校实习指导教师资格者应当具备中等职业学校毕业及其以上学历，对于确有特殊技艺者，经省级以上人民政府教育行政部门批准，其学历要求可适当放宽。

申请认定教师资格者的教育教学能力应当符合下列要求：①具备承担教育教学工作所必需的基本素质和能力。具体测试办法和标准由省级教育行政部门制定。②普通话水平应当达到国家语言文字工作委员会颁布的《普通话水平测试等级标准》二级乙等以上标准。少数方言复杂地区的普通话水平应当达到三级甲等以上标准；使用汉语和当地民族语言教学的少数民族自治地区的普通话水平，由省级人民政府教育行政部门规定标准。③具有良好的身体素质和心理素质，无传染性疾病，无精神病史，适应教育教学工作的需要，在教师资格认定机构指定的县级以上医院体检合格。

4. 教师资格考试

不具备《教师法》规定的教师资格学历的公民，申请获得教师资格，应当通过国家举办的或者认可的教师资格考试。教师资格考试科目、标准和考试大纲由国务院教育行政部门审定。教师资格考试试卷的编制、考务工作和考试成绩证明的发放，属于幼儿园、小学、初级中学、高级中学、中等职业学校教师资格考试和中等职业学校实习指导教师资格考试的，由县级以上人民政府教育行政部门组织实施。幼儿园、小学、初级中学、高级中学、中等职业学校的教师资格考试和中等职业学校实习指导教师资格考试，每年进行一次。参加教师资格考试，考试科目全部及格的，发给教师资格考试合格证明；当年考试不及格的科目，可以在下一年度补考；经补考仍有一门或者一门以上科目不及格的，应当重新参加全部考试科目的考试。参加教师资格考试有作弊行为的，其考试成绩作废，3年内不得再次参加教师资格考试。

5. 教师资格认定

具备《教师法》规定的学历或者经教师资格考试合格的公民，可以依照教师资格条例规定申请认定其教师资格。幼儿园、小学和初级中学教师资格，由申请人户籍所在地或者申请人任教学校所在地的县级人民政府教育行政部门认定。高级中学教师资格，由申请人户籍所在地或者申请人任教学校所在地的县级人民政府教育行政部门审查后，报上一级教育行政部门认定。中等职业学校教师资格和中等职业学校实习指导教师资格，由申请人户籍所在地或者申请人任教学校所在地的县级人民政府教育行政部门审查后，报上一级教育行政部门认定或者组织有关部门认定。

申请认定教师资格应当由本人在规定时间提出申请，领取有关资料和表格，提交下列基本材料：①由本人填写的《教师资格认定申请表》一式两份；②身份证原件和复印件；③学历证书原件和复印件；④由教师资格认定机构指定的县级以上医院出具的体格检查合格证明；⑤普通话水平测试等级证书原件和复印件；⑥思想品德情况的鉴定或者证明材料。体检项目由省级人民政府教育行政部门规定，其中必须包含"传染病"、"精神病史"项目。

申请认定幼儿园和小学教师资格的，参照《中等师范学校招生体检标准》的有关规定执行；申请认定初级中学及其以上教师资格的，参照《高等师范学校招生体检标准》的有关规定执行。普通话水平测试由教育行政部门和语言文字工作机构共同组织实施，对合格者颁发由国务院教育行政部门统一印制的《普通话水平测试等级证书》。申请人思想品德情况的鉴定或者证明材料按照《申请人思想品德鉴定表》要求填写。在职申请人，该表由其工作单位填写；非在职申请人，该表由其户籍所在地街道办事处或者乡级人民政府填写。应届毕业生由毕业学校负责提供鉴定。必要时，有关单位可应教师资格认定机构要求提供更为详细的证明材料。各级各类学校师范教育类专业毕业生可以持毕业证书，向任教学校所在地或户籍所在地教师资格认定机构申请直接认定相应的教师资格。申请认定教师资格者应当按照国家规定缴纳费用。但各级各类学校师范教育类专业毕业生不缴纳认定费用。教师资格认定机构应当及时根据申请人提供的材料进行初步审查。

教师资格认定机构应当组织成立教师资格专家审查委员会。教师资格专家审查委员会根据需要成立若干小组，按照省级教育行政部门制定的测试办法和标准组织面试、试讲，对申请人的教育教学能力进行考查，提出审查意见，报教师资格认定机构。教师资格认定机构根据教师资格专家审查委员会的审查意见，在受理申请期限终止之日起 30 个法定工作日内作出是否认定教师资格的结论，并将认定结果通知申请人。符合法定的认定条件者，颁发相应的《教师资格证书》。县级以上地方人民政府教育行政部门按照《教师资格条例》第十三条规定的权限，认定相应的教师资格。在教师资格认定工作中玩忽职守、徇私舞弊，对教师资格认定工作造成损失的，由教育行政部门依法给予行政处分；构成犯罪的，依法追究刑事责任。受到剥夺政治权利或者故意犯罪受到有期徒刑以上刑事处罚的，不能取得教师资格；已经取得教师资格的，丧失教师资格；丧失教师资格的，不能重新取得教师资格，其教师资格证书由县级以上人民政府教育行政部门收缴。

6. 教师资格证书管理

教师资格证书作为持证人具备国家认定的教师资格的法定凭证，由国务院教育行政部门统一印制。《教师资格认定申请表》由国务院教育行政部门统一格式。《教师资格证书》和《教师资格认定申请表》由教师资格认定机构按国家规定统一编号，加盖相应的政府教育行政部门公章、钢印后生效。取得教师资格的人员，其《教师资格认定申请表》一份存入本人的人事档案，其余材料由教师资格认定机构归档保存。教师资格认定机构建立教师资格管理数据库。教师资格证书遗失或者损毁影响使用的，由本人向原发证机关报告，申请补发。原发证机关应当在补发的同时收回损毁的教师资格证书。丧失教师资格者，由其工作单位或者户籍所在地相应的县级以上人民政府教育行政部门按教师资格认定权限会同原发证机关办理注销手续，收缴证书，归档备案。丧失教师资格者不得重新申请认定教师资格。按照《教师资格条例》应当被撤销教师资格者，由县级以上人民政府教育行政部门按教师资格认定权限会同原发证机关撤销资格，收缴证书，归档备案。被撤销教师资格者自撤销之日起 5 年内不得重新取得教师资格。对使用假资格证书的，一经查实，按弄虚作假、骗取教师资格处理，5 年内不得申请认定教师资格，由教育行政部门没收假证书。对编造、买卖教师资格证书的，依法追究法律责任。品行不良、侮辱学生、影响恶劣的，县级以上人民政府教育行政部门撤销其教师资格，被撤销教师资格的，自撤销之日起 5 年内不得重新申请认定教师资格，其教师资格证书由县级以上人民政府教育行政部门收缴。

[案例]

某区某中学教师邹某利用课余补课、辅导的机会，多次抚摸女学生的胸部、臀部，使个别女学生见到邹某就害怕，甚至不敢上学，造成了极坏的影响，家长意见很大。

区教育局接到家长举报后,在查明基本事实的基础上,根据《中华人民共和国教师法》第三十七条和《教师资格条例》第十九条的规定,作出了撤销邹某的教师资格的行政处罚并收缴了邹某的教师资格证书。

(三)教师的聘任、考核与待遇

1. 教师职务制度

教师职务制度是国家就各级各类学校的教育教学需要而规定的专业技术工作岗位,取得某一教师职务的人必须具备本专业的业务知识和相应的学术水平,国家对各种教师职务任职条件和任职资格的评审程序作了具体规定。

2. 教师聘任制度

根据《教师法》第十七条规定:"教师的聘任应当遵循双方地位平等的原则,由学校和教师签订聘任合同,明确规定双方的权利、义务和责任。"

3. 教师考核与待遇

《教师法》第五章专门规定教师的考核制度。教师考核的内容为政治思想、业务水平、工作态度和工作成绩;考核由教师所在学校进行,教育行政部门指导和监督,考核的原则是"客观、公正、准确",考核应当听取教师本人、其他教师以及学生的意见;考核结果是聘任、晋升工资、实施奖励的依据。

《教师法》第六章规定了教师工资、津贴、补贴、住房、医疗、退休金等问题,其中明确的原则是:"教师的平均工资水平应当不低于或者高于当地公务员的平均工资水平,并逐步提高。"教师的医疗,也是"同当地公务员享受同等待遇。"教师退休或者退职后,享受国家规定的退休或者退职待遇。某省的《教师法实施办法》规定每两年组织教师体检一次,其中特级教师和具有高级专业技术职务的教师每年体检一次,《教师法实施办法》第十四条规定:"各级人民政府和学校都应当保证教师工资按月足额发放,任何单位和个人不得克扣、挪用或拖欠。"第十五条规定:"县级以上人民政府必须将财政负担的教师工资金额列入财政预算。"

[案例]

汪某系某中学教师。2008年4月19日,汪某以对学校作出的学期教师考核不合格、学年考核不合格决定不服为由,将《申请仲裁诉状》等有关材料送区劳动仲裁委员会,并抄送区教育局,要求撤销并纠正学校对他的不正当处理决定,并请求区教育局责成学校补发他2007年年终奖金和辅导津贴,对他人事档案和党员材料在中学期间被涂改等而造成的后果和影响要求学校负责。此后,汪某又于2008年5月20日、6月6日两次致信催告教育局要求作出处理,教育局于2008年6月21日以局办公室的名义向汪某作出书面答复意见,答复了原告所提出的考核问题,但未对补发奖金和消除因涂改有关材料而造成不良影响一事作出答复。基于此情况,汪某于2008年6月25日向区人民法院提出了行政诉讼。

(四)违反《教师法》的法律责任

《教师法》第八章对违反《教师法》的法律责任作了规定,如第三十六条规定:"对依法提出申诉、控告、检举的教师进行打击报复的,由其所在单位或者上级机关责令改正;情节严重的,可以根据具体情况给予行政处分。"第三十八条规定:"地方人民政府对违反本法规定,拖欠教师工资或者侵犯教师其他合法权益的,应当责令其限期改正。"第三十九条规定:"教师对学校或者其他教育机构侵犯其合法权益的,或者对学校或者其他教育机构作出的处理不服的,可以向教育行政部门提出申诉,教育行政部门应当在接到申诉的三十日内,作出处理。教师认为当地人民政府有关行政部门侵犯其根据本法规定享有的权利的,可以向同级人民政府或者上一级人民政府有关部门提出申诉,同级人民政府或者上一级人民政府有关部门应当作出处理。"

四、《中华人民共和国未成年人保护法》解读

《未成年人保护法》的颁布,使对未成年人的保护落到了实处。《未成年人保护法》主要从四个方面规范了对未成年人的保护:一是家庭的保护职责;二是学校的保护职责;三是社会的保护职责;四是对未成年人的司法保护。该法促使社会各个层面都尽到自己的义务,使未成年人的各种合法权益能够得到保障,未成年人能够健康成长,并将全社会对未成年人的保护纳入法制化的轨道。《未成年人保护法》的颁布,使我国对未成年人保护的法律体系更加完备,使未成年人这个宏大而又特殊的群体得到了更好的保护。

(一)未成年人保护工作应当遵循的原则

1. 尊重未成年人的人格尊严

未成年人虽然在各方面不成熟,不具备完全民事行为能力,但他们拥有独立的人格,社会和成人应尊重他们的人格尊严。这就要求不仅要把未成年人当成小孩子、子女看待,还要把他们当作平等的主体看待。摒弃孩子是父母私有

财产的旧观念，充分认识到未成年人的生命首先属于自己、属于社会。要培养出自尊、自爱、自强、自信的下一代，就必须尊重他们的人格尊严。

2. 适应未成年人身心发展的规律和特点

未成年人处于从不成熟到逐渐成熟的过程中。对于他们成长过程中的行为方式，不能用成人的标准来要求和衡量，应根据他们控制自身能力的特点而因材施教，对他们严而有度、严而有情、劳逸结合，才能达到教育的预期效果。

3. 教育与保护相结合

未成年人发育过程中，感情脆弱，辨别是非的能力差，缺乏自我控制和自我保护能力，但他们表现欲强，模仿能力强，所作所为就难免不尽如人意，甚至有悖于常理，更为严重者会造成社会恶果，这些都是未成年人不成熟的表现。对未成年人的培养就需要耐心教育，通过反复教育达到保护的目的，使他们在成功与挫折、经验与教训中锻炼成长。

(二)家庭保护

根据《未成年人保护法》第十条、第十三条之规定，父母或者其他监护人应当创造良好、和睦的家庭环境，依法履行对未成年人的监护职责和抚养义务。禁止对未成年人实施家庭暴力，禁止虐待、遗弃未成年人，禁止溺婴和其他残害婴儿的行为，不得歧视女性未成年人或者有残疾的未成年人。父母或者其他监护人应当尊重未成年人受教育的权利，必须使适龄未成年人依法入学接受并完成义务教育，不得使接受义务教育的未成年人辍学。父母或者其他监护人应当根据未成年人的年龄和智力发展状况，在作出与未成年人权益有关的决定时告知其本人，并听取他们的意见。父母或者其他监护人不得允许或者迫使未成年人结婚，不得为未成年人订立婚约。父母因外出务工或者其他原因不能履行对未成年人监护职责的，应当委托有监护能力的其他成年人代为监护。

(三)学校保护

学校应当尊重未成年学生受教育的权利，关心、爱护学生，对品行有缺点、学习有困难的学生，应当耐心教育、帮助，不得歧视，不得违反法律和国家规定开除未成年学生。学校应当根据未成年学生身心发展的特点，对他们进行社会生活指导、心理健康辅导和青春期教育。学校应当与未成年学生的父母或者其他监护人互相配合，保证未成年学生的睡眠、娱乐和体育锻炼时间，不得加重其学习负担。学校、幼儿园、托儿所的教职员工应当尊重未成年人的人格尊严，不得对未成年人实施体罚、变相体罚或者其他侮辱人格尊严的行为。学校、幼儿园、托儿所应当建立安全制度，加强对未成年人的安全教育，采取措施保障未成年人的人身安全。学校、幼儿园、托儿所不得在危及未成年人人身安全、健康的校舍和其他设施、场所中进行教育教学活动。学校、幼儿园安排未成年人参加集会、文化娱乐、社会实践等集体活动，应当有利于未成年人的健康成长，防止发生人身安全事故。教育行政等部门和学校、幼儿园、托儿所应当根据需要，制定应对各种灾害、传染性疾病、食物中毒、意外伤害等突发事件的预案，配备相应设施并进行必要的演练，增强未成年人的自我保护意识和能力。学校对未成年学生在校内或者本校组织的校外活动中发生人身伤害事故的，应当及时救护，妥善处理，并及时向有关主管部门报告。

(四)社会保护

根据《未成年人保护法》第三十四、三十五、三十七、三十九、四十、四十一条之规定，禁止任何组织、个人制作或者向未成年人出售、出租或者以其他方式传播淫秽、暴力、凶杀、恐怖、赌博等毒害未成年人的图书、报刊、音像制品、电子出版物以及网络信息等。生产、销售用于未成年人的食品、药品、玩具、用具和游乐设施等，应当符合国家标准或者行业标准，不得有害于未成年人的安全和健康；需要标明注意事项的，应当在显著位置标明。中小学校园周边不得设置营业性歌舞娱乐场所、互联网上网服务营业场所等不适宜未成年人活动的场所。营业性歌舞娱乐场所、互联网上网服务营业场所等不适宜未成年人活动的场所，不得允许未成年人进入，经营者应当在显著位置设置未成年人禁入标志；对难以判明是否已成年的，应当要求其出示身份证件。禁止向未成年人出售烟酒，经营者应当在显著位置设置不向未成年人出售烟酒的标志；对难以判明是否已成年的，应当要求其出示身份证件。任何人不得在中小学校、幼儿园、托儿所的教室、寝室、活动室和其他未成年人集中活动的场所吸烟、饮酒。任何组织或者个人不得披露未成年人的个人隐私。对未成年人的信件、日记、电子邮件，任何组织或者个人不得隐匿、毁弃；除因追查犯罪的需要，由公安机关或者人民检察院依法进行检查，或者对无行为能力的未成年人的信件、日记、电子邮件由其父母或者其他监护人代为开拆、查阅外，任何组织或者个人不得开拆、查阅。学校、幼儿园、托儿所和公共场所发生突发事件时，应当优先救护未成年人。禁止拐卖、绑架、虐待未成年人，禁止对未成年人实施性侵害。禁止胁迫、诱骗、利用未成年人乞讨或者组织未成年人进行有害其身心健康的表演等活动。

(五)司法保护

父母或者其他监护人不履行监护职责或者侵害被监护的未成年人的合法权益，经教育不改的，人民法院可以根据有关人员或者有关单位的申请，撤销其监护人的资格，依法另行指定监护人。对违法犯罪的未成年人，实行教育、感化、挽救的方针，坚持教育为主、惩罚为辅的原则。对违法犯罪的未成年人，应当依法从轻、减轻或者免除处罚。公安机关、人民检察院、人民法院办理未成年人犯罪案件和涉及未成年人权益保护案件，应当照顾未成年人身心发展特点，尊重他们的人格尊严，保障他们的合法权益，并根据需要设立专门机构或者指定专人办理。公安机关、人民检察院讯问未成年犯罪嫌疑人，询问未成年证人、被害人，应当通知监护人到场。公安机关、人民检察院、人民法院办理未成年人遭受性侵害的刑事案件，应当保护被害人的名誉。对羁押、服刑的未成年人，应当与成年人分别关押。羁押、服刑的未成年人没有完成义务教育的，应当对其进行义务教育。解除羁押、服刑期满的未成年人的复学、升学、就业不受歧视。对未成年人犯罪案件，新闻报道、影视节目、公开出版物、网络等不得披露该未成年人的姓名、住所、照片、图像以及可能推断出该未成年人的资料。

(六)学校侵害未成年人合法权益的法律责任

根据《未成年人保护法》第六十三条之规定，学校、幼儿园、托儿所侵害未成年人合法权益的，由教育行政部门或者其他有关部门责令改正；情节严重的，对直接负责的主管人员和其他直接责任人员依法给予处分。学校、幼儿园、托儿所教职员工对未成年人实施体罚、变相体罚或者其他侮辱人格行为的，由其所在单位或者上级机关责令改正；情节严重的，依法给予处分。

专题三 依法治教与教育者的法律素养

依法治教主要是指国家机关以及有关机构依照有关教育的法律规定，在其职权范围内从事有关教育的治理活动，以及各级各类学校及其他教育机构、社会组织和公民依照有关教育的法律规定，从事办学活动、教育教学活动及其他有关教育活动。简言之，依法治教就是把全部教育管理和办学活动纳入法治轨道，深化教育改革，推动教育发展。

依法治教的实施很大程度上必须依靠广大教育工作者来推动。教育者是依法治教的主体之一。依法治教与教育者的法律素养是相辅相成的关系。一方面，不断推进依法治教会对教育者素质提出新的更高的要求，能够促使教育者不断提升法律素养；另一方面，教育者法律素养的提高必然会有力地促进依法治教。

一、依法治教的主要内容

法治是一种治理国家的思想体系，也可以指一整套治理国家的方式、原则和制度，同时它还代表着社会发展的状态和水平。教育法治是依靠教育法律法规治理教育活动的一种模式，是一种严格遵循教育法律规则的秩序框架。在这个框架内，教育法律规则确定了教育所有法律关系主体相互关系的结构及其行为轨迹，明确了模式和标准，指明了行为条件和后果。[1] 依法治教就是通过依法治理教育的实践演进进而达到发展教育的理性秩序状态，要求全部的教育活动都应当符合教育法律的有关规定，要求所有的教育法律关系主体在从事各类教育活动时都应当遵守或不违背教育法律的规定和精神。

教育法律关系主体主要包括：教育行政机关、学校及其他教育机构、教师（包括其他教育者）、学生（包括其他受教育者）。从管理的角度讲，依法治教的主要内容包括三个方面：教育行政部门依法行政，学校依法治校，教师依法执教。

在这里，我们将教育限定在狭义的教育范畴，即学校教育，并把主要的关注点放在中小学教育阶段。

---

[1] 徐敏：《依法治教的理论与实践》，86页，哈尔滨，东北林业大学出版社，2005。

(一)教育行政部门依法行政

依法行政是依法治教的重要保障。各级教育行政部门都必须在教育法律、法规允许的范围内进行活动。我国经历了两千多年"礼治"和"人治"文化的浸染,使相当一部分人对非理性的权力非常崇拜。即使在新中国成立之后,我们也经历了一次又一次的造神运动,没有限制的权力受到狂热的崇拜。今天,随着社会主义民主法制建设进程的加快,这种情况基本得到改变。但不可否认的是,新的对权力的非理性崇拜与畏惧仍然在一定范围内悄悄继续。表现在教育领域、教育行政部门进行教育决策和其他教育管理行为中,权力恣意妄为的情况仍然存在。公共权力被私有化、个人化,导致教育管理行为失范。特别是上有政策、下有对策的思维不停地在作怪,导致国家教育法律法规在实施过程中,被某些地方和部门自订的"土法"和"土政策"所扭曲,出现"立法侵权"和"立法谋私"的现象。① 各级教育行政部门代表国家行使教育管理职权,管理教育事业,体现着公共利益。如果在教育行政过程中,违反教育法律法规,侵害了行政相对人的合法权益,就构成了行政侵权行为。②

1. 教育行政部门侵害学校权益的行为

教育行政部门侵害学校的合法权益,比较常见的是侵害学校办学自主权。

[案例]

2005年10月,尚是一片荒地的重庆沙坪坝区西永微电子"工业园"举行奠基仪式,按照当地教育行政部门安排,400多名与园区毫不相干的师生因此停课,在雨中苦苦等候两个多小时。一直到11时20分左右,奠基仪式才冒雨开始,不少学生已蜷缩着蹲在地上,现场没有工作人员对学生的健康表示关心。

在这个案例中,教育行政部门要求400多名师生停课参加商业庆祝活动,干扰了学校正常的教育教学秩序,侵害了学校的办学自主权;严重妨碍了学生的学习活动,损害了学生的身心健康,侵犯了学生的受教育权。同时,让大多数还是未成年人的中小学生频繁地参加这种讲排场、摆阔气的社会活动,长期耳濡目染,会对他们人生观、价值观的形成产生不良影响。③

2. 教育行政部门侵害教师权益的行为

在具体的教育行政工作中,教师的合法权益受到侵害的事件时有发生。

[案例]

2009年8月,河北省威县通过公开招聘,从500多名高校毕业生中择优录

---

① 徐敏:《依法治教的理论与实践》,87页,哈尔滨,东北林业大学出版社,2005。
② 曾天山:《科教兴国与依法治教》,86页,郑州,大象出版社,2005。
③ 根据新华网2005年10月19日相关报道整理。

专题三　依法治教与教育者的法律素养

用191人，充实到中小学校教学一线。但让他们没想到的是，10月中旬，就在他们刚上班没多久就接到教育局通知要捐款，专科毕业生捐5万元，本科毕业生捐3万元，名目是"捐资助教"，不交钱就开除。①

在这个案例中，威县教育局的"捐资助教"令属于"乱摊派"、乱收费，已严重侵害了教师的教育教学权和财产权，属于严重违法行为。当地政府很快就责令教育局退还了所有"捐款"。

无独有偶，中国经济网曾在2007年1月4日刊登了《湖南洪江教师上岗须缴纳10 000元入编费》。2006年，洪江市被聘用上岗的教师都被要求交上一笔钱才能上岗，各种收费项目累计须缴纳11 700多元，洪江市巧立名目、违规收取教师"入编费"10 000元，其中有2 000元"捐教"，还有8 000元竟名曰"军人安置基金"，且无一部门能拿出相关收费的文件依据。

这些事件的发生不禁令人产生这样的疑问：是不是这种收取"上岗费"已成为潜规则？教育行政部门是在滥用人民赋予的公共权力。

3. 教育行政部门侵害学生权益的行为

教育行政部门虽不直接管理学生，但也时而发生侵犯学生权益的事件，主要集中在出台不合理的教育政策、乱收费、违规招生等方面。

[案例]

2008年10月22日，成都市青羊区教育局正式颁布了《关于开展体育、艺术2+1项目活动实施方案》，要求全区中小学校，要让每个学生掌握两项体育运动技能、一项艺术特长以及一项包括整理、打扫、自我保护、烹饪、缝补在内的生活技能，考核不合格者不发毕业证。②

在这个案例中，青羊区教育局提高学生的运动技能、艺术特长和生活技能，本应是一件好事，但是强行将其与毕业证挂钩，在学生课业负担如此之重，升学压力如此之大的现实情境下，新增加的"技能考核"会不会成为压垮孩子的"最后一根稻草"？教育行政部门应当尊重教育教学规律，重在服务，精于管理，给学校和学生以自我发展的空间，不能肆意挥舞手中的大棒，给学校和学生增加过多的负担。

亚里士多德在《政治学》中写道："法治应包含两重含义：已成立的法律获得普遍的服从，而大家所服从的法律又应该本身是制定得良好的法律。"③在遵守教育法律法规这一环节，人民政府及其教育行政部门必须带头依法行政。由于

---

① 根据中央电视台2009年10月27日《焦点访谈》《威县大学生就业"被捐款"》报道整理。
② 根据《新京报》2008年10月27日 第A15版相关报道整理。
③ 亚里士多德：《政治学》，吴寿彭译，199页，上海，商务印书馆，1985。

他们拥有的权力具有既能保障公民权利，又能损害公民权益的双重属性，因此必须对其权力加以制约，不应享有游离于教育法律之外超越于法律之上的特权。各级教育行政部门的教育管理活动应成为依法治教的重点对象。

各级教育行政部门要按照建设法治政府的要求，切实转变不适应形势需要的行政管理方式、方法，依据法律规定的职责、权限与程序对学校进行管理，切实维护学校的办学自主权。要探索教育行政执法体制机制改革，落实教育行政执法责任制，及时查处违反教育法律法规、侵害受教育者权益、扰乱教育秩序等行为。要按照行政审批制度改革的要求，依法制定政府部门办事程序，减少行政审批项目，规范行政行为。要建立教育法律救助制度，依法维护学校、学生、教师、校长和举办者的权益。完善教育信息公开制度，保障公众对教育的知情权、参与权和监督权。积极配合有关部门开展校园及其周边环境的治理工作，依法保护学校的合法权益，为学校教育教学活动创造良好的环境。

(二)学校依法治校

学校依法治校简单讲，就是指学校依照法律的规定，组织和实施教育教学活动以及其他有关教育的活动。它包括两层含义，一是依法组织和实施教育教学活动，依法加强学校管理，规范办学行为；二是依法维护学校、教职工和学生的合法权益，与违法侵权行为作斗争。

墨子说："天下从事者，不可无法仪；无法仪而其事能成者无也。"《教育法》和《义务教育法》以及一些相关的教育法令对中小学校办学行为做出了一系列具体的法律规定，包括学校享有的权利、应尽的义务以及办学过程应注意的一些问题和相关的处置程序等。这些法令条文就是针对教育事业的"法仪"。要搞好教育，就必须依这些"法仪"而为，方可成其事，成方圆。依法治校既要求学校的办学过程遵守法律章程，按法律办事，也赋予学校以法律为依据保障学校、教职工和学生的正当权益。也就是说，依法治校的内在要求即实现学校教育管理的法治化。

1. 规范办学行为

(1)规范办学行为的主要内容。依法治校要求学校的管理行为本身应在法律规定的范围内进行，不得超越自身的权限。依法治校首先是对学校自身管理行为的合法约束。学校要建立完善符合法律规定的学校章程和规章制度，依法履行教育教学和管理职责。简言之，依法治校首先要求学校要规范办学行为，主要表现在：

①严格按照国家有关规定实施教育教学工作。如按规定的科目进行课程设置，不得随意删除如国防教育、民族常识教育、安全教育、心理健康教育等未

列入升学考试的科目；严格履行学生日常作息时间，不得额外增加上课或自习时间，尤其是不得在寒暑假、周末以及其他法定节假日为学生补课；对所有学生一视同仁，不得设置快慢班、分好差生；不得组织学生参加与教学无关、无益于身心健康发展的活动等。

②严格按照国家有关规定招生，规范学籍管理。在义务教育阶段，将坚持公办学校就近免试入学的原则，不得以考试等办法择优选拔新生；公办高中招收择校生要严格遵守各级教育行政部门有关政策规定。

③严格执行国家规定的财务制度，合法管理和使用学校经费。杜绝乱收费，同时严格按照财政部门有关规定进行预算、开支决算、稽核等工作，并及时做好财务公开工作。

④依法加强对教师和学生的管理。按照各级教育行政部门以及学校的规章制度实施奖励或处分。

⑤遵照学校章程，用好办学自主权，接受教育行政部门和社会的监督。

常言道："欲要清溪，必先浚源。"依法治校，特别强调依法规范校内各种管理制度。中小学校要依据法律法规，结合学校实际，修改完善规章制度，让学校工作有章可循，有制可依，实现人有责，物有位，事有序。

在制定、完善学校规章制度时，要把握以下几条原则：

①以国家法律、法规、规章和有关政策以及学校章程为基本依据，体现法治精神，不得与有关法律法规和政策相抵触。

②要符合素质教育要求，以促进学生全面发展为目标，要利于青少年学生健康成长。

③内容应当明确、具体、凝练，具有指导性、针对性和可操作性。法律、法规已经明确规定的内容，原则上不作重复规定。

④形式要符合公文的形式要求，要与其内容相匹配，便于师生理解和执行。规章制度的名称一般称"规定"、"办法"。规章制度可以用条文形式表述，内容复杂的除外，规章制度一般不分章节。

⑤遵循教育规律和学校发展实际，对学校规章制度中不适应当前教育改革发展需要和学校实际，影响学校管理水平和工作效率的内容，要及时清理。

(2)典型案例分析。

①学校有无行政处罚权？

[案例]

有下列行为之一者给予5~100元罚款处理：

①随地吐痰、泼污水、乱倒垃圾、乱扔杂物者；

②在墙壁、黑板、厕所等公共场所胡刻乱画涂改等有伤风雅者；

③故意损坏桌椅、门窗、玻璃、黑板、仪器等公共财产者；

……

以上规定无疑都是违法的，罚款属于行政处罚范畴。《行政处罚法》第十五条规定："行政处罚由具有行政处罚权的行政机关在法定职权范围内实施。"学校不是具有行政处罚权的行政机关，不具备行政处罚的主体资格，无权作出行政处罚。

在许多学校的图书馆、资料室等场所，经常可以看到"丢一罚十"等规定，这同样是违法的。学生损坏公物、丢失公物可照价赔偿，但赔偿和罚款的性质是根本不同的，前者是补偿性的，后者是惩罚性的。学校对违纪学生应加强正面教育，切莫以罚代教。

实施教育行政处罚的机关，除法律、法规另有规定的外，必须是县级以上人民政府的教育行政部门。学校是事业单位，而不是行政机关，教师是教育工作者而不是行政执法员。同时，也没有任何法律、法规授予学校以行政处罚权。

②正确对违纪学生作出纪律处分。

[案例]

2007年3月，安阳一中外国语学校以向同学索要钱财后果严重为由，将8名初中学生勒令退学。"3月28日中午放学的时候，班主任对我说以后不用来上学了。"4月11日上午，两星期前被勒令退学的安阳一中外国语学校初三学生小桦（化名）说，被勒令退学的共有8人。安阳市教育局有关人员明确表示，学校的做法违法。①

安阳一中外国语学校的做法，不管对学生劝退也好，勒令退学也好，都是变相开除学生，实质上都是剥夺了学生受教育的权利。《义务教育法》第二十七条明确规定："对违反学校管理制度的学生，学校应当予以批评教育，不得开除。"

我国对学生的纪律处分有六种：开除学籍、勒令退学、留校察看、记过、严重警告、警告。对非义务教育阶段的学生，这六种处分方式都适用。但对于义务教育阶段的学生进行处分又有不同的要求，义务教育属国家强制性教育，如果剥夺了该阶段学生的受教育权，就违背了《义务教育法》，因此对义务教育阶段学生的纪律处分一般不涉及开除学籍和勒令退学，只有留校察看、记过、严重警告和警告四种。对于被采取刑事强制措施的未成年学生，在人民法院的判决生效以后，对于被判处监禁刑罚，正处于在羁押场所接受无期徒刑、有期徒刑、拘役等刑罚处罚期间，学校可以开除其学籍。

---

① 根据《大河报》2007年4月13日 A11版相关新闻整理。

③学校是否可以指定学生的学习用品？

[案例]

2009年9月，西安某小学生家长张先生反映说，老师要求家长统一为孩子购买"文海"牌作业本。张先生便先后赶到多家超市购买，没想到，偌大的超市里却偏偏找不到这个品牌。最后还是在学校门口的摊贩处，买到了这种本子，"一般的大作业本1元左右一本，这儿却卖1.8元一本，这些摊贩可真是瞅准了商机。"张先生发现，学校门口的摊贩全部都在销售这种品牌的本子。孩子在高新区一小学就读的王颖女士反映，这学期开学孩子所在学校共收了160多元费用，其中就包括作业本费，学校不但为学生统一订制了作业本，连本子皮都买好了。①

按照政策规定，义务教育阶段学生作业本应由学生自愿购买，《义务教育法》第二十五条明确规定："学校不得违反国家规定收取费用，不得以向学生推销或者变相推销商品、服务等方式谋取利益。"对于这起事件，西安市教育局有关人士表示，指定作业本品牌系违规行为，义务教育阶段公办学校给学生代买或让学生自行购买作业本必须采取完全自愿的原则，不得强行规定。

除了以上列举案例外，中小学还存在着许多形式的违法办学行为，大体上可以分为三类：一是漠视义务性规范；二是违反禁止性规范；三是歪曲和滥用授权性规范。2009年10月31日，中央电视台新闻频道以"8项教育潜规则令教育'变味'"为题，曝光了中小学教育阶段八大"教育潜规则"，称"其积弊之深令人震惊"。一是"免试就近入学"异化为"争相择校"；二是择校费"被自愿"；三是奥数改头换面；四是升学率还在争第一；五是"重点班"改名"创新班"；六是补习班挂名"家长委员会"；七是"你的学生我来教"；八是全日制培训班集体易地补课。

可见，规范中小学校的办学行为任重而道远。美国著名法官汉德说："如果制度在我们心中死去的话，那么没有法律能够拯救它，没有宪法能够拯救它，没有法院能够拯救它。"在新形势下，迫切需要采取有效措施，严格落实相关教育法律法规，提升中小学管理水平。

2. 依法保护教师和学生的合法权益

在前面已经详细介绍了相关法律中对教师和学生权利的规定，这里不再展开。下面结合当前中小学实际，分析两个保护中小学教师和学生合法权益方面的热点和难点问题。

(1)依法促进教师参与学校民主管理问题。20世纪80年代初期，全国开始

---

① 根据《西安晚报》2009年9月18日第09版相关报道整理。

推行教职工代表大会制度，至今已近30年。各级各类学校自从建立推行教职工代表大会制度以来，在参与学校民主管理和民主监督，维护广大教职工的合法权益，落实教职工的主人翁地位，依靠教职工办学，推进学校教育改革和发展等方面，收到了一定的效果，但也存在许多问题：

①学校民主管理的制度不够健全完善，缺乏强有力的法律保障。从国家层面来看，《教育法》《教师法》虽然提出以教代会等形式参与学校民主管理和民主监督，但到目前为止，全国性的中小学教代会条例没有出台。从学校层面来看，大部分公办学校、民办学校没有制定学校教职工代表大会的相关制度，即使有这方面制度的学校，其制度的具体条款和内容不充分，而且操作性不强。

②许多学校教代会、工会组织的"参与决策、民主监督、维护权益"的职能内容，已流于形式，束之高阁。有的没有把民主管理纳入学校的工作计划或议事日程；有的教职工代表大会没有按程序召开或没按程序换届，教代会闭会期间的日常工作脱节；有的学校的领导班子对教代会的决议与代表提案落实得不主动、不积极，措施也不够得力；有的学校的管理者制定学校改革发展的重大方针、政策时，群众参与面小，透明度不高，缺乏监督力；有的学校工会组织的各项职能没能很好地体现，基本沦为"福利性"或"文体性"的工会。

当今时代，依法治教、依法治校日益深入人心，教师依法参与学校民主管理存在的问题应引起足够的重视，要通过不断完善校内民主管理机制来保障教师参与学校管理的合法权益。

(2)依法防范和处理学生人身伤害问题。据统计，2006年全国中小学生非正常死亡10 560人。中小学校该如何面对这一类问题？学校安全工作应当遵循下列原则：安全优先；预防为主，防治结合；教育与保护相结合；及时、合法、公正处理安全事故。

从防范的角度来看要做到以下两点：一是建立健全规章制度，加强防范意识教育。经常在学校开展安全防范意识的教育，通过具体的事例让他们意识到事故发生的不可预见性与结果的严重性，在学生中树立起强烈的自我防范意识，从而防止和避免此类事故的发生；二是加强管理，建立起校领导、班主任、学生干部、门卫、家长五位一体的安全教育工作网络，做到信息畅通，发生情况及时处理。

如果伤害已经发生，那么应该根据相关当事人的行为与损害后果之间的因果关系依法确定责任。首先，确定有无过错，有过错就承担责任，没有过错不承担责任；其次，过错大小决定责任大小，要分清楚当事人的行为是否是造成损害的主要原因。如无过错，学校可以提供道义帮助。

[案例]

某小学为方便统一管理学生上下学，与家长协商后每天用校车在约定的站点接送学生上下学，并收取一定费用。去年元旦前夕，学校决定12月31日下午两点半放学（比平时提前一小时），12月28日，学校将临时变动放学时间的通知提前两天写在教室的黑板上，让学生们向家长转告。当天下午两点半，校车把孩子们送到指定接送点，家长们一一将自己的孩子领走了。但7岁的陈某忘记将学校提前放学的通知告诉父母，家长不知变故，没有按照变动后的时间提前到接车点来接孩子。陈某从校车中跑出来后，没有看到家长来接，就急急忙忙跑向马路，准备自己回家。在路中央时，被一辆急速驶来的大货车撞倒，当场死亡。①

有关部门做出了非交通事故损害赔偿调解书，要求车辆肇事者承担主要责任（70%），该小学承担次要责任（30%）。事故发生在放学后，学校为什么还承担责任呢？本案的关键在于学校是否履行了告知义务。因为学校是用校车每天接送学生到固定的接送点上下学，学校变更放学时间，关系到家长能否与学校履行交接孩子的大事，应当及时通知到家长，以便学校和家长双方尽到保护学生安全的职责。通知和联系的方式应当考虑到它的有效性，学校给家长发通知，必须考虑到是否能准确无误地及时让家长接到。本案中，学校将提前放学的通知写在黑板上，让学生转告家长，这是不适当的方式。本案中的受害人只有7岁，属于法律上规定的无民事行为能力人，学校写在黑板上的通知要让7岁的孩子转告家长，有效性值得怀疑。结果由于学校过于自信的过失，酿成了学生死亡的悲剧。因此，学校对这起人身伤亡事故未能很好地尽到告知义务，应当承担相应赔偿责任。

什么情况下学校不承担责任呢？教育部颁布的《学生伤害事故处理办法》中明确了以下两类10种学校不承担法律责任的情形。

第一类是因下列情形之一造成的学生伤害事故，学校已履行了相应职责，行为并无不当的，无法律责任：①由地震、雷击、台风、洪水等不可抗的自然因素造成的；②来自学校外部的突发性、偶发性侵害造成的；③学生有特异体质、特定疾病或者异常心理状态，学校不知道或者难于知道的；④学生自杀、自伤的；⑤在对抗性或者具有风险性的体育竞赛活动中发生意外伤害的；⑥其他意外因素造成的。

第二类是下列情形下发生的造成学生人身损害后果的事故，学校行为并无不当的，学校不承担事故责任：⑦在学生自行上学、放学、返校、离校途中发

---

① 根据《中国教育报》2007年4月2日第3版相关报道整理。

生的；⑧在学生自行外出或者擅自离校期间发生的；⑨在放学后、节假日或者假期等学校工作时间以外，学生自行滞留学校或者自行到校发生的；⑩其他在学校管理职责范围以外发生的。

总之，学校在日常教育教学活动中要树立以人为本的理念，完善管理制度，加强安全教育，建立应对各类突发事件的工作预案，保护好学生的人身安全。

3. 校长在推进依法治校进程中的地位与作用

春秋时管仲说过"上不行法，则民不从"。掌握资源分配和政策制定权力的领导者如何进行有效的权力自律，是依法治教、依法治校无法回避的问题。无论何人，如为他人制定法律，应将同一法律应用于自己身上。

我国中小学内部管理体制实行校长负责制。校长在推进依法治校进程中的地位与作用都很重要。

校长要建立和健全以"校长负责制"为核心的学校管理体制。首先要准确把握"校长负责制"的内涵。校长负责制是现行中小学学校内部领导体制，它是指校长对学校工作全面负责，党在学校的基层组织党支部保障监督，教职工民主管理三部分有机组成的相互联系和统一的管理体制。

要切实履行校长的职责，正确行使校长职权。校长的职责，包括校长的工作任务和校长应负的责任。履行职责是校长应该承担的义务。校长的主要任务是：全面贯彻党和国家制定的教育方针，认真执行上级党委、政府和教育行政部门的指示、决定，努力按学校教育规律办学，制定（修改）、实施学校章程和各种管理规章、制度；制订学校的发展规划和学年、学期工作计划并认真组织实施；全面主持教学、思想品德教育、体育卫生、财务后勤、人事组织等学校行政工作；配合学校党组织支持和指导共青团、少先队、学生会和教职工工会等群众组织开展工作；抓好教师队伍建设；处理好对外行政事务。

校长的责任可以归结为政治责任、行政责任、经济责任和法律责任。就政治责任说，校长要自觉接受党组织的政治领导和监督，在政治上保持同党中央高度一致，政治上要对党负责，坚持社会主义办学方向，自觉执行党的路线、方针、政策。就行政责任说，校长要按上级行政主管部门授予的职权和职责办事。校长工作成绩突出，上级行政部门给予奖励；校长违反政策，玩忽职守，使学校受到严重损失，上级主管部门将给予行政处分。就经济责任说，校长对学校的公有财产不受侵犯负领导责任。因校长失职，使学校经济上蒙受损失，上级主管部门应给予经济制裁。就法律责任说，校长是学校的法定代表人，在学校工作中必须依法办事。校长工作违反国家法律，因严重失职造成国家财产重大损失或人员生命重大伤亡，由司法机关依法惩处。

校长是学校的法人代表，应该牢固树立法人意识。校长不是以个人身份管理教育和学校，而是以作为政府举办的学校法人代表身份，依据方针政策和法律法规来领导和治理学校。应该通过探索建立学校法人治理结构，完善民主管理等形式，建立起自主办学、管理科学、职责分明、权力制衡的现代学校制度。学校内部要建立符合教育规律的课程开发实施与管理制度、人财物管理制度和评价考核制度等，以增强学校依法自主办学的能力；学校外部则要以社区参与和家校合作为突破口，探索构建社区、家庭参与学校管理的有效机制。

  在办学过程中，校长必须按照公共财政的要求和管理办法合理使用好学校经费，做到专款专用，同时要充分重视有限经费的使用效益，加强经费使用的绩效评估。曾经，学校办学比较困难，校长担心的是硬件条件、经费不足、师资不稳、生源不定等问题。在基础教育进入内涵发展的今天，这些问题已不再是校长最担心的，校长们应把着力点放在提高办学质量上。[①]

  校长要努力朝着成长为教育家的方向努力。校长必须树立正确的教育观念，而且这些观念应当具有科学性、超前性、稳定性、感召性，还要不断创新、与时俱进。这些观念来源于学习教育理论和参与教育实践，来源于党和国家的方针政策、法律法规。所以校长应该勤奋读书，好学上进，应该努力实践，不断总结，应该虚怀若谷，借鉴别人。校长还要经常"解剖自己""三省吾身"与时俱进。总之，校长应该多读书、多学习、多实践、多研究、多思考、多总结，使自己成为一个有思想、有原则、有学识、有修养、有亲和力、熟悉管理、务实创新、堪为表率、受人爱戴的教育行家。

  校长要尊重教职工民主权利，依靠全体教职工办学治校。校长要善于利用、改造和创设学校环境，为学校的建设、管理和发展争取足够的条件和空间。校长要全面执行国家和上级有关教师培训、工作、生活、奖惩等的法规和政策，特别是落实好有关教师待遇的政策，加强教师队伍建设，充分调动教师教书育人的积极性。

  总之，校长要依照教育法律法规，运用法律手段健全校内管理体制，接受上级教育行政部门的正确领导，优化工作机制，促进权力、职责和利益的有机统一，完善管理制度，实现由"人管人"向制度约束人的根本转变，依法治校、科学治校、民主治校，从而使学校的各项工作走向法治化、规范化的轨道。同时要依法维护好学校的办学自主权，依法抵制乱收费、越权管理等不符合依法行政要求的管理行为，维护学校的合法权益和教育教学秩序。

---

① 尹后庆：《落实教育公共服务关键在校长》，载《中国教育报》，2009-10-19。

(三)教师依法执教

教师依法执教是依法治教的重要环节。2008年,全国普通中小学共有专任教师1056.64万人。他们长期奋战在教育第一线,能不能依法履行教育职责,直接关系亿万青少年的健康成长,关系国家的前途命运和民族的未来。

依法执教就是要求教师在教学活动中,严格遵照《宪法》和教育方面的法律、法规以及其他相关的法律、法规,使自己的教育教学活动符合法治化的要求,同时善于运用法律法规维护自身合法权益。在理论层面,依法执教要求教师树立依法从教的思想和观念,以适应现代教育的发展。在实践中,依法执教要求教师在整个教育教学过程都要严格依法办事。

陶行知先生曾说过:"要学生做的事,教职员躬亲共做;要学生学的知识,教职员躬亲共学;要学生守的规则,教职员躬亲共守。"在学校教学活动的两大主体之间,教师是学生的导师,对学生思想、行为具有示范与督导意义。教师依法执教,不仅是教师行为法治化的要求,而且对学生知法、守法、用法都是很好的启示和教育。

教师履行教育教学职责、进行教育教学工作的过程,也是依法行使教师权利与承担教师义务相统一的过程。前面已经结合《教育法》《教师法》《义务教育法》等相关法律规定详细阐明了教师的权利和义务,这里主要从教师开展日常教学活动中容易发生的违法行为和教师如何有效实施对学生的管理两个方面来进行分析。

1. 教师日常教育教学过程中容易发生的违法行为

(1)对学生进行负面教育。作为教师应该自觉地对学生进行正确的思想政治教育。《教育法》《教师法》等法律法规对教师思想方面提出三个方面要求:一是教师应该努力学习马克思主义和党的路线、方针、政策,不断提高思想政治觉悟;二是对学生应该进行宪法所确定的基本原则教育和其他方面的思想品行教育;三是对学生的思想教育应坚持正面教育,教师应以身作则,起到表率作用。个别教师不能提高自己的思想觉悟,反而在课堂上散布有违背党和国家方针政策的言行,对学生造成了严重的负面影响。

(2)体罚、变相体罚学生。《教师法》第八条规定:"关心、爱护全体学生,尊重学生人格。"《义务教育法》第十六条规定:"禁止体罚学生。"《未成年人保护法》第十三条规定:"对品行有缺点、学习有困难的学生,应当耐心教育、帮助,不得歧视。"《未成年人保护法》第十五条规定:"学校、幼儿园的教职工应当尊重未成年人的人格尊严,不得对未成年学生和儿童实施体罚、变相体罚或其他侮辱人格尊严的行为。"体罚和变相体罚学生极易造成师生的对立情绪,使学生产生自卑、怯懦心理,严重的甚至会造成学生肢体损伤,对学生的身心健康发展造成十分恶劣的后果。而且，教师自己也会付出相应代价。

(3)随意停学生的课，随意禁止学生参加考试。因各种原因停学生的课以及禁止学生参加考试的事件在中小学校里时有发生，带有一定的普遍性，似乎见怪不怪了，殊不知这是一种违法行为。《义务教育法》第四条明确规定："国家、社会、学校和家庭依法保障适龄儿童、少年接受义务教育的权利。"《教育法》第四十二条规定，公民享有"参加教育教学计划安排的各种活动，使用教学设施、设备、图书资料"和"在学业成绩和品行上获得公平评价"的权利。

(4)泄露学生隐私。有的教师隐匿、毁弃或私拆学生信件，甚至随意披露未成年人的隐私，并且不认为这些行为违法。我国《未成年人保护法》第三十九条规定："任何组织和个人不得披露未成年人的个人隐私。"

除了信件、日记之外，学生的个人情况、成绩等不愿意对外公开的东西都可以称为隐私。对学生隐私的保护还有待于全社会的共同努力。在现实生活中，要保护未成年人的权利，使孩子们的身心都能够健康成长，未成年人的隐私权问题理所应当受到关注。既承认未成年人的隐私权，又履行学校、家庭对未成年人的教育权和监护权，使三者并行不悖，是需要教师注意的一大问题。

2. 教师要敢于、善于依法实施对学生的管理

在强调尊重学生、维护学生权利的同时，一些地方和学校也出现了教师特别是班主任不敢管学生、不敢批评教育学生、放任学生的现象。我们经常听到像"现在的学生越来越不好管，教师越来越不好当"这样的声音。时下多数家长对独生子女百依百顺，一些孩子经不起批评、受不了挫折。有时候由于早恋、同学闹矛盾等，被班主任批评一两句，孩子就会想不通，甚至出现极端行为。这样一来，无形中就堵住了班主任的嘴。还有些家长过度维权，本来是班主任为维持班级管理秩序，对孩子进行适当批评和惩罚，家长却找到学校帮孩子"理论"，甚至投诉，弄得老师很委屈。此外，部分学校将家长和学生投诉作为考评师德的重要指标，有些老师担心因批评"得罪"学生而丢掉职位，索性做起"老好人"。面对这样的现实，教师应该如何正确履行管理学生的职责，成为社会尤其是教育领域关注的重要问题。

(1)教师要敢于依法实施对学生的管理。依法执教不是限制或束缚教师的手脚，而是把教师从教的权利和职责法律化，是权利与义务的有机统一，为教师施展才华提供了更强有力的保障，保证教育教学活动有序进行。

恰当批评是对学生负责的表现。教师"不敢"批评学生，既影响正常的师生关系，又对孩子成长不利。家长把孩子送进学校，交给教师管教，教师就成了孩子健康成长的引路人。"学生犯错，老师批评，天经地义。老师如果姑息纵容孩子错误而不去批评和惩罚，肯定是对孩子不负责。"①

批评和惩罚，与表扬和鼓励一样，都是正常的教育手段。虽然鼓励是主流的教育方式，但它无法替代批评的功能。批评也是孩子成长必需的营养。教师要细心发现孩子的问题，并适当地批评指正。这不仅引导孩子改正错误，而且让其知道是非对错。教师正当使用的、恰如其分的惩戒不属于对学生的体罚，不提倡对学生的一切行为都给予包容、甚至迁就的做法。"批评和表扬同样重要，一味不负责任的表扬会让学生看不到自己的瑕疵，肯定不利于学生形成独立、完整的人格，不利于他们将来走向社会。"②

为了进一步加强教师对学生的管理工作，2009年8月22日，教育部出台《中小学班主任工作规定》，对班主任的权益和责任等作出明确界定，其中第十六条指出："班主任在日常教育教学管理中，有采取适当方式对学生进行批评教育的权利。"作为教师，我们不能对学生的错误观念和行为视而不见，听之任之，要敢于履行教育赋予我们的这一神圣职责。千万不要在将体罚逐出校园的同时，把批评教育也一同抛弃。

(2)教师要善于依法实施对学生的管理。教师在教学过程中，理应具有一定的惩戒权，但不得超越这一权限，如不得对学生进行体罚、人格侮辱等。对教师在教学活动中惩戒权的实施，要求其必须合理合情更合法，要把管教和体罚区分开来。管教是指教师在正常的教育教学活动中，为了达到所规定的教育教学目标，最大程度地实现教育教学目标所采取的合法的、负责任的管理行为。这种管理行为对学习上有困难、道德上有缺陷的问题学生能够起到教育约束作用，促使他们改正错误，矫正行为。法律应当成为教师进行教育教学活动的保障，应当成为教师进行教育教学管理的依据和规范，应当成为学生保护自己合法权益的有力武器。学生把教师的管教行为等同于体罚等违法行为，以"禁止体罚或者变相体罚学生"为理由来对抗教师，是没有法律依据的无理取闹。

要坚持正面教育为主，对学生的点滴进步及时给予表扬鼓励，对有缺点错误的学生要晓之以理、动之以情，进行耐心诚恳的批评教育。当然，教育部出台专门规定重申教师的"批评权"既保障班主任的权利，又要求老师认真负责育人。"批评权"并非"尚方宝剑"，老师要正视学生的错误，更要讲究批评的艺术。"学生们最欢迎的批评，是有教育智慧的、善意的、鼓励性的。"有些教师"反话正说"的批评就很有艺术性：鼓励学生时，有些批评当众进行，有些批评则课后个别进行，必要的时候，甚至为学生保守秘密，以保护学生自尊。要对所有学

---

① 《批评是孩子成长必需的营养》，载《解放日报》，2009—08—25。
② 同上。

生一视同仁，切不可夹杂个人偏好，如成绩优良的学生犯错时不批评而成绩差一点的学生重批评。教师批评学生时真诚、态度和蔼，必要时还要和家长及时沟通，效果会更好。

管理学生是教师法定的权利，同时也是教师必须履行的职责。教师对学生的管理绝不能放松，更不能放弃，而应是坚持、改进或改善。管理也是一门学问，教师应从实际出发，从理论上或实践中不断探索、创新学生管理工作。

总之，教师不仅要严格按照法律规定开展教育教学活动，既不违法从教，又要充分履行相应法定职责。随着依法治教的不断深入，教师不仅要自觉运用法律手段来行使和维护自身合法权益①，还要在日常教育教学实践活动中，通过自己的言传身教，把法律知识传授给学生，以自身法律素养来带动学生法律素质的提高。

在现代教育制度下，教师的角色应该定位在学生学习的合作者、引导者和参与者，传授知识不再是教师的唯一任务。在基础教育阶段，教师主要承担着四项任务。一是培养学生的社会责任感，引导学生形成正确的世界观、价值观、人生观；二是让学生掌握基本知识和技能；三是发展学生的身体素质等各项素质；四是培养学生的创新精神和实践能力。教师应该按照新的角色定位，加强学习，勇于创新，不断提升依法执教水平，在推进依法治教进程中做出新的贡献。

依法治教是一项系统工程，要求教育法律关系主体都要履行相应的职责。推进依法治教对以教师为主体和代表的教育者的法律素养也提出了新要求。

■ 二、教育者的法律素养及提高途径

(一)教育者的法律素养

1. 法律素养

所谓法律素养是指一个人认识和运用法律的能力。法律素养是对全体公民提出的普遍要求，是自觉学法、知法、守法、用法、护法的统一。

公民应该具备一定的法律知识。法律知识主要由两部分组成，一是现行法律条文中关于法律规则的知识；二是法律学问中关于原理的知识，即所谓的法理知识。我们所常常提及的一般意义上的学法、懂法，就是要求既熟知一些基本的法律条文，同时又掌握一定的普遍适用的法律原理，这是法律素养的客观

---

① 近年来，教师正当权益受损、甚至人身受到伤害的事件时有发生，也应予以高度关注。教师也应勇敢地拿起法律武器维护自身合法权益。

方面。只有掌握好基本的法律知识才能更好地依法办事。

公民应当树立牢固的法律意识。法律意识是社会意识的一种特殊形式,"是人们的法律观点和法律情感的总和,其内容包括对法的本质、作用的看法,对现行法律的要求和态度,对法律的评价和解释,对自己权利和义务的认识,对某种行为是否合法的评价,关于法律现象的知识以及法制观念等"[①],它是人类在法律方面的实践活动的精神成果,包含着人类在认识法律现象方面的世界观、方法论、思维方式、观念模式、情感、思想和期望。法律意识不是自发形成的,它是人们在社会生活中学习和自觉培养的结果,也是法律文化传统潜移默化影响的结果,它是法律素养的主观方面。良好的公民法律意识能驱动公民积极守法、护法。

公民要提高运用法律知识的能力,用法律规范自己的行为,善于用法律维护自己的合法权益,并能主动抵制破坏法律和秩序的行为,充分尊重他人合法、合理的权利和自由,维护法律的尊严。

现代社会中,法律素养更多地体现在人们了解法律和运用法律的能力,成为个人素质的一个重要方面。法律素养不仅是人们行为的准则,而且是人们生存和发展的必备知识和技能,是人们继承人类文明成果,创造新型社会的重要手段。

2. 教育者的法律素养

教育者的法律素养是学校(或教育机构)的管理者、教育教学活动的组织者与实施者对教育法律现象的思想、观点、知识和心理的总括,不仅包括对教育法律本质和作用的理解与评价,还包含对教育执法与司法的信任度以及守法用法的自觉性与主动性等,它是国家教育法律影响和制约的产物。离开了国家教育法律,教育者的法律素养就会成为无源之水,无本之木。教育法律法规是实施教育行为的重要依据和基本要求,是一种教育教学的强制性规范,是保护教育事业的武器,是外显的,静态的;教育者的法律素养是教育者在不断学习教育法律法规、积极参与法律实践的过程中逐步形成的,是内隐的,能动的。[②]

教育者的法律素养通常是通过教育者掌握教育法律知识、具备教育法律意识和教育法律行为表现出来的。也就是说,教育者的教育法律素养分为三个方面的内容:教育法律知识、教育法律意识和教育法律行为。具体地说,教育法律知识是教育者对法律的认知程度,是教育者在教育法律学习和实践过程中所获取的教育法律信息,包括教育法律规定(教育法律条文)的知识和教育法学原

---

① 刘旺洪:《法律意识论》,49页,北京,法律出版社,2002。
② 许璋,曾惠成:《提高教育者法律素养 促进学校内涵发展》,载《中国教育现代化》,2004(10)。

理的知识。教育法律意识是教育者对教育法的现象的主观把握方式,是教育者对教育法的理性、情感、意志和信念等各种心理要素的有机综合体,一般由教育法律理想、教育法律情感、教育法律意志、教育法律评价和教育法律信仰等要素整合构建。[1] 教育法律行为就是教育者所实施的、能够发生法律效力、产生一定教育法律效果的行为,根据教育者的教育法律行为的表现形式,我们将教育法律行为分解为教育者守法行为、用法行为和护法行为。[2]

教育者只有熟悉了教育法律,具备了良好的法律意识,才能在实践中严格依照法律行使自己享有的权利和履行自己应尽的义务,自觉运用法律的武器维护自己的合法权利和利益,主动抵制破坏法律和秩序的行为,充分尊重他人合法、合理的权利和自由。

(1)扎实掌握相关法律知识。教育者作为公民,首先应懂得《宪法》《民法》《刑法》等法律,要掌握《宪法》《刑法》《民法》的一般常识。在此基础上,还要懂得教育方面的各种法律法规,熟悉党和国家的教育方针和政策。

当前与中小学教育阶段相关的法律法规有《中华人民共和国教育法》《中华人民共和国教师法》《中华人民共和国义务教育法》《中华人民共和国未成年人保护法》《教师资格条例》等,还有国务院及国务院各部委依法制定的相关规章、规定,如《中小学教师继续教育规定》《中小学校长培训规定》《〈教师资格条例〉实施办法》《学生伤害事故处理办法》等。

上述这些法律、法规的内容与当前中小学教育密切相关,是进一步学习和研究有关教育法学的必备知识,也是准确理解有关教育法律文件、科学分析与教育职业行为有关的教育法律现象的理论基础。这些法律法规明确了教育者享有的权利和应履行的义务,使教育者清楚"必须做什么""禁止做什么""可以做什么"。对于每个教育者来说,认真学习、掌握和贯彻这些教育法律法规,无疑是十分必要的。教育者只有具有良好的法律知识,才能产生积极有效的法律行为。

(2)牢固树立法律至上的法律意识。法律至上是指法律具有至高无上的地位与权威,任何组织和个人都不能凌驾于法律之上。它是法治最基本的原则,依法治教同样必须遵循这一原则。

在依法治教的理想状态下,法律的权威性、至上性得到了全社会成员的普遍认同,从而使得教育法律规范有效地内化为教育主体自觉的行为准则。在这一过程中,教育者的法律意识起着举足轻重的作用。依法治教的实施离不开教育者坚定的法治信念,强烈的法治情节和崇高的法治信仰。

---

[1] 刘旺洪:《法律意识论》,49页,北京,法律出版社,2002。
[2] 张涛:《论教师教育法律素养的重要性及其现实意义》,载《福建论坛(社科教育版)》,2008(8)。

教育者的法律意识是以其法律心理为基础的,与知、情、意等心理素质联系在一起。知,即教育者对教育法律牢固的记忆、正确的感知和深刻的思考。情,即对教育法律理性的认同感、归属感。意,即教育者的法律意志,能够迅速转化为积极的法律行为。

教育者要不断强化法律观念,应当懂得法律的作用,深刻认识依法治国、依法治教、依法治校、依法执教的重大意义。教育者应当有自觉的法律意志,要严格遵守法律,依法行事;依法维护自己的权利,也尊重他人的权利;严格履行自己的义务,也监督有关方面履行义务。教育者应该在教育教学过程中积极自觉地向学生宣传社会主义法制,为把我国建设成为社会主义法治国家做出积极贡献。①

(3)努力提高依法分析问题和解决问题的能力和水平。从根本上讲,我们学习有关教育法律基本理论知识、增强教育法律意识不仅是为了自觉守法,更是为了善于使用法律维护自身合法权益,敢于用自身行动维护法律的尊严。而要做到善于用法、敢于护法,就应具备依法分析问题和解决问题的能力和水平。

从教育法律运行的过程看,教育法律经国家机关制定出来之后,就越过了法律运行的内潜阶段,进入了法律运行的外显阶段,即把教育法律预先设定的权利和义务转变为现实的权利和义务,把以静态方式存在的客观的法转变为教育主体的行为,以规范和调整教育领域内的社会关系和相关主体的教育行为,从而把体现在法律中的统治阶级的教育意志转化为现实,使教育法律得到实现。

依法执教的过程,既是教育者学习、了解和掌握教育法律的过程,又是教育者依据教育法律具体协调、处理与有关主体(如教育行政机关、学校、学生、学生家长)法律关系和解决教育纠纷的过程。而这个过程客观上要求教育者必须有意识地培养和提高依法分析问题和解决问题的能力和水平。

总之,教育者必须认真学习教育法律,积极参与普法教育,自觉维护教育法律的权威和尊严,切实转变和增强教育法制观念,逐步提高自己的法律素养和法律意识,并具体落实在自己的实际教育教学活动中。在这个过程中,教育者首先应当明确自己依法承担的重大历史使命,自觉地忠诚于人民教育事业。

(二)教育者法律素养的提高途径

1. 完善教育法律体系

按照全面实施依法治国基本方略的要求,加快教育法制建设进程,形成比

---

① 曾天山:《科教兴国与依法治教》,150 页,郑州,大象出版社,2005。

较完善的中国特色社会主义教育法律体系。以立法的形式进一步对提高教育者法律素养做出规定。①及时修订已有的教育法律法规。原有的法律法规已经提到校长等学校管理人员、教师等教育者要遵守宪法、法律等内容。适应经济社会发展的新需要，面向基础教育改革的新形势，相关法律法规的制定与修订也应与时俱进，对教育者的法律素养提出进一步的要求。②尽快制定与"母法"相配套的"子法"。我国虽颁有《教师法》《中小学校长培训规定》《中小学教师继续教育规定》等法律法规，但其中有些规定是比较原则和笼统的，需要各级政府特别是教育行政部门结合当地实际，及时补充制定，尽快出台与之相适应的实施办法或细则，使教师与教育管理人员，面对教育中出现的各种问题，在具体操作时有法可依。③加速地方教育立法。在全国性教育法律、教育行政法规的大前提下，地方人大、政府要相应制定地方性教育法规或政府教育规章，使教育法律法规的实施更切合当地实际。

2. 加强法律法规培训

首先，要有规模有层次地推进中小学校长、管理人员和教师的教育法律法规培训。法律培训教程的选择要以教育相关法律法规为重点，培训内容应当围绕他们工作与生活的实际，侧重专业法律知识，兼顾基本法律常识，突出权利与义务相统一，对一些具体的有关禁止性规范的法律条款应反复强调。通过培训增强教育工作者的法律意识，引导他们在日常工作中自觉加强法律修养，依法行事，做遵纪守法的楷模。其次，对于即将上岗的准教师，要进行严格的岗前培训，将《教育法》《教师法》《未成年人保护法》等与其他有关教育的法律法规作为必修的内容，把对教师法律知识的考核作为教师资格认定的必要条件，严禁聘用不具备教育教学基本法律常识的人员担任教师。除积极参加相关法律培训外，广大教育工作者要增强自身法律意识，主动加强法律知识的学习，提高运用法律的能力和水平。

3. 健全学校规章制度

中小学校要不断建立健全学校规章制度，来规范教育管理人员和教师的行为。首先要依据法律法规完善学校章程，经主管教育行政部门审核后，作为学校办学活动的重要依据。其次要完善与学校《章程》相配套的各项规章制度。一是要规定学校工作内容，明确什么是应该做的，什么是不能做的；二是要规定教育教学活动的运行程序，明确应该做的工作"怎么做"；三是建设评价制度，明确如何对教育工作者教育教学活动进行检查和评价；四是建立奖惩制度，依据工作目标完成情况实施相应的奖惩，体现"做多做少、做好做坏不一样"的激励功能。常见的规章制度有教职工代表大会制度、各部门工作规范、教职工岗位责任制、教育教学工作评估制度、安全卫生保健制度、奖惩制度、校内纠纷调解制度和申诉制度等。

4. 建立检查评估制度

教育行政部门应对学校法制教育管理水平、教师的法律素养等方面制定明确的评估目标体系。应通过法律知识考试等方式，对教育管理人员和教师法律知识掌握的情况进行检查；把具备较高的法律素质和落实教育法律法规的情况作为校长、教师考核的重要内容。学校应建立和完善科学的法制教育体系，实行目标责任制管理，层层签订目标责任书，加强考核。

5. 强化教育监督机制

一是要探索建立由政府、社会、社区人士和家长等组成的"学校管理委员会"等合作参与学校管理的组织，监督校长的办学行为和教师的教学行为；二是要完善学校内部治理结构，建立校长负责，党支部、教师代表大会参与决策、有效监督的内部民主决策与监督机制；三是发挥学生的监督作用，学生既是教育对象，也是实施依法治教的监督者和保障者，通过提高学生的法律素养，一定程度上可以起到监督和督促教育者依法开展教育教学活动的作用。此外，要完善教育督导制度，探索建立相对独立的教育督导机构，实现教育督导工作经常化。

6. 提升职业道德素养

法治与德治从来都是相辅相成、相互促进的，二者缺一不可。孔子曾说："为政以德，譬如北辰，居其所而众星拱之。"江泽民同志把"以德治国"与"依法治国"同样提到治国方略的高度。教育行政部门和学校要将道德教育与法制教育相结合，通过加强思想政治教育、道德教育提升教育者的职业道德素养，促进教育者法律素养的提高。广大教育工作者要以《公民道德建设实施纲要》《中小学德育工作规程》《中小学教师职业道德规范》等道德法规为指导，不断提升自身道德素养。

7. 增强心理调节能力

中小学校教育工作者尤其是教师发生违法行为很大程度上与他们的心理状况有关。他们日常工作压力大，过高的社会期望与相对较低的收入反差很大，久而久之会形成孤独、抑郁的性格，产生一定的心理障碍。如果教师的心理问题长时间得不到疏导，势必诱发一些不可理解的行为，触犯法律，侵犯学生的权益。因此，社会和学校要关注教育工作者的心理状况，加强人文关怀，逐渐淡化将学生升学率与职称评定、工资福利挂钩的现象，营造和谐的工作氛围。广大教育工作者也要积极主动地学习心理学等相关知识，保持良好心态，增强自身心理调节能力。

8. 坚决处理违法行为

一方面，要加强教育管理人员和教师的管理，依法处理侵犯学校利益、侵害学生权益的违法行为；另一方面，要维护教育管理人员和教师的合法权益，对诸如干扰校长行使管理职权、聘任教师程序不公正、教师不能有效参加学校的管理与监督、教师的申诉不能得到及时解决等问题要坚决处理。

专题四　教师职业与教师道德

■ 一、教师劳动的特点和价值

教师道德的特点与教师劳动的特点紧密相连，教师劳动的特殊性决定着教师道德的特殊性。在讨论教师道德之前，有必要首先了解教师劳动的特点。

(一)教师劳动的特点

教师劳动是一种特殊的生产劳动，是社会职业生活的一个特殊领域。与其他职业劳动特别是工农业生产劳动相比，教师劳动的特殊性主要表现在以下几个方面：

1. **教师劳动的最大特点是专门培养人的一种劳动**

教师劳动的目的和任务不是直接创造某种物质财富或精神产品，而是按照一定社会或阶级的要求，有目的、有计划、有组织地对受教育者传授知识、开发智能、培养品德，从而把他们培养成为一定社会或阶级所需要的人才。教师承担着传播人类文化、开发人类智能、塑造人类灵魂的神圣职责和任务。在教育劳动过程中，教师既要教书，又要育人，既要传授给学生科学文化知识，又要发展学生的智力和能力，更要注意培养学生进步的思想、良好的品质和文明的行为习惯。教师劳动的这一特点，决定了教师道德要求比其他职业道德的要求更高、更全面、更规范、更严格。

2. **教师的劳动对象具有"向师性"**

教师劳动的对象，既不是无生命的自然物，也不是一般的动物或植物，而是有思想、有感情、有理性、有个性的活生生的人，是在家庭、学校、社会生活等环境背景的干预和影响下不断成长着的有思想、有感情、有个性的儿童和青少年。教师劳动对象的这种特殊性，决定了教师劳动的示范性和创造性。

示范性是教师劳动的显著特点。研究表明，正在成长中的儿童和青少年一般都有程度不同的"向师性"。从幼儿园儿童到大学生都有模仿教师行为的倾向，只不过在不同的年龄阶段这种"向师性"表现出不同的特征。在一定意义上可以说，儿童和青少年是在模仿教师行为的过程中长大的。正在成长中的儿童和青少年，随时随地都在用自己那双敏感的眼睛观察着教师的一言一行，自觉或不自觉地模仿教师的言行。因此，教师在教育劳动中所表现出来的劳动态度、精神风貌、工作作风、学识才干、思维方式、道德品性等都会对学生起着示范的作用，产生深刻的影响。教师可以说是学生最直观、最重要的活生生的榜样。教师劳动的这种鲜明的示范性，决定了教师在教育劳动中必须时时、处处、事事都以高度负责的态度来对待自己的言行，特别注意自己人格形象的塑造，做到以身作则、以身立教，在各方面都成为人之模范。

教师劳动对象的特殊性不仅决定了教师劳动有鲜明的示范性，而且决定了教师劳动具有相当的复杂性、艰巨性和创造性。首先，由于教育对象的年龄特征不同，性格特点各异，家庭环境不一样，个性心理品质千差万别，且极不稳定，不断变化，每个学生就是一个特殊的小世界，对他们不可能像生产物质产品那样按固定的工艺流程、统一的型号来铸造。其次，由于青少年在入学前已接受家庭教育和社会环境教育，入学后在接受学校教育的同时，又继续接受家庭教育和社会环境教育。教师并不是学生的唯一教育者，家庭和社会环境的教育与影响中存在着一些不利于学校教育的因素，甚至造成其对学校教育的冲淡和抵消。最后，在教师劳动中，学生不仅作为劳动对象而出现，同时也作为劳动主体而出现，学生不仅是教育的客体和对象，而且可以通过教育和自我教育转化成为教育的主体，学生既是"教"的客体，又是"学"的主体，因此，教师的教育教学活动只有得到"学习主体"的良好配合才能产生效果。所有这些，都决定了教师劳动具有相当的复杂性、艰巨性和创造性。因此，教师在教育劳动中只有辛勤工作，敬业爱生，积极实践，科学地、灵活机动地运用教育理论，因人、因事、因时、因地进行创造性劳动，才有可能取得良好的教育教学效果。

3. 教师自身的综合素质是其最主要的劳动工具和手段

在教育劳动中，教师固然需要教材、教具、实验仪器设备等物质性工具，但是，它们并不是教师主要的劳动手段和工具，它们仅仅起着辅助性作用。教师劳动最主要的工具和手段是教师自身所具有的综合素质，包括教师的政治思想素质、道德素质、科学文化素质、个性心理素质以及传授知识的技巧和本领等。在工农业劳动中，劳动者与劳动工具和手段是两种不同的因素，即人的因素和物的因素，两者是可以分离的；而在教师劳动中，劳动者（即教师）与主要劳动工具和手段（即教师自身的综合素质）是融为一体，不可分割的。教师自身的综合素质直接履行着教育劳动工具的职能。教师劳动的质量高低与效果好坏，直接取决于教师劳动工具的改善程度，即取决于教师思想的好坏、品德的高低、知识的多少、能力的强弱、情感和意志的状况等。因此，教师不断加强自我修养，提高自己的道德水准，完善自己的各种素质，就成为改善教育劳动工具、提高教育质量的重要方面。

4. **教师劳动始终围绕着人与人之间的关系而展开**

与其他职业劳动相比较，教师劳动中的人际关系有两大特点：一是关系复杂众多。任何劳动过程中都要处理人与人之间的关系，但是，在工农业生产劳动中，劳动者每天大部分时间直接接触的是机器、原料、工具、土地、产品等实物。而教师的劳动，自始至终都要围绕处理人与人之间的关系来进行。教师不仅要处理好与劳动对象即学生的关系，而且要处理好与其他教师、教师集体、校领导、家长及社会有关方面的关系。二是关系重要。由于学生处在学生集体、教师集体、学校集体、学生家长和社会环境的共同影响作用下，这就决定了教师劳动的一个重要特征是个体劳动与整体性劳动的统一。一个教师要完成教育任务，就必须处理和协调好众多复杂的人际关系，否则会直接影响到教育劳动的效果。而教师良好的职业道德修养是处理好这些关系的关键因素。

5. **教师的"劳动产品"具有其他任何劳动产品无法比拟的社会价值**

教师劳动的结果是产生掌握一定文化科学知识和形成一定思想品德的人。这种特殊的"劳动产品"，具有其他任何劳动产品无法比拟的社会价值和意义。因为这种"产品"，即受过教育的人，是活动着的、能够自我发展的。他们对社会的各个方面能够产生广泛而深远的影响，其影响面之广、影响度之深，是任何一种劳动产品都无法相提并论的。再从劳动者与劳动产品的关系来看，如果说在改造一般自然物的生产中，随着劳动过程的结束，劳动者对劳动对象的影响也就此结束的话，那么，教师在教育劳动中对学生的影响，却并不因教育过程的结束而随之消失，而是继续对学生产生着重要的影响，甚至这种影响常常会伴随学生的一生。从整个社会来看，教师不仅直接对学生产生深刻的影响，而且还通过学生影响社会上更多的人。因此，教师必须具备对学生高度负责，对整个社会高度负责的精神。

从上述教师劳动的一系列特点中，我们可以清楚地看到，教师劳动的目的、对象、工具、过程、结果等各个环节都与教师道德密切相关。教师道德在教育劳动中占有重要的地位，没有教师道德，便不会有有效的教育劳动。

[阅读链接]

我交给你们一个孩子

小男孩儿走出大门，返身向四楼阳台上的我招手，说："再见！"

那是好多年以前的事了，那个早晨是他开始上小学的第二天。

我其实仍然可以像昨天一样，再陪他一次，但我却狠下心来，看他自己单独去了。他有属于他的一生,是我不能相陪的,母子一场,只能看做一把借来的琴,能弹多久,便弹多久,但借来的岁月毕竟是有归还期限的。

他欣然地走出长巷,很听话地既不跑也不跳,一副循规蹈矩的模样。我一人怔怔地望着朝阳而落泪。

想大声地告诉全城的人,今天早晨,我交给他们一个小男孩儿,他还不知恐惧为何物,我却是知道的,我开始恐惧自己有没有交错?

我把他交给马路,我要他遵守规矩沿着人行横道而行,但是,匆匆的路人啊,你们能够小心一点吗?不要撞到我的孩子,我把我的至爱交给了纵横的马路,容许我看见他平平安安地回来!

我不曾迁移户口,我们不要越区就读,我们让孩子读本区的国民小学而不是某些私立明星小学,我努力去信任教育当局,而且,是以自己的儿女为赌注来信任的——但是,学校啊,当我把我的孩子交给你,你保证给他怎样的教育?今天早晨,我交给你一个欢欣诚实又颖悟的小男孩儿,多年以后,你将还我一个怎样的青年?

他开始识字,开始读书,当然,他也要读报纸、听音乐或者看电视、电影,古往今来的撰述者啊!各种方式的知识传递者啊!我的孩子会因你们得到什么呢?你们将饮之以琼浆、灌之以醍醐,还是哺之以糟粕?他会因而变得正直忠信,还是学会奸猾诡诈?当我把我的孩子交出来,当他向这世界求知若渴,世界啊!你给他的会是什么呢?

世界啊!今天早晨,我,一个母亲,向你交出她可爱的小男孩儿,而你们将还我一个怎样的人呢?①

作者以生动感人的文学语言,阐释了学校教育、教师劳动对儿童、青少年健康成长所担负的重大责任,阐释了人们对学校和教师的无限期望,阐释了教师的"劳动产品"具有其他任何劳动产品无法比拟的重要的社会价值,阐释了学校和教师不仅要关心传递知识的问题,而且更重要的是关心孩子会成为一个"正直忠信"的人,还是学会了"奸猾诡诈"。

(二)教师劳动的价值

任何职业的从业人员,首先需要对本职业的存在价值有一个正确、全面而深刻的理解,这是他们形成职业荣誉感、职业责任心和自觉加强职业道德修养的前提和基础。从事教师职业的人,也需要全面深刻地认识教师劳动的价值所在,这是他们增强职业认同感、提高师德修养自觉性的基本前提。

---

① 张晓风:《张晓风经典作品》,北京,当代世界出版社,2004。

教师劳动不仅能满足社会存在和发展的需要，而且也能满足教师个人生存、发展和自我实现的需要，具有两方面的基本价值。一般认为，一种劳动满足非我的需要时称为社会价值，而满足劳动者自身的需要时就称为自我价值。因此，教师劳动的价值构成，除了有社会价值之外，还有其自我价值，是这两方面价值的统一。

1. 教师劳动的社会价值

教师劳动的社会价值是指教师在教育教学过程中耗费劳动力而产生的满足社会需要的意义和作用。它是教师劳动价值的主要方面和主要标志。具体而言，教师劳动的社会价值表现在以下几个方面：

(1)教师劳动是精神文明建设的重要推动力量。精神文明是社会进步的重要标志，是人类文明的重要组成部分。所谓精神文明是指人们主观世界的改造、社会的精神生产和精神生活得到发展的成果，主要表现为教育、科学、文化知识的发达和人们的思想、政治、道德水平的提高。教师劳动对社会精神文明的发展起着直接而重要的推动作用。具体表现在：

①教师是人类文化的传播者，对人类社会的延续和发展贡献巨大。人类在长期的社会实践中，积累了丰富的经验，创造了灿烂的科学文化，留下了极为宝贵的精神财富。社会要发展进步，人类要走向更高文明，必须首先继承前人创造的优秀文化成果。教师通过自己的劳动，将前代遗留的精神财富传授给新生一代，使他们在较短的时间内适应现存社会的实践活动，接替老一辈的工作，延续社会的发展。就此而言，教育是人类社会延续和发展的关键因素，而教师则是过去和未来之间的一个活的环节，对整个人类社会发展起着承前启后的作用。

由于教师都是先于学生受教育的人，不仅掌握一门或几门专业知识，而且还懂得教育科学，了解学生的心理特点。这使他们有条件、有能力把人类浩如烟海、包罗万象的知识加以选择和概括，并以最快的时间、最有效的方法直接传授给学生。这就使得新生一代能在较短时内吸收人类长期积累的大量间接经验，并迅速获得最新的科学知识。这就大大地提高了传播人类文明的效率。实践证明，通过教师把前人积累的知识和间接经验传授给新生一代，是发展社会生产力、推动社会进步的一种最佳捷径。

一个国家、一个民族对人类优秀文化遗产继承得多与少、快与慢，既取决于生产力的发展水平，也取决于教师的劳动。教师在继承和传播人类文化成果方面贡献巨大。

②教师是学生智能的开发者，对人类科学文化事业的进步和发展起重要作用。向学生传播人类已获得的间接经验，固然是教师教学的一个重要任务，但

并不是唯一的任务。用现代教育观点来看，衡量教师的教学质量，主要的不是看一个教师教给了学生多少现成的知识，而主要是看其是否教会学生主动获取知识和有效运用知识，即是否培养提高了学生的认识能力和解决问题的能力。因此，教师在教育教学中，就必须把开发学生智能放在重要地位。

教师在学生智能开发方面的作用，具体表现在以下几个方面：首先，教师可以向学生系统地传授科学文化知识，这是培养学生创造性思维能力的基础。智能的核心是一个人的创造性思维能力，而创造性思维能力的培养则是建立在系统的科学文化知识基础之上的。其次，教师通过揭示新思想、新知识的科学性和真理性，点燃学生的学习热情，激发和培养学生对科学与真理的追求热情和钻研精神，这种强烈的学习欲望和探求真理的热情，是学生各种潜能得到最大限度发挥的重要条件。最后，教师在发展学生智力过程中具有重要的组织作用。组织学生参加各种有益活动，包括科技活动、社会调查、参观实际操作、专题讲座和演讲等，是培养学生运用知识解决问题的实际能力、发展学生智能的一个重要方面。在学校里，这些活动主要是由教师来组织的。

教师通过自己的劳动开发了学生的智力，提高了学生的能力，这不仅使学生能够适应现代社会发展的需要，而且必将大大促进人类科学文化事业的发展。可以说，没有智能的发展，就没有科学的发展。

③教师是学生品德的培育者，对提高新生一代及全体社会成员的思想道德素质起着特殊重要的作用。教书育人是教师的神圣职责和义务，也是基本的职业道德要求。所谓教书育人，就是教师既要向学生传授科学文化知识，又要培养学生的思想品德。也就是说，教师在学校里既应是教书的老师，也应是育人的导师；既要向学生传授知识，用人类创造的科学文化知识武装学生的头脑，开发学生智力，提高学生各方面的能力，又要帮助学生形成科学的世界观和正确的人生观，用人类崇高的思想、高尚的道德去塑造学生的灵魂，从而使新生一代成为既有丰富的科学文化知识和较强的劳动工作技能，又有高尚的灵魂、良好的品德和正直个性的德才兼备的人才。只有这样，教师才能真正达到并完成其为社会培养人才的劳动目的。由于教师在教育劳动中的特殊地位，使得教师的引导和教育，对学生思想品德的形成起着十分重要的作用。一个学校能不能为社会主义建设培养合格人才，培养德智体全面发展、有社会主义觉悟的有文化的劳动者，关键在教师。因此，教师对提高一代新人的思想道德素质起着特殊重要的作用。

不仅如此，新生一代良好的道德面貌又将对整个社会的道德生活产生广泛而深刻的影响，从而促进社会全体成员思想道德素质的提高。尤其是中小学教育是为全社会未来公民打基础的教育，中小学教师的劳动，对全社会的文明水准、道德风貌起着奠基的作用。可以说，教师不仅是学生道德品质的塑造者，也是全民族道德的促进者。

④教师是新知识、新技术的创造者，直接丰富人类文化宝库。教师一方面从事教学工作，另一方面也进行科学研究活动，参与新知识、新技术的开发和创造。许多教师集教学、科研于一身，既是教学活动的骨干力量，又是科研领域中的重要力量。他们的科研成果直接丰富着人类科学文化宝库，推动着社会精神文明的发展。

(2)教师劳动为物质文明的发展提供精神动力和智力支持。教育部门虽然不是物质生产部门，却同物质生产紧密相关。教师劳动虽然不直接以生产物质产品的形式投入整个社会生产，但是却以培养生产力当中的主要因素——劳动者的形式而有力地作用于物质生产过程。社会物质生产各部门所需要的科技专家、管理人才及合格劳动者，都是通过教师的劳动培养出来，源源不断地输送给社会的各行各业。不仅如此，通过教师劳动，提高了新生一代的思想觉悟和道德水准，这些精神因素也是促进生产力发展的巨大精神动力。从这些意义上我们说，教师劳动为社会物质文明的发展提供着精神动力和智力支持，教育事业和教师劳动是经济发展和社会发展的强大推动力量。

特别是随着科学技术的进步和社会经济结构的发展变化，随着知识经济的兴起，教育劳动对社会物质文明的推动作用越来越大。现代社会，生产的竞争就是科技的竞争，科技的竞争就是人才的竞争，归根结底是教育的竞争。今天的教育，就是明天的科技，就是后天的生产，这是当前国际上普遍的看法。现代社会物质财富的多寡与科学技术水平的高低成正比；劳动生产率的高低同劳动者的受教育程度成正比，而科学技术的发展、劳动者教育程度的提高，都直接连接着教师的劳动。

(3)教师劳动对受教育者的成长发展起主导作用。影响受教育者成长发展的因素是多方面的，有遗传和环境的影响，有家庭教育和社会教育的影响，而学校教育和教师劳动在这些影响中起着主导作用。这是因为，教师职业存在的根本目的就是通过教师的劳动培养人、塑造人、促进人的全面发展。教师是按照预定的教育目的和严密的教育计划，遵循教育的基本规律，通过一定的组织，对学生进行比较系统的影响和引导。这些特点决定了学校教育对受教育者的成长发展的影响一般要比家庭教育、社会教育的影响更大，起主导作用。一个人从儿童时代开始，他的知识领域的开拓，智能的发展，世界观、人生观、价值观和道德观的确立，文明习惯的养成，都直接与学校教育和教师劳动密切相关。一个人的先天禀赋再好，如果没有接受过比较系统的学校教育，那么，他在各方面的发展将会受到很大的限制。

现代科学技术的发展，产生了许多先进的教学仪器和设备，于是，有人就宣扬，机器将要代替教师，学校要逐渐消亡。这种看法是偏颇的，再先进的教学设备也永远代替不了教师的作用。这不仅是因为先进教学仪器的设计和内容程序的编制需要懂得教育规律的教师，更重要的是儿童心灵的塑造是不能用机器加工的，而只能用教师的思想、情感、意志和智慧去感染和熏陶。教师在与学生共同进行的教学活动及日常交往中所表现出来的丰富学识、高尚品德、良好行为习惯、坚强意志等个性特征，都对学生人格的形成起着潜移默化的影响作用。这种人格对人格的影响，是任何先进的教学设备都无法替代的。教师劳动始终对受教育者的成长起着主导作用。

概而言之，教师劳动直接创造着精神财富，也间接创造着物质财富。教师劳动，从宏观角度看，同人类文明与国家兴衰，同经济发展与社会发展，有着极大的关系；从个体角度看，它对受教育者的成长发展起主导作用。教师在传播人类文明、启迪人类智慧、塑造人类灵魂、开发人力资源、弘扬和培育民族精神方面发挥着重要的、不可替代的作用。

2. **教师劳动的自我价值**

教师劳动的自我价值是指作为客体的教师劳动对于教师主体需要的肯定或否定的某种状态，是满足教师自身物质和精神需要的程度。教师劳动除了满足社会需要、具有社会价值外，还能够在许多方面满足教师的自身需要，因而也具有很高的自我价值。只强调教师劳动的社会价值而忽视教师劳动的自我价值，是不全面的，也是不符合事实的。

具体而言，教师劳动的自我价值主要表现在以下几个方面：[①]

（1）教师劳动风险性较小，比较稳定，比较有保障；教师有较为优越的劳动环境、工作条件和工具资料，劳动安全系数也相对较高，这是劳动保障的价值。

（2）教师劳动的精神消耗能够在比较有规律和富有弹性的劳动作息时间内得到较好的补充和调剂，一年中的两个假期也是对教师劳动剩余价值的某种补偿，这一难得的优越性令众多其他职业者羡慕不已。

（3）教师运用自身具备的精神力量影响学生的劳动过程，也是教师发挥创造精神、施展与发展自身才能的过程，满足了教师更高层次的精神需要，这是自我实现的价值。

（4）教师劳动是在与学生相处之中进行的，这不仅能在教育过程中获得经验体会，有助于自身专业技能的提高，而且能享受师生情谊，有利于调节心理状态、保持青春活力，当见闻自己的学生取得成就也能分享到巨大的成功喜悦，

[①] 扈中平等：《现代教育学》，257页，北京，高等教育出版社，2000。

这是其他职业所无法比拟的乐趣，这是教师劳动的怡情价值。

可见，教师职业不仅是一种有着重要社会价值的职业，同时还是一种充满人生乐趣的职业。战国中期的大教育家孟子，就把"得天下英才而教之"看做是人生一大乐事。有一位苏联英雄，当别人告诉他说，要在他的故乡为他竖立一个半身铜像以做纪念的时候，他说："我请求政府不要为我立半身铜像，而要为我的老师立半身铜像，因为他使我认识了生活的意义和美丽。"有人说，当教师有两大好处，一是天天向上，二是永远年轻。马克思在《青年在选择职业时的考虑》一文中说过："在选择职业时，我们应该遵循的主要指针是人类的幸福和我们自身的完善。不应认为，这两种利益是敌对的、互相冲突的，一种利益必须消灭另一种的；人类的天性本来就是这样的：人们只有为同时代人的完美，为他们的幸福而工作，才能使自己也达到完美。"[①]教师职业，正是实现人类幸福和自身完美的职业之一。

总之，教师劳动不仅满足着社会存在和发展的需要，而且满足着教师个人生存、发展和自我实现的需要；不仅有重要的社会价值，而且有很高的自我价值。从事教师职业的人们应全面认识教师劳动的价值，树立正确的教师价值观。在全社会日益重视教师劳动价值的同时，教师自己更应尊重自己的劳动，创造更高的价值。不管现在人们对教师职业和教师劳动的价值怎么看，教师自己首先应该自尊、自强、自爱、自乐，这是确立教师职业信念，自觉加强教师职业道德修养的前提条件。

二、教师道德的特点和作用

(一) 教师道德的含义及特点

教师道德是职业道德的一种表现形式，是教师在从事教育劳动时应遵循的道德规范和应具备的道德观念、道德情操和道德品质。它从道德的角度，规定了教师在教育过程中应该以什么样的思想、情感、态度、行为和作风去待人接物、处理问题、做好工作。

职业道德具有专业性强的特点，各个行业都有与本行业的劳动特点相适应的职业道德。教师道德与其他职业道德相比，同样也有着它的特殊性。这些特殊性，主要是由教师劳动的特点所决定的。或者说，正是教师劳动的特殊性决

[①]《马克思恩格斯全集》，第40卷，3～7页，北京，人民出版社，1982。

定了教师道德的特殊性。教师道德主要有以下特点：

1. 教师"一般总是先进分子"

从道德要求上看，教师道德的要求更高、更全面。由于教师承担着传播人类文化、开发人类智能、塑造人类灵魂的神圣职责；由于教师劳动的示范性特点，决定了教师的思想观点、道德境界、理想信念都对学生起着直接的、重要的示范作用；由于包括思想道德素质在内的教师综合素质是教育劳动中最主要的劳动手段和工具；由于教师不仅对其劳动"产品"会形成终生性的重要影响，而且通过其"产品"对整个社会产生深而广的影响。因此，教师的思想道德素质在其职业劳动中就有着特别重要的意义和价值。关于这一点，古今中外的思想家、教育家们都曾反复强调过。我国古代教育家孟子曾说："教者必以正。"他指出，古人之所以"易子而教"，是为了避免"父子相夷"。父亲的缺点儿子比较熟悉，因此儿子对于父亲对自己的教育容易产生不服，容易和父亲顶牛。孟子以此揭示了教育别人的人必须首先具备良好的品性，以德服人，以身立教。如果一个教育工作者不能以身作则、严于律己，就不能进行有效的教育。19世纪俄国教育家杜勃罗留波夫也认为，教师应具有明确、坚定、正确的信念，热爱儿童，是高尚道德的典范，而教师的人格缺陷将是教育工作中最可怕的失败因素。

正是由于教师的思想道德素质在教育劳动实践中有着特别重要的意义和价值，所以各个社会和阶级都对从事教师职业的人们提出了较高、较全面的道德要求。事实也说明，历史上无论是哪个时代，教师道德一般总是处于当时社会道德的较高水准上，作为人类道德继承和发展的重要桥梁而发挥着积极作用。也正是由于历代教师一般都有着较高的道德水准，不管自己所处的地位和待遇如何，总是凭着自己的职业良心，尽心尽责地教书育人，所以教师一般较能得到人们的信任和尊重。人民教育家徐特立说："做教育工作的人，一般总是先进分子。"[①]说教师是"先进分子"，具体内容是多方面的，但毫无疑问，其中很重要的一方面是：作为先进分子的教师一般都有着较高的职业道德修养，否则的话，教师就不配称作"先进分子"。

教师道德的这个特点提醒每一位教师必须意识到，自己所从事的职业对自己道德品质方面的要求是比较高、比较严格的。要做一名称职的教师，要完成教书育人的神圣职责，就必须灵魂纯正、道德高尚，就必须比一般人有着更高的道德水准，有着更好的道德修养。如果一个教师在道德品质方面有较多缺陷的话，那么他肯定是一个不称职的教师，他肯定不会赢得学生的信任和尊敬。也就是说，一个缺少道德修养的人，一个在学生中缺乏人格威信的人，是不适

---

① 《徐老的嘱咐》，载《教师报》，1957-8-20。

合做教师的。所以，每一个教师都应当从内心深处认识到自身的道德人格是其立身、立教之本，时时刻刻都不要忘记自己所从事的职业将使自己始终面临着一种人格上的"挑战"。唯有基于这样深刻的思想认识，教师才有可能真正认同教师道德要求，自觉地遵循教师道德原则和规范，自觉地加强自身的职业道德修养。

2. 教师道德本身就是重要的教育力量

教师道德对学生而言有着很强烈的示范性。教师的劳动对象是可塑性大、模仿性强，世界观、人生观、道德观正处在形成阶段的青少年一代，教师在他们心目中有着特殊的地位。康克清在为纪念第一个教师节发表的《为教师讴歌》一文中讲到："我曾多次听到，小学生在某一问题上与父母发生争执时，他会理直气壮地说'这是老师说的'。言下之意，老师是神圣不可侵犯的。很多中学生崇敬老师，一切都以老师为表率，就是已经走上了工作岗位的同志一经谈起自己的老师，往往也会肃然起敬，感激之情油然而生。"教师在学生心目中的这种特殊地位，儿童和青少年所具有的"向师性"特点，决定了教师对学生有着一种特殊的影响力。事实上，无论教师自己是否意识到，他（尤其是中小学教师）在教育劳动中表现出来的一切言论、行为、品性，都会在学生心灵上留下痕迹，都会对学生起着熏陶、感染、甚至感召的作用。苏联教育家加里宁说："教师的世界观、他的品行、他的生活，他对每一现象的态度都是这样或那样地影响着全体学生。"[①]教师在如何塑造自己，就是在如何塑造学生。因此，一个教师应当特别注意检点自己的言行，应当以自己良好的道德品质给学生树立一个良好的榜样。

如前所述，教师职业劳动的主要手段和工具是包括教师道德素质在内的综合素质。而教师道德行为是教师道德素质的外在表现，它必然在教育劳动中履行着教育手段和工具的职能。特别是在对学生进行思想道德教育方面，教师道德行为本身就是一种非常有效的教育手段。19世纪俄国著名教育家乌申斯基说："教育者的人格是全部教育的基础"，教师道德对学生心灵的影响是"任何教科书、任何道德箴言、任何惩罚和奖励制度都不能代替的一种教育力量。"要对学生进行有效的思想道德教育，当然需要"言教"，同时也需要"身教"，而且身教胜于言教。这是整个教育工作，特别是思想道德教育工作的一个规律。因此，要求被教育者做到的，教育者自己必须首先做到，否则，被教育者是不会信服的。正如孔子所言："其身正，不令而行；其身不正，虽令不从。""不能正其

---

① 加里宁：《论共产主义教育和教学》，177页，北京，人民教育出版社，1957。

身,如正人何?"①教师良好的道德行为本身对学生就是一种期望、一种感染、一种召唤、一道无声的命令,是引导和激励学生完善品德、积极向上的一种精神力量。

正因为教师的道德言行在教育劳动中有着强烈的示范性,所以自古以来,严于律己,以身作则,为人师表就成为教师道德的基本要求。在不同的历史时代,尽管社会制度、教育内容有所不同,但教师在品德上应起表率作用的观念却代代相传。我国汉朝的扬雄在《法言·学行》中就曾说过:"师者,人之模范也。"16世纪捷克教育家夸美纽斯认为"教师的义务是用自己的榜样来教导学生",教师应当是他要培养学生具备的那些品德,如真诚、积极、坚定、有生气等品质的榜样,应当是一个有修养、爱劳动、爱自己事业的道德卓异的人。19世纪俄国著名教育家乌申斯基也说:"教师个人的范例,对于青年人的心灵,是任何东西都不能代替的阳光。"②教师身上展现出来的真善美的精神特质是其树立自身教育威信的最重要的东西,是引导学生追求真善美的最可靠的力量。

3. 教师道德的影响力广泛而深远

从道德影响上看,教师道德有着更广泛、更深远的影响力。社会上的各种职业,都会跟人们发生一定的联系,各种职业道德也就必然会对社会产生一定的影响。但是,由于各种职业劳动的特点不同,其职业道德对社会影响的深度和广度也就会有差别。同其他职业道德相比较,教师道德对社会的影响显得更广泛、更深远。

教师道德影响的广泛性是指教师道德不仅直接作用于每一个在校学生,而且会通过学生影响整个社会。学校是培养人才的基地,学生一批又一批地从学校走向社会的各行各业,学生们的道德风貌如何,对整个社会的道德风貌有着直接的影响。而教师道德风貌对学生们的道德风貌又有很重要的影响。清末思想家盛宣怀认为,"唯师道立而善人多",教师道德的立与废,关系到整个社会风气。尤其是现代社会,普及义务教育已是世界性的,又重视后续教育、终身教育,几乎每个人都要经过学校教师的培养教育,教师道德也就必然影响到更多的人,影响到更广大的儿童和青少年,影响到社会的各个阶层。再加上世界性的教育改革、开放,教师和社会的接触越来越多,联系越来越广,他们的道德也将越来越多地直接影响于社会。

教师道德影响的深远性是指教师道德直接关系到学生人格的塑造,影响着

---

① 《论语·子路》。
② [苏]麦丁斯基:《世界教育史》(下册),113页,郑州,五十年代出版社,1953。

学生一生的做人品质，并进而影响着整个社会的前途和未来。所谓深，主要是指教师道德直接作用于学生心灵深处，关系到学生性格和品质的塑造。苏联著名教育家苏霍姆林斯基说过："教育是人与人心灵上最微妙的相互接触，""学校是人们心灵相互接触的世界，"[1]正是由于教育劳动的这种根本属性决定了教师道德对学生的影响是深入到内心世界、灵魂深处的。每个人，从儿童少年开始，他的文明习惯的养成，他的个性、人生观、世界观和道德观的形成和确立，教师道德都起着重要的影响作用。这就是人们称颂教师为"人类灵魂工程师"的道理所在。所谓远，主要是指教师道德不仅影响一个人的学生时代，而且影响他们的一生，进而影响整个社会的前途和未来。教师对学生的影响一旦形成，就不会随着学生学业的结束而简单消失。这种影响已经凝结成为学生内在品质中比较稳定的一部分，从而将伴随学生的一生。

再从整个教育事业、整个社会方面来看，教师道德的影响也同样是长远的。蔡元培先生深刻指出："欲知明日之社会，且看今日之教育。"教育是一项代表未来的事业，它是为以后十几年、几十年培养人才的，是百年大计。而教师的职业道德状况如何，将直接关系到教育劳动的成败，关系到教育事业的兴衰，关系到未来社会主人的科学文化素质和思想道德素质，关系到国家、民族的前途和命运，影响千秋万代。

(二)教师道德的社会作用

教师道德作为一种相对独立的社会道德意识，它一方面受教育制度、教育方针、教育目的、教育任务的影响和制约；另一方面，它反过来对教育活动和社会生活产生广泛的反作用。

1. 对教育过程的调节作用

通过调节教师在教育劳动中的行为实现对教育过程的调节作用，是教师道德最基本、最主要的作用。教师道德以特殊的形式向教师提出一定的道德要求，鼓励和支持他们采取有益于教育过程的行为，反对和阻止他们采取不利于教育过程的行为，促进教师和教育过程的其他参加者以及社会各方面建立协调一致的关系，以便顺利地进行教育活动，完成教育任务，实现教育目标。教师道德在教育过程中的调节作用，是教育过程得以顺利进行的重要保证之一。

教师与教育事业的关系是教育过程中的基本关系，教师对教育事业的认识，对教师职业的态度，会直接影响到教育的效果。如果教师三心二意，不安心本

---

[1] 转引自龚乐进：《教师职业道德》，18页，北京，北京教育出版社，1988。

职，不热爱自己从事的教育事业，那他就不可能做到全心全意地培养和教育学生。相反，如果教师具有良好的职业道德修养，他就能够深刻理解自己所从事的平凡职业的伟大意义，能够正确评价教师职业的社会价值，能够认识到一个教师有无价值或价值大小关键在于他是否或在多大程度上尽到了教书育人的社会责任，从而树立起正确的教师职业观和敬业精神。由此可见，教师道德所倡导的爱岗敬业、教书育人等道德规范及其具体要求，是教育过程得以顺利进行的重要条件。

教师和学生是教育过程的主要参加者。教师和学生的关系是否正常、和谐、融洽，对于教育过程影响极大。如果师生之间相互怨艾，教育和教学活动的效果就会大大降低。在师生关系中，一般说来主导方面是教师，因而教师对于能否形成良好的师生关系负有主要责任。如果教师能够自觉地遵循教师道德的要求，做到正确地认识学生，了解学生，尊重学生，热爱学生，严格地要求学生，平等地对待学生，其结果必然有力地促进学生尊师意识的发展，教师才会获得学生的信任和支持；学生的尊师反过来又肯定了教师的人生价值，进一步激励教师工作的自信心和积极性，使其更加敬业爱生。这种良性循环必然形成尊师爱生的良好风气，从而提高教育和教学效果。由此可见，处理师生关系方面的道德要求是建立良好师生关系的重要机制。

在教育过程中，教师还会遇到其他的人际关系，如教师与教师之间的关系，教师与学校领导的关系，教师与学生家长的关系，教师与社会有关方面的关系等，处理好这些关系，对教育过程来说也是很重要的。要处理好教师与各个方面的关系，仅仅靠一般的管理手段是不够的，最根本的途径是要依靠教师自身良好的职业道德修养。教师良好的职业道德，是促进教师和教育过程的其他参加者以及社会各方面建立良好关系的润滑剂。

2. 对教师的激励作用

教师道德对教师的激励作用，是指教师道德可以激发教师热爱教育、为人师表的热情和积极性，是促使教师做好本职工作、做出各种高尚行为的强大精神动力。教师道德作为一种价值观念，它能够把教师的各种优良行为的社会意义、教育意义揭示出来，使教师把自己的一些平凡行为与塑造学生灵魂、报效国家、服务社会联系起来，从而使他们看到自己这些行为的崇高价值，产生一种强烈的责任感、自豪感和荣誉感。教师道德一旦深入人心，成为教师的内心信念，就会化作他们的一种强烈的个人意志和精神需求。教师一旦有了自己的道德观念，也就有了精神支柱，就会自觉自愿地，任劳任怨地去做各种符合教师道德的事情，并以此为荣，以此为乐。

当一个教师能够形成自己的职业良心,并能够抵御形形色色的干扰和诱惑,像守护自己的至宝一样守护自己的良心,像捍卫自己的人格尊严一样捍卫自己的良心不受污染时,他就会发自内心地、任劳任怨地去做各种有利于学生成长进步的事,且乐此不疲。可见,教师道德对教师职业行为所起到的指导和激励作用,是任何管理制度、劳动纪律、评价体系所无法取代的。

3. 对学生的教育作用

儿童和青少年正处在长身体、学知识、立志向的重要时期,他们在个性心理品质上所表现出来的最显著的特点是模仿性强、可塑性大,此时,周围环境的社会风气和人们的道德面貌如何,对他们的个性心理品质和道德观念的形成,往往起着非常重要的影响作用。而教师无疑是学生最关注的人物,也是他们最爱模仿的对象。因此,教师在教育劳动中所表现出来的道德意识、道德情感、道德意志、道德行为,都会对学生思想道德品质的形成起着潜移默化的教育作用。教师正确的世界观、人生观、价值观,对学生有着积极的导向作用,它能帮助学生辨别是非善恶,提高道德认识,引导学生形成正确的人生观、价值观和道德观;教师积极的道德情感,对学生有很强的感染力,可以引起学生情绪和情感上的共鸣,培养学生丰富的道德情感和积极健康的情绪;教师坚毅的道德意志,对学生有很大的激励作用,它能增强学生克服困难的信心与力量,鼓舞学生锻炼坚定的意志和顽强的毅力;教师高尚的道德行为,对学生有直接的示范作用,它能指导学生选择正确的道德行为,培养学生良好的道德习惯。

无数教育实践证明,教师道德本身就是一种巨大的教育力量。苏霍姆林斯基说:"能够迫使每个学生去检点自己,思考自己的行为和管住自己的那种力量,首先就是教育者的人格,他的思想信念,他的精神生活的丰富性,他的道德面貌的完美性。"可以说,教师是学生道德的启蒙者和设计者。一个人在学生时代受到教师怎样的道德品质的教育和熏陶,对他今后成为怎样的人有很大的影响。从一个道德品质优秀的教师身上,学生所吸取的道德经验是:负责、热爱、尊重、同情、诚实、守信、友好、平等;而从一个道德品质低下甚至恶劣的教师身上,学生吸取的道德经验则是:冷漠、鄙视、势利、散漫、虚伪、自私等。这些直接的道德经验常常比纯粹的道德说教更有说服力,更能影响学生道德意识的形成和确立。更为重要的是,教师道德还影响着学生的人生观、世界观。学生(特别是中小学生)认识人生和社会,往往缺乏深刻的、全面的理性判断,而是首先从认识自己以及自己所处的人际关系、周围环境开始的。而教师在学生所处的人际关系、周围环境中无疑是一个最引学生注目、最受学生重视的因素。因此,教师的道德品质对学生人生观、世界观的形成和确立就有着十分重要的影响。学生在与老师相处的过程中，如果能够享受到"师爱"的温暖，体验到师生友谊的快乐，能得到老师的关心和帮助，能从老师身上看到许多美好的品质，那么，他们就会相信人间有真诚美好的东西存在。当学生发现美德就在自己身边发生着而不是一句空话时，他就会坚信不疑地吸收过来成为自己的道德财富。相反，如果学生在与教师的相处中看到的尽是自私、势利、冷漠、圆滑、虚伪，那么他们就会认为人性是自私的，世界是冷酷无情的，人世间不可能有真诚的关系。正如马卡连柯所说，如果学生对他直接所处的环境的公正失去信心，即对学校的公正失去信心，然后他就会对总的社会宗旨的公正失去信心。这正是个人反社会立场的萌芽。斯宾塞更明确地指出："野蛮产生野蛮，仁爱产生仁爱，这就是真理。对待儿童如果没有同情，他们也就变得没有同情；而以应有的友情对待他们就是一个培养他们友情的手段。"①

4. 对社会生活的影响作用

教师是与社会有广泛联系和对社会有特殊影响的职业，教师道德不仅在学校教育和影响学生，还通过各种途径和方式影响着社会，促进全社会道德水平的提高。具体表现为：

(1)通过所培养的学生，对社会产生广泛而深刻的影响。教师的道德面貌直接影响学生道德品质的形成，而青少年学生的道德面貌又影响着整个社会风气。成千上万的青少年学生带着在接受学校教育后所形成的理想境界、思想作风、道德品性、业务水平走向社会的各行各业，成为社会物质文明和精神文明的建设者。他们的思想道德素质如何，不仅对社会物质文明，而且对社会的精神文明，特别是对社会道德风尚，都势必产生广泛而深远的影响。

(2)通过教师参加社会活动而影响社会。教师是所有社会群体中各方面素质较高的一个群体。在搞好校内教育工作的同时，他们还积极参加各种社会活动。比如，他们或通过著书立说、写文章、作报告来讲理想、讲道德，针砭时弊；或与社会各界人士共商育人大计，与学生家长广泛联系，使社会、家庭、学校的教育影响趋于协调一致；或通过进行社会调查，发现社会不良倾向，提出纠正方案。所有这些活动，必然对社会环境的改造，对积极向上的社会风气的形成产生良好的影响。

(3)通过教师个人的道德品质去影响自己的家庭、朋友和邻里。当一个教师形成了良好的职业道德品质和职业道德习惯以后，就不仅会在职业生活中忠于

---

① [英]赫·斯宾塞：《斯宾塞教育论著选》，胡毅、王承绪译，106页，北京，人民教育出版社，2005。

职守、言行一致、表里如一，而且会把这种业已形成的品质带进家庭生活和周围环境，在家庭里尊老爱幼，与亲戚朋友友好往来，与邻里和睦相处，在公共场所乐于助人、尊重他人、遵纪守法、爱护公物，这无疑会对良好社会风气的形成起积极的促进作用。

总之，教师道德对整个社会的道德面貌具有很重要的影响，如果每个教师都具有良好的职业道德，并能自觉地影响于社会，就会在社会精神文明建设中产生巨大的推动作用。

专题五 《中小学教师职业道德规范》解读

2008年9月,教育部和中国教科文卫体工会全国委员会联合颁发了新修订的《中小学教师职业道德规范(2008年修订)》(下简称《规范》),将我国中小学教师应当遵循的职业道德规范概括为爱国守法、爱岗敬业、关爱学生、教书育人、为人师表、终身学习。新《规范》的基本内容继承了我国的优秀师德传统,并充分反映了新形势下经济、社会和教育发展对中小学教师应有的道德品质和职业行为的基本要求,爱和责任是贯穿其中的核心和灵魂。新《规范》对教师的职业道德起指导作用,是调节教师与学生、教师与学校、教师与国家、教师与社会相互关系的基本行为准则。

一、爱国守法:教师职业的基本要求

(一)爱国守法是教师职业的基本要求

2001年颁布的《公民道德建设实施纲要》和2008年颁布的《中小学教师职业道德规范》,都将"爱国守法"摆在首位,这意味着爱国守法是包括人民教师在内的每个公民都应遵守的首要道德规范。"爱国"是最基本的道德标准,是公民遵守各种道德规范的前提和基础;"守法"是"爱国"规范的延伸。爱国与守法是有机统一的,爱国必须守法,守法是爱国的重要表现和必然要求。

"爱国"是调节公民与祖国之间关系的道德要求、政治原则和法律规范。作为道德规范,"爱国"要求每个公民都应当把热爱祖国作为自己神圣的道德义务和责任,爱祖国的大好河山,爱自己的骨肉同胞,爱祖国的灿烂文化,爱自己的国家,树立民族自尊心、自信心和自豪感,关心祖国的命运和利益,为维护和争取祖国的独立、统一、富强和荣誉贡献自己的一份力量。中国人是最懂得爱国的民族群体,深知个人命运和国家命运紧密相连,没有国家的昌盛就没有个人的尊严和幸福可言。每个人来到这个世界,都要在社会中生存,都要获取生存发展的物质条件,都要寻求慰藉心灵的精神家园,这一切首先得之于祖国。国家是物质利益的寄托,更是精神家园的寄托。

爱国主义是历史的、具体的，在不同的历史时代和文化背景下所产生的爱国主义，总是具有不同的内涵。在我国新民主主义革命时期，爱国主义主要表现为致力于推翻帝国主义、封建主义和官僚资本主义的反动统治，把黑暗的旧中国改造成光明的新中国。在当代中国，建设和发展中国特色社会主义是新时期爱国主义的主题，爱国主义主要表现为弘扬民族精神与时代精神，为建设和保卫中国特色社会主义事业、促进祖国统一大业而努力奋斗，出力流汗，无私奉献。

中华民族的爱国主义优良传统源远流长，自古以来，爱国的思想和行为就受到人们的褒奖和敬仰。热爱祖国、矢志不渝，天下兴亡、匹夫有责，维护统一、反对分裂，同仇敌忾、抗御外侮，构成了中华民族爱国主义传统的丰富内涵和具体体现。中华文明一脉相承，成为人类文明史上的一道奇观。这有着非常深刻的原因，其中毋庸置疑的是，千百年来深深融入民族意识之中的爱国主义优良传统，成为鼓舞中华民族艰苦奋斗、继往开来的重要精神支柱。在当代中国，爱国主义是维护祖国统一和民族团结的精神纽带，是实现中华民族伟大复兴的精神动力，也是个人实现人生价值的力量源泉。

"守法"作为道德规范，就是要求公民不仅有知法、懂法、守法的法律意识，还要把法律意识转化为依法行使权利、自觉履行义务的法律行为，使自己的言行合乎法律的要求和精神。法律是国家意志的集中体现，是现代国家和公民存在的前提和基础。守法是一个文明的现代国家对公民的起码要求，公民应当把守法当做基本的行为准则。我国社会主义法体现的是广大人民的意愿和根本利益，是国家用以判断人们行为的标准，也是确认和保护人们的主动性、创造性，保护社会成员的权利和自由，充分发挥社会主义制度的优越性，创造更美好幸福生活的重要手段。公民守法实际上是尊重社会公众的利益和意志，尊重其他公民的自由和权利。所以，强调依法治国，不仅要立好法、执好法，还在于守好法。

在建设社会主义法治国家的当代中国，每个公民必须具有必备的法律知识、较强的法律意识和法制观念，自觉遵守和服从法律，认真执行各项法规、法令和规章制度，提高奉公守法的自觉性，以遵纪守法为荣，以违法乱纪为耻，这是现代社会文明教养的基本要求。换句话说，在现代文明社会中，社会成员如果没有基本的法律知识，不遵守法律，不懂得维护宪法的尊严，那就不能说是一个文明的人，一个有道德的人。

教师工作的特殊性决定了教师必须是爱国守法的模范。《教师法》规定："教师应对学生进行宪法所确定的基本原则的教育和爱国主义、民族团结教育、法制教育以及思想品德、文化、科学技术教育，组织、带领学生开展有益的社会活动。"教师要承担起这样的教育职责，就必须首先是一个爱国守法的好公民。教师职业的重要特点之一就是教师劳动的示范性，即以灵魂塑造灵魂，在学生面前以身作则去影响学生。青少年学生富于模仿性且易受暗示。他们把教师看做是知识的化身、高尚人格的代表，是天然的模仿对象。如果教师缺乏爱国主义的意识和精神，缺乏民族自尊心和民族自豪感，不关心国家大事和民族命运，对本职工作缺乏责任心，甚至目无法纪，违法乱纪，那么，他就不配做一名教书育人的教师，他的行为就会对学生产生不良和消极的影响，最终危害的是国家和社会的未来。教育是关乎国家、社会和未来的百年大计，作为对国家、社会、未来负责的教师，不仅要在自身的言行中体现爱国守法的精神，而且要积极探索对学生进行爱国守法教育的有效途径和方法。教师的职责不仅是教书，更重要的是育人，爱国守法教育则是育人的重要内容。所有这些，都要求教师成为爱国守法的模范。

(二)爱国守法的具体要求

1. 热爱祖国，热爱人民，拥护中国共产党领导，拥护社会主义

热爱祖国的道德要求，渗透于各种道德规范之中。一个公民自觉履行奉公守法的义务、爱岗敬业的义务、照章纳税的义务、服兵役的义务、参加社会公益活动的义务等，就是爱国的具体体现，或者说，爱国就是要从尽职责、尽义务、守法规等方面做起，离开这些讲爱国就是空话。教师是通过所从事的教育事业为国家、为人民服务的，教师对待教育事业的态度，实质上体现着他对国家、对人民的态度。一个教师只有真心实意地热爱自己的本职工作，忠心耿耿地对待自己的本职工作，才能把教育工作做好，才能有益于教育事业的发展，最终才能将爱祖国、爱人民的道德要求落在实处。如果一个教师心猿意马，玩忽职守，势必不能做好本职工作，最终损害的是国家和人民的利益。所以，衡量一位教师是否具有爱国主义的思想政治素质，首先要看他能否表现出对教育事业的责任感和使命感，看他是否把自己的一切无私地献给他所爱的工作和学生，不为名，不为利，不计较个人得失，一心扑在教育工作上，把培育祖国的下一代当成自己义不容辞的天职，忠于职守，埋头苦干，为国尽力，为民造福，为祖国的教育事业做出贡献。

教师热爱人民的感情主要是通过关爱学生、尊重学生家长、关心同事等方面体现出来的，主要体现在对学生的关爱方面。教师对社会的责任与对学生健康成长的关注是息息相关的，教师把自己的才智、精力和热情献给社会，是从献给学生开始的，又落实在桃李满天下的伟业中。学生时代是一个人一生奠定各种基础的重要时期。在这一阶段，学生能否健康成长，不仅受学生主观努力影响,也受教育环境的制约。这种教育环境,既包括教育手段的影响,也包括人际关系的状况。而在各种人际关系中,师生关系是否和谐、融洽,不仅决定学生的学习成绩,而且影响学生的生理、心理和人生观、世界观的形成,乃至影响着学生的一生。和谐、友好、愉快而正常的师生关系,会使学生感受到人间的温暖和友情,对生活充满乐趣,在内心深处就会产生一种幸福感、快乐感和满足感,有助于培养起学生自尊、自爱、自信、自强的精神以及高尚的社会情感;相反,如果师生关系紧张,教师对学生缺乏爱心,经常对学生表现出不耐烦,甚至体罚或变相体罚学生,就会导致学生把上学和学习都当成严重负担,就会使学生生活蒙上一层阴影,影响学生的心智以及创造力的发挥,影响学生的身心健康和成长,甚至对学生造成难以弥补的伤害。因此,关爱学生,与学生建立良好的师生关系,就成为教师职业道德的重要内容,成为教师热爱人民的主要体现。关爱学生意味着教师应该尊重学生,给学生以信任;赞美学生,给学生以鼓励;宽容学生,给学生以机会;严爱相济,给学生以真正的师爱。

拥护中国共产党的领导是人民教师应当具有的政治意识和政治头脑。中国共产党是中国工人阶级的先锋队,同时是中国人民和中华民族的先锋队,是中国特色社会主义的领导核心。中国共产党的领导地位是历史形成的,是中国人民在长期的艰苦斗争中的选择。在党的领导下,我国相继实现了从半殖民地半封建社会到民族独立、人民当家做主新社会的历史性转变,从新民主主义革命到社会主义革命和建设的历史性转变,从高度集中的计划经济体制到充满活力的社会主义市场经济体制、从封闭半封闭到全方位开放的历史性转变,使中华民族巍然屹立于世界民族之林。历史证明,没有中国共产党就没有新中国。当今中国,也只有中国共产党才能担当起带领中国人民建设和发展中国特色社会主义、创造幸福生活、实现民族复兴的伟大历史使命。因此,教师(尤其是党员教师和学校党政领导)要坚定对中国共产党的信任,拥护党的领导,学习党的理论,认真贯彻落实党的各项路线、方针和政策,坚持四项基本原则,积极参加党组织的各种活动。不仅如此,教师还担负着引导学生正确认识党的历史、正确评价党的历史地位、坚定对中国共产党的信任、提高学生政治素质的重任。因此,拥护中国共产党的领导,坚定对中国共产党的信心,就必然成为教师政治素质和职业道德的重要内容。

社会主义制度在我国的建立,实现了中国历史上最广泛最深刻的社会变革。邓小平曾指出:"如果不搞社会主义,而走资本主义道路,中国的混乱状态就不能结束,贫困落后的状态就不能改变。"[①]特别是党的十一届三中全会以来,中

---

① 《邓小平文选》,第3卷,63页,北京,人民出版社,1993。

国共产党带领全国人民经过艰苦探索，开辟了中国特色社会主义道路，形成了中国特色社会主义理论体系和中国特色社会主义制度。在当代中国，拥护社会主义就是要坚定对中国特色社会主义的道路自信、理论自信和制度自信。"中国特色社会主义道路"的内涵是：在中国共产党领导下，立足基本国情，以经济建设为中心，坚持四项基本原则，坚持改革开放，解放和发展社会生产力，巩固和完善社会主义制度，建设社会主义市场经济、社会主义民主政治、社会主义先进文化、社会主义和谐社会，社会主义生态文明，促进人的全面发展，逐步实现全体人民共同富裕，建设富强民主文明和谐的社会主义现代化国家。"中国特色社会主义理论体系"是包括邓小平理论、"三个代表"重要思想、科学发展观等重大战略思想在内的科学理论体系是对马克思列宁主义、毛泽东思想的坚持和发展。中国特色社会主义制度，就是人民代表大会制度的根本政治制度，中国共产党领导的多党合作和政治协商制度，民族区域自治制度以及基层群众自治制度等基本政治制度，中国特色社会主义法律体系，公有制为主体、多种所有制经济共同发展的基本经济制度，以及建立在这些制度基础上的经济体制、政治体制、文化体制、社会体制等各项具体制度。改革开放以来，我国经济社会发展所取得的辉煌成就雄辩地证明，中国特色社会主义符合中国国情，符合全国各族人民的利益，是党领导人民探索奋斗找到的一条中国真正的复兴之路、强国之路。现阶段，在中国共产党的领导下，走中国特色社会主义道路，实现中华民族的伟大复兴，是我国各族人民的共同理想。人民教师承担培养社会主义事业的建设者和接班人的重任，就必须坚定社会主义理想信念，坚定对中国特色社会主义道路的信念，坚定对中国特色社会理论体系的信念，并将这种信念传递给儿童和青少年。

2. 全面贯彻国家教育方针，自觉遵守教育法律法规，依法履行教师职责权利

国家的教育方针，是国家在一定历史时期内为实现该时期的基本路线和基本任务，对教育工作所提出的总的指导方针。《中华人民共和国教育法》第五条规定：我国的教育方针是教育必须为社会主义现代化建设服务，必须与生产劳动相结合，培养德、智、体等方面全面发展的社会主义事业的建设者和接班人。这一方针主要有以下几点重要内容：①教育必须为社会主义现代化建设服务，为人民服务，这是我国教育工作的总方向。②教育必须与生产劳动相结合。整个教育事业要与国民经济发展的要求相适应，并在教育与生产劳动相结合的内容和方法上有不断的新的发展。这是教育方针中的一项不可忽视的重要内容。③德、智、体等方面全面发展，这是教育培养目标的重要标准。"德"不仅仅是品德，还同时包括政治素质和思想素质；"智"也不仅仅是掌握科学文化知识和技能，发展智力，还包括养成科学态度和探索精神；"体"同样不仅仅讲体格、体能和体质，还包括掌握体育知识和技能、娱乐身心、培养高尚情操等。培养社会主义事业的建设者和接班人，这是我国社会主义教育总的培养目标。教师要在全面理解和掌握国家教育方针的基础上，做好自己的本职工作。在日常教育教学工作中，立足社会和国家的需要，以学生的全面发展为方向，为社会主义事业培养高素质的优秀人才。

教师要自觉遵守教育法律法规。教师要学法知法，掌握教育法律法规的基本知识。《中华人民共和国宪法》中关于我国教育的性质、目的和任务、教育制度、公民受教育的权利和义务等教育条款，是我国制定教育法律法规的最高法律依据，在遵循这些最高法律依据的前提下，我国制定颁布了一系列教育法律、法规和规章。教育法律是指由全国人民代表大会及其常务委员会制定和颁布的有关教育方面的规范文件，主要包括《中华人民共和国教育法》《义务教育法》《教师法》《职业教育法》《高等教育法》《民办教育促进法》《未成年人保护法》《学位条例》《国家通用语言文字法》等。教育行政法规是国务院制定和发布的有关教育方面的规范性文件，是国家行政法规的重要内容，如《教师资格条例》《教学成果奖励条例》《幼儿园管理条例》《学校体育、卫生条例》等都是教育行政法规。地方性教育法规是省、自治区、直辖市的人民代表大会和它们的常务委员会根据本行政区域的具体情况和实际需要，在不同宪法、法律、行政法规相抵触的前提下，制定和颁布的地方性法规，如山西省人民代表大会常务委员会制定的《山西省实施〈中华人民共和国义务教育法〉的办法》就属于地方性教育法规。教育规章是国务院各部委和省、自治区、直辖市以及省、自治区的人民政府所在地的市和经国务院批准的较大的市的人民政府根据宪法、法律、国务院的行政法规，在自身权限内发布的规范性文件。如《学生伤害事故处理办法》《中小学生德育工作规程》《普通话水平测试管理规定》《中小学电化教学规程》《教育督导暂行规定》等，就是由教育部制定的教育规章。另外，和教育紧密相关的法律还有《未成年人保护法》《预防未成年人犯罪法》等。教师必须学习和掌握这些教育法律法规的知识，领会其精神实质，这是教师自觉守法的前提条件。

依法执教就是教师要依据法律法规开展教育教学活动，履行教书育人职责，是教师教育教学权法治化的体现。

依法执教主要表现为教师依法行使权利和履行义务。《教师法》第七条规定了教师的基本权利：教师享有进行教育教学活动，开展教育教学改革和实验；从事科学研究、学术交流，参加专业的学术团体，在学术活动中充分发表意见；指导学生的学习和发展，评定学生的品行和学业成绩；按时获取工资报酬，享受国家规定的福利待遇以及寒暑假期的带薪休假；对学校教育教学、管理工作和教育行政部门的工作提出意见和建议，通过教职工代表大会或者其他形式，参与学校的民主管理；参加进修或者其他方式的培训等法定权利。

《教师法》第八条规定了教师的基本义务：教师应当履行遵守宪法、法律和职业道德，为人师表；贯彻国家的教育方针，遵守规章制度，执行学校的教学计划，履行教师聘约，完成教育教学工作任务；对学生进行宪法所确定的基本原则的教育和爱国主义、民族团结的教育，法制教育以及思想品德、文化、科学技术教育，组织、带领学生开展有益的社会活动；关心、爱护全体学生，尊重学生人格，促进学生在品德、智力、体质等方面全面发展；制止有害于学生的行为或者其他侵犯学生合法权益的行为，批评和抵制有害于学生健康成长的现象；不断提高思想政治觉悟和教育教学业务水平等义务。

教师要在学法懂法的基础上，明确这些权利和义务的内容，并做到正确行使权利，自觉履行义务。比如，教师必须意识到，法制社会的今天，人本主义充分凸现，体罚、变相体罚学生的教育方式已悖时代要求，已经是违法行为，必须在教育教学中杜绝。不可否认的是，体罚方式有时的确立竿见影，可以迅速树立教师威严，但这种方式使被体罚学生遭受到的心灵伤害是不可挽回的，并最终会导致师生关系的恶化和教育教学效果的低下。教师要学会以较为巧妙、和谐、多样的管教方式代替过去的体罚式的管教，要使学生心服口服地改正错误，而不是敢怒不敢言式地接受体罚。

3. 不得有违背党和国家方针政策的言行

这是一个否定的句式，讲的是对教师职业言行的限制，以强调教师"爱国守法"的严肃性。如果教师违反了限制就要承担责任。教师要牢牢把握"培养什么人""怎样培养人"等关键问题，用正确的理论和观点对学生进行教育。在教育、教学和国际交流过程中，要注重维护国家利益与国家形象，严格把握国际合作、交流的方向，正确把握学术研究与课堂教学的区别。要严格遵守宪法与法律，紧密结合国情、市情、民情进行教育教学，不得传播、散布损害国家主权、安全和社会公共利益的言论，不得传播宗教，不得传播低级庸俗文化，不得传播非法出版物，不得出现有损教师形象的言行举止。

二、爱岗敬业：教师职业的本质要求

"爱岗"就是热爱本职工作，"敬业"就是忠于职守，尽心尽职。爱岗与敬业是相互联系的，爱岗是敬业的基础，敬业是爱岗的具体表现；"爱"是"敬"的源泉，"敬"是"爱"的升华；不爱岗就很难做到敬业，不敬业也很难说是真正的爱岗。爱岗敬业具体表现为具有强烈的责任心和使命感，全身心地投入工作，无须强制和监督，自觉自愿、自动自发地做好每一项工作和细节。

(一)爱岗敬业是教师职业的本质要求

1. 爱岗敬业是教师做好本职工作的基本前提

教师肩负着特殊的使命，小而言之，对一个人的未来负责；大而言之，对一个国家民族的发展有着不可推卸的责任。要承担起这两个方面的艰巨任务，教师就必须做到爱岗敬业。教师能否做到爱岗敬业，是决定他的工作绩效的主要因素之一。只有爱岗敬业的教师才能在工作岗位上有所作为。这是因为，爱岗敬业的不懈追求能够为教师正确处理和解决教育过程中的诸多矛盾打下一个良好的基础。只有爱岗敬业，教师才能积极面对自身的社会责任和社会义务。

责任心是取得进步，提高自我的动力。一个人如果没有责任心就不会认真履行自己的职责，就会懒散，并逐渐失去周围人的信任，更谈不上有所成就。因此，责任心是每一个从业人员必备的道德素质和修养。责任心包括主动的工作态度，一个富有责任心的教师能以积极的态度处理权利与义务、索取与奉献、个人与集体之间的关系，能始终保持积极进取的精神和激情，总是朝气蓬勃，充满热情。在工作过程中，他能始终表现出积极主动的态度和高度负责的主人翁责任感，有一分热，发一分光，竭尽心力，为事业的发展做出贡献。而责任心来源于爱岗敬业的职业道德修养。

2. 爱岗敬业是教师乐教勤业的动力源泉

教师只有爱岗敬业，把学校教育工作的开展、国家教育事业的兴旺和自己的命运紧密联系在一起，兢兢业业，勤于奉献，淡泊名利，以苦为乐，才能领悟从师的乐趣，才能以从师为荣，以从师为乐。在"爱岗敬业"这种精神支配下，教师才不会视平凡的工作为平凡，不会视琐碎的工作为琐碎，而是会认真对待教育教学过程的每一个环节，于细微处显精神，于小事上下工夫，在平凡而又神圣的教育工作中体验人生的价值。

在教育教学工作中，教师应有丰富的学识、合理的知识结构和能力结构、高尚的道德情操，良好的心理修养等。而要达到这些要求，就需要教师的自我教育、自我修养和自我完善。那么，促使教师进行自我教育和自我完善的动力又来自何方？来自教师对教育活动的客观要求与自身素质水平之间矛盾的深刻熟悉，来自解决这一矛盾的不懈追求，究其根本还是来自深层次的爱岗敬业精神。有了爱岗敬业精神，教师就能够对自身素质水平有理性的了解，并使之与教育教学工作的客观要求不断接近，通过自身不断完善和发展，为更好地完成教育任务提供保证。如果说不断完善自我是教师在工作上有所作为的基础，那么爱岗敬业就是基础的基础。

3. 爱岗敬业是保持教师队伍稳定的基础

古人云："国将兴，必贵师而重傅……国将衰，必贱师而轻傅。"当今世界，一个国家或民族教育事业的发展状况，直接关系到国家、民族能否兴旺发达，能否在剧烈的国际竞争中立于不败之地。而保证教师队伍的稳定则是发展教育事业的关键所在。要保证教师队伍的稳定，就必然要求教师安心于自己的工作，认真踏实地对待工作，对待每一节课，对待每一位学生；要求教师甘于寂寞，乐于奉献，兢兢业业，踏实工作；要求教师富有职业责任感、自豪感和荣誉感。只有当全体教师都爱岗敬业，任劳任怨，奉献和忠诚于教书育人的大业时，教师队伍才能稳定发展。

(二) 爱岗敬业的具体要求

1. 忠诚于人民教育事业，志存高远，勤恳敬业，甘为人梯，乐于奉献

任何职业道德，都要求其从业人员"敬业乐业"、"忠于职守"。人们也历来把热爱教育、忠诚于教育事业，作为对教师最基本的职业道德要求，忠诚于教育事业，意味着教师要以从事教育为荣，以献身教育为乐，具有职业自尊心和自豪感，为教育事业勤勤恳恳，尽心尽力，无私奉献。教师要真正做到忠诚于教育事业，并不是一件容易的事，它对教师提出了以下几点要求：

(1) 教师要培养职业荣誉感，坚定教师职业信念。如前所述，教师劳动不仅满足着社会存在和发展的需要，而且满足着教师个人生存、发展和自我实现的需要；不仅有重要的社会价值，而且有很高的自我价值。就其社会价值而言，教师劳动不仅对一个社会的精神文明建设起着直接而重要的作用，而且对一个社会的物质文明建设起着间接而重要的作用，还对每一个受教育者的成长和发展起着主导性作用。教师要全面深刻地理解这些价值，并且在任何时候、任何情况下都坚信这些价值的存在，才有可能感觉到自己所从事的教育事业虽然平凡，却又是很神圣的，从而在情感上尊敬自己的职业，进而形成职业荣誉感和自豪感，真正以从事教育为荣。如果一个教师对教师劳动的价值存在模糊认识或肤浅理解，甚至看不起教师职业，不乐于从教，不安心于从教，那他就肯定不会兢兢业业、尽心竭力地做好教育工作，甚至表现为一种应付了事、敷衍塞责、消极懈怠的态度和行为。

(2) 教师要志存高远，立志在三尺讲台建功立业，实现人生价值。在现实生活中，有些人受"官本位"思想的影响，认为"万般皆下品，唯有做官高"，对从事教育工作抱有自卑心理；有些人则是只看到教师工作平凡、寂寞、清苦的一面，而没有看到教育工作的创造性和艺术性的一面，觉得当老师的就是备课、上课、批改作业，简单平凡而单调，不会有大的作为，从而对待教师职业"热"不起来，"爱"不起来，三心二意，心猿意马。可见，教师只有树立正确的人生价值观，认识到教师职业同样为人们提供了广阔的用武之地，才有可能热爱教育、忠于教育。事实上，人生有无价值或价值大小，不能以其从事什么职业为衡量标准，而是以人们对社会的物质贡献和精神贡献作为衡量标准。人们为社会做贡献主要通过其职业劳动，因此，人生价值的大小主要是看一个人在其职业劳动中的贡献多少。人生有无价值，关键不在于你所干的是什么工作，而在于你能否在你所干的工作中出类拔萃。三百六十行，行行出英才。教师身在三尺讲台，同样可以立德、立言、立功，创造不朽的人生价值。教师良好的道德形象会给学生以真善美的感召和激励，并通过学生影响整个社会的道德风貌；教师向学生传播的科学文化知识、如何做人的道理，会被学生铭刻在心，并会通过学生传播出去；教师虽未直接参加一些社会建设事业，却为各行各业培育了各种人才，因此，教师身在讲台却功在社会。教师职业同样为人们实现自己辉煌的人生价值提供了良好的条件和机会。教师职业虽然平凡、繁琐，但同时也是一种富有创造性和艺术性的职业。要完成教书育人的重任，要承担起塑造人类灵魂的神圣职责，要使教育成为艺术，需要教师付出很大的努力去锻炼、探索和创造。且不说教师要做到学高身正需要终生的修养和努力，单是掌握教学方法和提高教学艺术就够苦练、探索一辈子的了。因此，教师职业虽然平凡，但却充满着创造性和艺术性。并非只有政治家、军事家、企业家才有机会展示其大才大德、大智大勇，并非只有艺术家才有机会显示其智慧才华，教育事业同样是人们发展和发挥自己的聪明才智，展示自我人格魅力的广阔舞台。

(3) 教师要有默默奉献、淡泊名利、甘为人梯的奉献精神。教师劳动是光荣而神圣的，但同时也是平凡的、寂寞的、艰苦的。在教师的岗位上，一般说来，既没有令人羡慕的地位和权势，也没有显赫一时的声名和财富，有的只是默默无闻的奉献，琐琐碎碎的辛劳；而且教育工作中有太多的不计报酬、无名无利的"良心活"需要去做；再加上教师的劳动常常没有"立竿见影"的效果，是一种周期长、见效慢的劳动，它的劳动价值常常被一些目光短浅的人所漠视。所有这些，都需要当教师的要有淡泊名利、乐于奉献的人生境界，要以平平常常的心态，高高兴兴的心情，去做实实在在的事情。一个名利之心太重、斤斤计较个人得失的人是不适合做教师的。关于这一点，卢梭曾明确指出："一个好教师应该具有哪些品质，人们对这个问题是讨论了很多的。我所要求的头一个品质是：他绝不做一个可以出卖的人。有些事业是这样的高尚，以致一个人如果是单纯为了金钱而从事这些事业的话，就不能不说他是不配这些事业的；军人所从事的，就是这样的职业；教师所从事的，就是这样的职业。"①

2. 对工作高度负责，认真备课上课，认真批改作业，认真辅导学生

爱岗敬业最终要体现在教师认真履行教师职责、对教育教学工作高度负责的实际行为之中。不管一个人是主动地选择了教师职业，还是不得已被动地选择了教师职业，只要你选择了它，只要你还在这个岗位上，就一定要勤于此、专于此、千方百计地做好每一项工作。一个人也许做不到干一行爱一行，但必须做到干一行像一行。具体到教育教学中，就是认真备好每一堂课，认真上好每一次课，认真批改每一次作业，认真辅导每一位学生。

教师对工作负责首先体现为认真备课上课。备好课是讲好课的前提，一堂课能否讲得好，多半要取决于充分的备课，因此，教师道德必然要求教师悉心备课，一丝不苟。这一要求具体表现为：教师要全面、透彻地领会教学大纲的内容和体系，认真钻研和执行教学大纲；教师要认真钻研教材，真正做到对教材的懂、熟、透、化，如果教材中有不完善或存在的问题，也要发现出来，在讲课时给予补充，使之完善，还要钻研与教材内容相关的知识；教师要备教法，尽可能选择有利于完成教学目的的教学方法；教师要认真备好课堂提问，每个提问都要精心设计，信口开河的提问是不允许的；教师要认真备好课堂举例，举例要通俗而不庸俗，要准确而不含糊，要科学而不马虎；教师要认真备好讲课语言，做到课堂语言准确、鲜明、生动、易懂、简练、合乎逻辑；教师要认真备好板书；教师要备好习题和作业题等。由此可见，备课是一件艰辛的工作，又是一项无人监督的工作，在很大程度上是凭着教师道德良心进行的。

上课是教学工作的中心环节，是决定教学质量的关键。一旦走向讲台就要全身心地投入，力求做到：目的明确，内容正确，方法恰当，逻辑严密，形象生动；上课时的每句话、每个动作、每道习题、每个例子、每个实验、每个回答等都必须做到少而精，必须讲究教学艺术、教学技巧，进行灵活而生动的教和学；教师不仅要"讲好"，还要组织好课堂教学，努力掌握驾驭课堂的能力，为教学提供一个良好的环境、秩序和气氛；上课要做到边教边学、教学相长，善于从课堂上学生的提问、回答、师生互动中发现备课中的不足，加以改进，或从学生的课堂发言中获得启发和灵感，进一步完善课堂教学；教师要严格遵守课堂纪律等。应当说，大多数老师都能抱着一种对学生负责、对社会负责、也对自己负责的态度认认真真地上好每一堂课。

教师不仅要备好课、上好课，还要在课后认真批改作业，进行教学总结，分析质量，检验效果，总结经验教训，不断改进课堂教学。批改作业，不仅仅

---

① 卢梭：《爱弥儿》，27页，北京，商务印书馆，1983。

是作业本上简单的对钩和叉,更重要的是教师是否真正用心去体会学生的问题,是否把学生的问题当做自己的问题,用心去思考去解决。辅导答疑也是教师的重要职责之一,是保证和巩固课堂教学效果的必要环节,也是适应学生的个别差异、贯彻因材施教的一个重要措施,因此教师决不可视之为可有可无的环节。有的教师只在上课时才和学生接触,认为上好课就完成了任务,很少或根本就不对学生进行辅导答疑,这也是一种失职现象。辅导应该热情、认真、负责、循循善诱。有的教师对学生提问题往往带着一种责备或训斥的态度,如,说学生"这种简单的问题还不懂?""你怎么学的?"等,这样学生有问题也不敢提。教师对学生提出的问题,哪怕十分简单、幼稚,也要耐心热情地予以解答,要苦口婆心,不可以冷淡敷衍。诲人不倦不仅体现在课堂上,而且还体现在对学生的辅导答疑上。

总而言之,教师道德要求教师要以高度的责任心对待自己的日常教学工作。对待自己的学生,教师付出了多少,是没有一个固定标准的。用什么样的态度去对待学生,用什么样的价值观来指导日常教学工作,很大程度都是以教师的良心做判断。因此,对教育工作高度的责任心就成为教师道德的重要内容。一个教师在日常教学中能否做到认真施教,是最能反映其职业道德优劣的标志。

3. 不得敷衍塞责

爱岗敬业、认真负责是对每一位从业人员的道德要求,这一要求对从事教育教学工作的教师尤其重要。从"良师兴国"的使命出发,国家更需要一批真正爱岗敬业的人来担当教育重任,如果教师敷衍工作,敷衍学生,学生也学会敷衍,一代又一代敷衍下去,后果不堪设想。

■ 三、关爱学生:师德的灵魂

师爱是师德之魂,没有爱就没有教育。每一位教师都需要胸怀一颗爱心,在平等的基础上善待每一个学生,让每一位学生都得到应有的师爱。教师不仅要关注学生的学业成绩,更要关心学生的思想品德和行为习惯,把学生的喜怒哀乐放在心间。教师对学生的关爱程度及关爱的质量不仅仅影响着学生的学习状况及学习效果,而且影响着学生性格等心理品质的形成和心理健康的发展水平。

(一)关爱学生是师德的灵魂

关爱学生是教师道德的核心,也是教育事业永恒的主题。古代教育家孔子说"亲其师，信其道"，现代教育家说"没有爱，就没有教育"。师爱能营造和谐、温馨、亲切的师生关系。在这种关系中学生不仅乐学，而且个性会得到良性发展，形成积极向上的精神状态。教师对学生多一些理解、信任、尊重、宽容，少一些批评和埋怨，可使学生对老师产生发自内心的尊敬之情和爱戴之心。

1. 关爱生命是现代教育的核心价值

"教育的目的应当是向人传送生命的气息。"因此，教育之"育"应该从尊重生命开始，使人性向善，使人胸襟开阔，使人唤起自身身上美好的"善根"。

教育的宗旨是"以人为本"，让"人"成为教育关注的中心。因此，人文精神、人的发展理论应该有助于塑造教师职业道德的核心。人文精神是一种普遍的人类自我关怀，表现为对人的尊严、价值、命运的维护、追求和关切，对人类遗留下来的各种精神文化现象的高度珍视，对全面发展的理想人格的肯定和塑造。在学校教育中，体现为有意识地关怀生命，意味着生命本体地位的清醒意识，以及学校教育自身对生命的积极的关注、主动的行动和建设性的参与。

教育不仅仅是教给学生知识，培养学生的能力，更重要的是让每个学生感受到生命的尊严，让每个学生自信地面对未来，让每个学生都体验到学习的乐趣。引导学生认识生命、珍惜生命、尊重生命和热爱生命，促进学生的健康成长，提升人的生命意义与境界。正如苏霍姆林斯基所说的一句话："给儿童以劳动的欢乐，取得学习成绩的欢乐，在他们心中激发自豪感、自尊心，这是对教育者的头一条金科玉律。"从这个意义上讲，关怀生命是现代教育的核心价值。

2. 师爱影响学生的人格塑造和健康成长

学生时代尤其是中小学阶段是一个人一生奠定各种基础的重要时期。在这一阶段，学生能否健康成长，不仅受学生主观努力影响，也受教育环境的制约。这种教育环境，既包括教育手段的影响，也包括人际关系的状况。而在各种人际关系中，师生关系是否和谐、融洽，不仅决定学生的学习成绩，而且影响学生的生理、心理和人生观、世界观的形成，乃至影响着学生的一生。

和谐、友好、愉快而正常的师生关系，会使学生感受到人间的温暖和友情，对生活充满乐趣，在内心深处就会产生一种幸福感、快乐感和满足感。有助于培养起学生自尊、自爱、自信、自强的精神，有助于培养起学生高尚的社会情感，有利于与他人建立起良好的人际关系。在中小学生心目中，老师往往被视为道德的化身、学习的楷模，他们常常把自己心目中的好老师作为学习的榜样，模仿其态度、情趣、品行，乃至行为举止、音容笑貌、板书笔迹等，可见学生往往从教师的言谈举止中发展其性格，从教师的品行中形成其品德，从教师的威望中完善其人格。因此，在中小学生的社会化过程中教师起着非常关键的作用。因此，当一个人接受了教师的职责，他就接受了超越普通公民的德性去寻求高尚的责任。

相反，如果师生关系紧张，教师对学生缺乏爱心，经常对学生表现出不耐烦，甚至体罚或变相体罚学生，就会导致学生把上学和学习都当成严重负担，就会使学生生活蒙上一层阴影，影响学生的心智以及创造力的发挥，影响学生的身心健康和成长，甚至对学生造成难以弥补的伤害。

3. 关爱学生是教育工作取得成效的必要基础

师爱是教师的理智感、道德感和美感凝聚而成的一种高尚的教育情操，表现为教师对每一个学生的关爱、尊重、理解和期待。只有关爱学生，才能建立和谐融洽的师生关系，使教育活动得以在宽松的氛围中进行，进而获得理想的教育效果。学生首先"亲其师"，才有可能"信其道"。要教育好学生，首先要使学生爱你，信任你，愿意接近你，愿意听取你的指导。如果你很专制，学生就会觉得很压抑，有些紧张，怕你批评、责罚，在学习中学生总是处于被动状态，学习积极性不高，更别说有创新意识。但如果你是一个有着民主意识和民主作风的老师，很注意师生之间协调和沟通，从各方面关心爱护他们，晓之以理、动之以情，师生关系和谐，学生感到轻松愉快，他们就很愿意接近你，愿意听从你的引导，学习的主动性就会提高，就有一股潜在的向心力，就会主动积极地参与各种学习活动。因此，一种好的教育效果，往往都是与民主平等的教学气氛及和谐融洽的师生关系相伴而生的。而民主氛围的前提即是教师对学生的尊重和关爱。

（二）关爱学生的具体要求

1. 关心爱护全体学生，尊重学生人格，平等公正对待学生

教育过程中，教师要关心爱护全体学生而不是只偏爱部分学生。要公正地对待每个受教育者，给予每个受教育者应该得到的合理满足与合理评价。在教育过程中，教师在教育学生的态度和行为上，公正平等，正直无私，不偏袒，不偏心，对待不同相貌、不同性别、不同智力、不同个性、不同出身、不同籍贯、不同亲疏关系的学生，一视同仁，按照党的教育方针，满腔热忱地关心每个学生，热爱每个学生，从每个学生的不同特点出发，全心全意地教育好学生。在关爱学生方面，教师要拥有"一个都不能少"的精神，努力使全体学生都获得自身应有的发展。教育的复杂性就在于教育对象具有很大的差异性，学生集体是由一个个鲜活的个体组成的。教师在施教过程中，要特别注意学生的个性差异，比如家庭背景不同、气质性格不同、兴趣爱好不同、禀赋能力不同。在这一方面，教师很容易根据某一差异把自己的学生分成好学生和差学生，从而造成"偏爱"的现象，偏爱品学兼优的学生，不太关注甚至忽视了中等以下的学生，

尤其是放弃"差等生"。

其实，教师既要关爱品学兼优的优等生，更要关爱中等生与后进生。从某种意义上讲，那些中等生与后进生更希望得到老师的关爱与赏识，这一点可以从他们平时的言行中观其一斑，甚至在他们的一些非正常言行中都潜藏着这样的动机。如果教师对这部分学生关爱不够，就可能造成这些学生心理失衡，自暴自弃，进而影响整个班级的和谐。作为教师，应当相信每一个学生都有其可爱之处，应从不同的角度去欣赏学生。比如有的学生语文、数学不好，但是搞卫生很积极，或者音乐不错，或者体育方面有特长；还有的同学学习成绩不理想，但关心集体，乐意帮助同学等。教师应给每个学生展示自我的机会。作为教师，要建立一份尽可能翔实的学生个人档案，对学生的学习情况、家庭情况、兴趣爱好、特长、不良倾向等详细了解。处理问题时，把人和事具体结合起来，把"爱"落到实处。对待品学兼优的学生在肯定他们长处的同时，教师要帮助他们分析自己的不足，以便促使他们获取更大的进步。对待那些存在这样那样"问题"的学生，则要善于挖掘他们身上的闪光点，多给他们以肯定性的评价，帮助他们找到前进的方向和动力。

关爱全体学生，必然意味着教师要公平公正地对待学生。教师应该给同样的事情同样的待遇与评价，不同的事情不同的待遇与评价。一些教师对于成绩好的学生存在的一些缺点，"无意"地"视而不见"；对于成绩差的学生存在的同样的问题却能"揪住不放"；对于自己得意学生的优点与成绩，毫不吝啬地表扬与肯定；而对于别的学生同样出现的优点与成绩，给予"怀疑"与"不信任"。这种不公正，不仅损害了成绩好的学生，因为他们的问题没能得到及时的纠正，而且也阻碍了成绩差的学生，由于教师对他们的不信任与怀疑，他们的自尊心、自信心受到了很大的伤害。所以，公正地对待学生，教师就应该给予同样的事情同样的待遇与评价，不论他是成绩好的学生还是成绩差的学生，只要做出成绩，就要给予表扬与鼓励，只要存在缺点与问题，就要及时地指出，尽早给予纠正。

要真正地热爱学生，促进学生健康成长，教师就必须尊重学生。尊重学生是教育获得成功的基础。教师能够给学生以尊重，就会使学生感到自己的品德、才华、能力得到承认，进而增强前进的信心，获得前进的动力。学生由于感受到教师的尊重，也会对教师产生由衷的敬爱之情，有利于师生之间形成一种和谐的关系。

尊重学生首先意味着教师要尊重学生的人格和尊严。教师要把学生看做是与自己一样具有人格、自尊心的人，是与自己一样具有认识能力、思维能力、判断精神的人，在教育和教学过程中给予学生一定的自主空间，激励他们自己认知、自己进行积极思考，自己做出判断。对于学生在探索过程中出现的问题和错误，教师要循循善诱，以理服人，而不能动不动就讽刺、挖苦、训斥学生，更不能采取变相的体罚或打骂，还美其名曰"恨铁不成钢"。

尊重学生还意味着教师要进行赏识教育，给学生以赞美和鼓励。马克·吐温曾说："只凭一句赞美的话我就可以活上两个月。"对于人的精神来说，赞美就像阳光一样，没有它人们便不能开花生长。教师如果能不用挑剔的眼光看待学生，而是能够积极地寻找学生的闪光点，学生的长处，给学生一定的赞美和鼓励，就能够使学生受到感动，就能够激发学生努力拼搏的勇气，师生双方就会得到更富有建设性的结果。有一位哲人说，人类本质中最殷切的要求是：渴望被肯定。而赏识、赞扬、鼓励正是肯定一个人的具体表现。

尊重学生更意味着教师要宽容学生。由于受认识能力的影响，学生在成长过程中会出现许多"无心"或"有意"的错误，教师要宽容学生的这些"无心"或"有意"的错误。比如，有些学生，由于年龄小、不懂事，喜欢出老师的洋相，让老师下不来台；还有的学生犯了错误又不承认，偏要当众顶撞老师。教师面对这些情况，要具有宽容的心态，包容他们成长过程中出现的错误，不能因学生的一时行为就认为学生的品德有问题，更不能认为这些学生不可救药。要在适当的情况下，给他们讲明道理，引导他们领悟做人的真谛，使他们改过迁善。教师还要宽容学生对自己的批评。尽管有时学生对自己的批评可能言过其实，也可能具有强烈的感情色彩，教师要耐心地倾听。学生的批评确有道理的，教师要虚心接受并认真改正；对于自己不同意的地方，也要和学生进行平等的讨论，阐述自己对问题的见解及其理由，在讨论中明辨是非。

2. 对学生严慈相济，做学生的良师益友

师爱是一种理智的爱，是严慈相济的爱。马卡连柯指出："我的基本原则永远是尽量多地要求一个人，也要尽量多地尊重一个人。"[①]任何成功的教育都是严慈相生，是一体两翼，缺少任何一翼，偏执任何一端，教育都必然走向偏斜。教师在进行教育的过程中，要宽严有度，该管则管，该放则放。不能因为严格要求造成对学生人性的压抑，导致学生逆反心理，使学生的人格趋向保守、胆怯、拘谨；也不能因为要给学生以自由就过度顺应，导致学生人性恣意、纵容，使学生人格变得自大、不羁、放任。教师要掌握管理的分寸，将对学生的爱与严格要求结合起来。具体来说，表现在以下几方面：

(1) 要严而有理。毫无疑问，教师在教育过程中要对学生进行严格的管理，但对学生进行的严格要求，应该合乎科学，符合情理。教师要根据党的教育方

---

① 转引自龚乐进等：《教师职业道德》，115页，北京，北京教育出版社，1988。

针、根据心理学、教育学的原理规则来要求学生，使对学生的要求合乎科学理论；同时在用一定的理论要求学生时，要注意规则的一般性与具体性的结合，要根据具体条件对学生做出适当的要求。要在要求学生的过程中思考理论本身，对于不科学的理论与规则要敢于提出自己的见解。不能以严格要求学生、不折不扣地遵守规则为名损害学生的健康成长。

（2）要严而有度。在教育管理的过程中，教师应该将对学生的严格要求和管理的"度"结合起来。对学生提出的一切要求，都要从有利于学生健康成长的角度来衡量，避免不切实际的要求出现。如果严格要求超出了学生可以接受的范围，超出了学生的智力、能力的范围，这样的严格要求根本没有什么意义，甚至在某些情况下，由于要求过高，反而造成适得其反的结局。

（3）要严而有方。在教育管理的过程中，教师要将对学生的严格要求和科学方法结合起来。何为科学的管理方法？一般而言，教师不宜采取强制、压制的方法让学生接受自己提出的要求，尽管这个要求确实是为了学生。教师对学生的严格要求应该采取耐心、疏导的方法，用好的理论、好的实例、好的榜样启发和引导学生，让学生确实了解教师的一番苦心，理解教师对自己的关心与爱护，从而自觉地要求自己。在特殊情况下，教师对学生的管理采取必要的惩罚措施是需要的，但合理的惩罚不是目的，而是为了教育学生，因此惩罚的同时必须要给学生讲明道理，而且惩罚不等于是对学生的打骂，也不等于对学生的罚款。

（4）要严而有恒。在教育管理的过程中，教师要将对学生的严格要求和坚持精神结合起来。教师对学生提出的严格要求，不能只是一时半会，心血来潮之时，而是体现在长期的教育管理过程当中。

3. 保护学生安全，关心学生健康，维护学生权益

"保护学生安全"首次被写进2008年修订的《中小学教师职业道德规范》之中，意味着全国中小学教师将被要求奉行这个新的职业道德规范。

"保护学生安全"是针对中小学的特殊情况提出的——中小学生绝大多数是未成年人，因此教师在负有教育、教学之责时也同时负有保护之责。"保护学生安全"主要是要求教师在平时加强对学生的安全教育，落实各项安全措施，培养和强化学生的安全意识，防范学生的危险行为，组织集体活动时首先要保证学生的安全。在遭遇突发事件，或学生处于危险中时，作为成年人，具有更强避险经验和能力的教师应该给学生切实有效的帮助，在危难中让体力和经验不如自己的学生走在前面，就像在海难发生时让老人、儿童、妇女、残疾人先上救生船一样。未成年人的心智、肢体、能力都没有发育成熟，在面临突发事件时是优先受保护对象。在日常教育教学中，教师就要对学生进行安全教育，告诉

他们远离危险,在突发事件面前不可惊慌失措,更不能无动于衷,而是要立即发出求救信息,同时采取力所能及的措施。

教师不仅要关心学生的人身安全,还要关心学生的身心健康。中小学教师面对的是未成年人,处在成长中的孩子们,常难以拥有成人那样的判断与处置能力,教师当然要成为他们校园甚至社会生活中的引领者、组织者。作为教师不能只关心学生的学习成绩,还要关心学生的身体健康和心理健康,要经常了解学生的身体状况、思想状况和心理状况,教育学生珍爱生命,积极乐观,勇敢坚强地对待各种困难和逆境;老师还要帮助学生明确自己的权利和义务,教育学生正确行使权利,自觉履行义务,并且在学生的合法权益受到侵犯时主动维护学生的合法权益。

4. 不讽刺、挖苦、歧视学生,不体罚或变相体罚学生

讽刺、挖苦、歧视学生,甚至体罚或变相体罚学生,将会给学生造成严重的身心危害,也会给教师自身造成终身遗憾,是教师最应当忌讳的行为。据调查,对学生拳打脚踢的情况现在已较少存在,但"心罚"和变相体罚学生的现象却时有发生。心罚即对学生心理和精神的惩罚,它是与体罚相对而言的。这种心罚是以讽刺、挖苦、粗暴谩骂等各种方式侮辱学生的人格,刺伤学生的自尊心,伤害他们的情感。变相体罚的方式也有各种各样,比如:把不遵守纪律的学生拉出教室、罚站、罚劳动、晒太阳,或对成绩不好的学生罚抄课文、罚做题目,罚抄单词一百遍等。不仅造成学生的肉体痛苦,而且给学生精神上带来了极大的伤害。这些行为都应当坚决杜绝。

[阅读链接]

《中小学教师职业道德规范(2008年修订)》

一、爱国守法。热爱祖国,热爱人民,拥护中国共产党领导,拥护社会主义。全面贯彻国家教育方针,自觉遵守教育法律法规,依法履行教师职责权利。不得有违背党和国家方针政策的言行。

二、爱岗敬业。忠诚于人民教育事业,志存高远,勤恳敬业,甘为人梯,乐于奉献。对工作高度负责,认真备课上课,认真批改作业,认真辅导学生。不得敷衍塞责。

三、关爱学生。关心爱护全体学生,尊重学生人格,平等公正对待学生。对学生严慈相济,做学生良师益友。保护学生安全,关心学生健康,维护学生权益。不讽刺、挖苦、歧视学生,不体罚或变相体罚学生。

四、教书育人。遵循教育规律,实施素质教育。循循善诱,诲人不倦,因材施教。培养学生良好品行,激发学生创新精神,促进学生全面发展。不以分

数作为评价学生的唯一标准。

五、为人师表。坚守高尚情操,知荣明耻,严于律己,以身作则。衣着得体,语言规范,举止文明。关心集体,团结协作,尊重同事,尊重家长。作风正派,廉洁奉公。自觉抵制有偿家教,不利用职务之便谋取私利。

六、终身学习。崇尚科学精神,树立终身学习理念,拓宽知识视野,更新知识结构。潜心钻研业务,勇于探索创新,不断提高专业素养和教育教学水平。

■ 四、教书育人:教师的天职

(一)教书育人是教师的天职

从一般意义上讲,教书育人包括教书和育人两方面的内容。所谓教书,是指教师向学生传授系统的科学文化知识,培养学生的科学文化素质,发展学生的智能;所谓育人,是指教师通过教育和教学活动以及自己的行为对学生进行政治、思想和道德教育,提高学生的思想道德素质,促进学生的全面发展。教书育人连起来讲,意味着教师要把教书和育人两方面有机统一起来,既注重提高学生的科学文化素质,又注重提高学生的思想道德素质,从而把学生培养成为全面发展、德才兼备的人才。教书和育人是不可分割的统一过程,教书必然育人,育人要通过教书,教书是为了育人,育人离不开教书,二者是相互作用、相互渗透、相辅相成的关系。

教书育人思想是中国教育伦理思想的悠久传统。古代典籍《礼记》中就指出:"师也者,教之以事而喻诸德也",就是说做教师的既要教给学生具体事物的知识,又要培养他们立身处世的品德。唐代韩愈在《师说》中也明确揭示了教师的三大职责,即"传道、授业、解惑",其实这三大职责可以归纳为"传道""授业"两个方面,至于"解惑",不过是解"道"与"业"两方面的"惑"。韩愈所说的"传道",就是传授为人之道,培养优良品德,即今天所说的"育人";所谓"授业",就是传授文化知识,即今天所说的"教书"。这些都表达了我国古代教书育人的思想,只是其具体表述和具体内涵与今天有所不同而已。

我们今天所讲的"教书育人",是"教书育人"的一般含义在社会主义社会的具体化,是指教师在教育劳动中,既要用现代科学文化知识武装学生,又要引导和帮助学生树立正确的世界观、价值观、人生观和道德观,把学生培养成为全面发展、德才兼备的社会主义事业的建设者和接班人。

教书育人是教师道德的重要规范,它集中概括了教师劳动的基本内容和教师应尽的最基本的道德义务。能否自觉地做到教书育人,是衡量教师道德水准高低的重要标志。教书育人之所以成为教师的天职,主要基于以下四个方面原因:

1. 教书育人是教育方针和培养目标对教师行为的根本要求

要真正贯彻落实国家的教育方针,真正实现社会主义教育"培养德智体美全面发展的社会主义事业的建设者和接班人"的培养目标,真正培养出一批批"有理想、有道德、有文化、有纪律"新人,教师就必须在教育教学工作中真正做到教书育人,既用现代科学文化知识培养学生,使他们具有较高的科学文化素质,又用最先进的思想和高尚的道德陶冶学生,使其具有坚定正确的政治方向和优良的道德品质,从而使他们成为德才兼备、全面发展的社会主义事业的建设者和接班人。可见,教书育人是我国教育方针和培养目标对教师行为的根本要求。

2. 教书育人是建设精神文明的需要

精神文明建设包括思想道德建设和科学文化建设两个方面,其中,思想道德建设体现着精神文明建设的性质和方向,是精神文明建设的核心内容。社会主义精神文明建设的根本任务是适应改革开放和社会主义现代化建设的需要,培育有理想、有道德、有文化、有纪律的社会主义公民,提高整个中华民族的思想道德素质和科学文化素质。因此,学校教育和教师劳动要适应社会主义精神文明建设的需要,就必须既教书又育人;既要注重用现代科学文化知识武装学生,又要对学生进行爱国主义、集体主义、社会主义教育,进行理想、道德、纪律、法制、国防和民族团结的教育。可见,教书育人是建设精神文明的需要。

3. 教书育人是实施素质教育的需要

实施素质教育已成为教育界和全社会的共识。素质教育顾名思义就是以培养和提高受教育者诸方面素质为根本宗旨的教育。教育学意义上的素质概念,是指受教育者在其先天禀赋的基础上,在接受家庭、学校和社会的教育和影响下所形成的那些稳定的、基础性的、对其活动效率和未来发展能产生广泛影响因而具有社会评价意义的特点的总和。诸如身体条件、智能发展、文化素养、政治理念、思想水平、心理视野、高层次心理结构(如世界观、人生观和价值观),及其在现实生活中所展现出来的生存能力、适应能力、承受挫折的能力、社会交往能力、应变能力、探索未知的能力、合作共事的能力等各方面的生理和心理特点及潜力都属于素质的范畴。可见,素质包含着十分丰富的内容。要真正实施素质教育,真正使受教育者的综合素质得到全面、和谐、个性化的培养和提高,教师就必须在学校教育中真正做到既教书又育人。

4. 教书育人概括了教师最根本的社会职责，标志着教师这一职业与其他职业在道德要求方面的根本区别

首先，教书育人是对教师职责的最简洁、最准确的界定。教师的职责是多方面的，如，备好课、上好课、建立良好的师生关系、做好班主任工作、科学公正地评价学生、培养学生良好品行、激发学生创新精神、关心学生身心健康、促进学生全面发展等，这些职责其实都不过是教书育人这一根本职责的具体展开或引申；其次，教书育人也揭示了教师育人的特殊性。事实上并非只有教师才承担着培养人、教育人的任务，学校、家庭、机关、企业、军队、全社会都承担着育人的任务，但只有教师是以"育人"为职业的，并且主要是通过"教书"来育人的。在学校里，工作岗位不同，育人途径也不同，有的是服务育人，有的是管理育人，只有教师是教书育人。

(二)教书育人的具体要求

教师劳动是一种高度自觉性的劳动，通常是在没有外界直接监督的情况下进行的，教师劳动在质量、强度和效果等方面往往不易监测，况且教师的有一些教育劳动往往是既无制度明文规定、也无任何物质报酬的"良心活"。事实上，一个教师能否真正做到教书育人，在很大程度上取决于这个教师的责任感和自觉性。因此，教师要以对社会、国家和学生高度负责任的精神，以教书育人为天职，使教书育人转化成为个人的内心要求和自觉行动，积极主动地履行好教书育人的天职。

1. 遵循教育规律，实施素质教育

(1)遵循教育规律。教书育人是一门学问，一门艺术。教师能否卓有成效地教书育人，关键在于能否按教育规律办事。毛泽东说："不论做什么事情，不懂得那件事情的规律，它的性质，它和它以外的事情的关联，就不知道那件事的规律，就不知道如何去做，就不能做好那件事。"[①]教师所从事的教育劳动也有它自身固有的特殊规律。教师能了解和掌握这些规律，并灵活地运用这些规律，其教育教学活动就会收到良好的效果。反之，如果一个教师不懂教育规律，其教育教学过程中的一些做法违背教育规律的话，其效果自然不会好。有些教师天天进行教学工作，甚至忙忙碌碌，辛辛苦苦，可是教书育人的效果却并不理想。其中很重要的一个原因可能就是他们还不懂得、还没有掌握和灵活运用教育规律。相反，许多优秀教师，正是由于遵循并灵活运用教育规律去教书育人，从而取得了显著成绩。因此，遵循教育规律是做好教书育人工作的重要保证。

---

① 《毛泽东选集》(一卷本)，163~164页，北京，人民教育出版社，1964。

首先，教师要认真学习和掌握教育科学，了解教育科学的普遍规律和基本理论，成为一个懂得教育规律的教育内行，而非教育的门外汉。在长期的教育实践中，人们已经探索出一些基本的教育规律，这些规律分为若干不同的层次。例如，教育由一定社会的经济基础、政治制度所决定，又反过来为一定社会的经济基础、政治制度服务；教育的发展受社会生产力发展水平的制约，又具有促进生产力发展的作用；教育在影响受教育者身心发展的诸因素中起主导作用，而教育又受教育者的身心发展规律的制约等。这些教育的基本规律，对属于教育范畴的各项活动都有指导、制约作用。作为学校教育重要组成部分的教学工作、思想政治教育工作等，一方面要受上述教育基本规律的指导；另一方面它们各有自己的特殊规律。以教学为例，它至少又有这样一些规律：教学是一种特殊的认识过程，即在教学过程中学生的认识与人类认识的一般过程既有基本共同点，又有自己的特殊性；教学过程是一个影响学生身心发展的综合过程，即在教学过程中，学生的智力和非智力因素以及身体素质都会因教学过程的具体实施情况而受到这样或那样的影响；教学过程是一个由教师的"教"和学生的"学"构成的相互联系、相互制约、相互影响的过程；等等。诸如上述这样一些规律，在许多教育科学论著中均有详细论述，教师应该认真学习和掌握教育领域的各种规律，作为自己教育教学实践活动的指南。

其次，教师要善于把教育科学的一般规律和原则与自己的具体教育实践紧密结合起来，把对教育规律的认识转化为教书育人的实际能力和工作艺术。比如，在对学生进行思想教育方面，要研究当代学生的生理、心理特征和思想发展变化规律，把握他们的思想脉搏，谙熟当代学生思想教育工作的方法和艺术，采取丰富多彩的、学生喜闻乐见的教育方式，寓教于乐，寓教于各种有益的活动之中。任何教育规律，都是人们在教育实践中潜心研究、反复总结经验教训才探索到的。因此，教师一方面要学习和掌握人们已经总结出来的教育教学规律，另一方面也要注意在自己的教育教学实践中进一步探索新的规律和方法。古人说"熟能生巧"，只要在长期的教学实践中用心体验和总结，总能或多或少、或深或浅地摸索到一些"奥秘"和"窍门"。总之，教师只有成为教育规律的学习者、探究者和创造性运用者，才能成为一名真正意义上的教育工作者，才能真正履行好教书育人的神圣职责。

(2)实施素质教育。实施素质教育是我国为了纠正应试教育的弊端、顺应教育规律的客观要求而实施的教育战略。因此遵循教育规律，必然要求教师在教育劳动实践中努力实施素质教育。关于素质教育的含义，原国家教委《关于当前积极推进中小学实施素质教育的若干意见》中作了明确解释："素质教育是以提高民族素质为宗旨的教育。它是依据《教育法》规定的国家教育方针，着眼于受教育者及社会长远发展的要求，以面向全体学生、全面提高学生的基本素质为根本宗旨，以注重培养受教育者的态度、能力、促进他们在德智体等方面生动、活泼、主动地发展为基本特征的教育。"素质教育与应试教育的区别和对立表现在诸多方面，归纳起来主要包括以下几点：

在教育目的上，素质教育旨在追求学生德智体美劳等综合素质的获得和提高；应试教育则旨在应付考试，片面追求升学率，教师为应试而教，学生为应试而学。

在教育对象上，素质教育强调面向全体学生，面向每一位未来的国民；应试教育则把关注的目光只放在少数所谓优秀的即有升学前途的学生身上，而弃多数学生于不顾。

在教育内容上，素质教育重视德育、智育、体育、美育、劳动技术教育等的全面实施和有机结合；应试教育则只重视智育，片面强调对知识的传授和掌握，忽视学生的思想进步、品行培养、身心健康和能力培养。

在教育方式方法上，素质教育强调教育者要发挥创造精神，要从学校实际出发设计并组织科学的教育教学活动，促进受教育者在自主性活动中将外部教育影响主动内化为自己稳定的身心素质；而应试教育则使教育者跟着考试指挥棒亦步亦趋，在教学方法上以灌输、说教、被动接受为基本特征。

在教育评价上，素质教育要求从德、智、体、美、劳等各个方面来评价学生的素质水平；应试教育则把考试作为唯一的评价方法，将分数作为唯一的评价标准。

在教育结果上，素质教育"不求个个升学，但愿人人成功"，或者每个学生"及格＋特长"模式；应试教育则只有少数人升学，获得成功，而大多数学生的才能被忽略，以失败者的心态走向社会。

要走出应试教育的误区，真正推行素质教育，使其由理念和口号变成实际的教育行为和教育结果，绝非一朝一夕之事，也不是一人一己之功，而是需要全社会的共同努力。当素质的培养遭遇升学率的挑战，当精神价值的回归遭到现实利益的阻挡，常常出现"谈素质教育轰轰烈烈，抓应试教育却扎扎实实"的尴尬局面。这就更需要教师本着对国家民族负责、对学生发展负责的精神，从内心深处真正认同素质教育的含义和价值，真正确立素质教育的先进理念和坚定信念，才能在教育实践中自觉摒弃种种背离素质教育的观念和做法，克服种种阻碍素质教育实施的现实困难，积极探索素质教育的途径和方法。

2. 循循善诱，诲人不倦，因材施教

要做好教书育人工作，教师在工作态度和教育教学方法方面就必须做到循循善诱，诲人不倦，因材施教。

(1)循循善诱。所谓循循善诱是指善于有步骤地进行引导和教育。循循善诱是我国古代师德思想的重要内容。先秦儒家学派在其教育专著《学记》一书中就强调教师要尊重并调动学生学习的主观能动性。教师必须善于开导、鼓励、启发学生,做到"道而弗牵,强而弗抑,开而弗达",即对学生要善于引导,而不可牵强;要严格要求学生,但不能使学生感到压抑;要开导启发学生独立思考,自求自得,而不是直接把最终答案呈给他们,事事由教师来代替他们得出结论。

在今天的素质教育理念中,同样强调教师在教育教学过程中要摒弃灌输式、填鸭式等封闭、呆板、单调、注入式的僵化的教学方法,善于运用启发式、对话式等先进的教学方法,并从学校实际和学生实际出发设计和组织丰富多彩的教育教学活动,促进受教育者在自主活动中自觉主动地将外部教育影响内化为自己内在的、稳定的身心素质。古今中外的教学方法可谓多种多样,但从其总的历史发展趋势来看,教学方法是沿着由注入式、静听式向启发式、活动式,由封闭式向开放式的方向演进和发展的。所谓注入式教学方法的特征是:一味灌输,教师照本宣科,学生死记硬背,生吞活剥,结果使学生头脑僵化、墨守成规、因循守旧、技能低下。而启发式教学则强调学生学习的积极性、创造性,使学生自己动手、动脑,掌握知识和技能,这样培养出来的人朝气蓬勃,有独立见解,富有创造精神。在我国目前的学校教育中,注入式教学方法,仍然被相当一部分教师习惯性地使用着。这一方面与应试教育的弊端有关;另一方面也与教师自身的素质有关。

作为一个现代教师,应当顺应教育发展的潮流,树立现代教育观念,自觉摒弃注入式教学方法,熟练运用启发式教学方法,要使教育过程成为真正的师生共同参与的过程,要把教师所教的内容,变成学生活动的内容。正如有人所总结的那样:要解放"大脑",让学生"开动机器";要解放"眼睛",让学生"放眼世界";要解放"嘴巴",让学生"畅所欲言";要解放"双手",让学生"制造惊喜"。这样的教学过程所培养出来的学生才能成为善于思考、乐于思考、人格独立、富有创新精神的高素质的人才。

(2)诲人不倦。诲人不倦就是教导别人不知疲倦的意思,是指教师在教育教学活动中应当做到忠于职守,勤于执教,耐心不烦,以教为乐。"学而不厌""诲人不倦"是我国古代师德的两条重要规范。孔子不仅强调教师要"学而不厌""不耻下问",不断提高自己的人格修养和学识水平,更强调教师要"诲人不倦"、勤于执教,始终保持良好的工作态度和工作热情。从这两条师德规范的联系来看,教师"学而不厌",掌握精深广博的知识、培养多种才干的主要目的是为了把教书育人的工作做好,促进学生的健康成长和全面发展。因此,对于教师来说,"诲人不倦"是比"学而不厌"更高一个层次的道德要求,也是教师正确处理自身与教育劳动关系的一个关键所在。如果一个教师满腹学问,但并不热心教学,缺乏责任心,工作马马虎虎,甚至把备课、讲课、答疑解惑、组织课外活动、做好班主任工作、帮助后进生等琐碎而繁杂的工作看做是"麻烦讨厌的事",那么,他的学问再好,也不会给学生、给教育事业带来多少好处。王安石说:"为师者不烦,而学者有得。"[1]夸美纽斯对教师说:"你们不要以为自己有知识就够了,你们要用你们的全力,去增进别人所得的教导。"[2]可见,教师的道德责任,并不单单在于勤奋钻研学问、获取知识,更重要的是在认真施教的过程中,把自己所获得的知识传授给学生。日常教育教学工作繁忙而辛苦,要备好一节课,要讲好一堂课,要组织好一次课外活动,要增进学生的知识,要解决学生的思想问题,要纠正学生的不良行为习惯,要帮助学生走出心理阴影,要让后进生重塑自我,要端正一个班级的学风,要融洽一个班级的关系,要真正做好这些日常的教育教学工作,需要教师付出很大的精力、智力和体力。然而,正是这些日常、平凡、细小、琐碎的教育教学工作一点一滴地影响着学生,塑造着学生。因此,一个教师在日常平凡的教育教学中能否做到"诲人不倦",即能否始终做到爱岗敬业,勤于执教,耐心不烦,以教为乐,是最能反映其师德修养高低的方面。

(3)因材施教。所谓因材施教,是指教师要从学生的实际出发,依据学生的年龄特征和个体差异,有的放矢地进行教育教学。就是说,教师教育教学的进度和深度要适合学生的知识水平和接受能力,要考虑学生的个体差异进行有针对性的教育教学,要调动和发挥每个学生的主动性和积极性。因材施教的师德规范,无论在我国古代还是在古希腊都早有论述。孔子就十分注重根据每个学生的特点(如智力、性格、志趣等方面的差异)而施以不同的教育,他曾明确说过:"中人以上,可以语上也;中人以下,不可以语上也。"[3]这就是强调根据学生的智力状况而施以不同的教育。对于同一个问题,孔子对不同性格的学生有不同的解答,目的在于根据学生的性格特点进行教育。古罗马教育家昆体良认为,教师要研究学生的成长,了解学生的个体特征,"注意学生的智慧类别",观察每一个学生生来最擅长什么,然后予以施教。

在提倡素质教育的今天,因材施教具有更为重要的现实意义。素质教育提倡面向全体学生,促进每一个学生的成长成才和全面发展,这一目标要成为现实,就必然要求教师针对学生的个体差异施以个性化的教育引导,使他们在各

---

[1] 王安石:《临川先生文集书洪范传后》。
[2] 夸美纽斯:《大教学论》,250页,北京,人民教育出版社,1957。
[3] 《论语·宪问》。

种层次和规格上成为社会的有用之才。同一个班级的学生，在许多方面既有共同点，又在身体、智力、知识、学习能力、学习态度、兴趣、爱好、性格等方面存在着差异，教师要在全面、深入地了解各个学生的基础上，既重视面向全班学生的集体教育教学，又针对学生的不同特点辅以个别教育教学。教师要正确对待学生的个体差异，做到"长善救失"。而在现实的教育劳动实践中，不少教师往往习惯于用一个固定的尺度、框框去要求学生，不顾学生的个体差异，用一模一样的方式，教给一模一样的东西。这种陈腐的教育观念和教学方法，违背了因材施教的师德规范，不利于人才的发现和成长，甚至会埋没、毁灭人才。总之，教师一定要从思想上明确因材施教的重要性和必要性，并在自己的教育教学实践中努力做到因材施教，这是教师在教学工作中不可忽视的道德责任。

3. 培养学生良好品行，激发学生创新精神，促进学生全面发展

(1)促进学生全面发展是教书育人的出发点和归宿。促进学生全面发展是全部教育工作的追求目标，也是每个教师进行教书育人工作的出发点和归宿。也就是说每一个教师都必须关心学生的全面发展，以把他们培养成为德智体美全面发展的"四有"新人作为自己一切工作的出发点和归宿，只有这样，才算尽到了教书育人的职责。失去这个出发点和归宿，就有可能背离教书育人的道德要求。比如，有的教师只关心学生的学习成绩，或只关心学生对他所教的那门课程的学习情况，而不关注学生的思想状况、道德品质、身体状况、心理健康，不重视对学生审美情趣和各种能力的培养，这样的教师就不能说他很好地履行了教书育人的职责。教师工作固然有具体分工，但却没有要不要关心学生全面发展的区别。其实，学生的德智体美几方面是相互联系、相互影响的，教育中的各项分工、各门学科也是相互影响的，每个教师都可以在自己的具体工作岗位上影响学生的各个方面。比如，语文课教师就可以通过一篇课文的讲解，既教会学生一定的语文知识，又陶冶他们的思想情操，还可以提高他们的审美能力。

(2)培养学生良好品行是教书育人的道德责任。要促进学生全面发展，教师首先就必须重视学生良好品行的培养。在全面发展所强调的"德、智、体、美、劳"诸方面中，"德"是最重要的方面，是人才素质的灵魂。缺失了"德"，就根本谈不上人的全面发展。因此，培养学生良好品行就成为教师非常重要的道德责任。正如柏拉图所言："教师如果不指出什么是正确的，什么是不正确的；什么是值得赞扬的，什么是羞耻的；什么是神圣的，什么是渎神的；什么是应该做的，什么是不应该做的；他就无话可说，无事可做。"有的教师受社会上"重智轻德"观念的影响，只注重"教书"而忽视"育人"，只关注学生的学习成绩而忽视学生的人格品质。也有的教师认为，育人是专职德育教师、政工干部、辅导员、党团组织的事情，我是教数学的或教物理的，我只要教好这门课就可以了，至于学生的思想、道德、人际关系、心理状态等方面的问题和我没什么关系。这些观点和做法都是偏颇和错误的。教书育人是对所有教师的道德要求，而不是只要求德育教师或政工干部。事实上，各科教师均担负着教书育人的双重责任，即各科教师在向学生传授所教课程的科学文化知识同时，还承担着在世界观、价值观、人生观和道德观方面给学生以正确引导和积极影响的"育人"责任。正如苏霍姆林斯基在《给教师的建议》一书中所说的："请你记住，你不仅是自己学科的教员，而且是学生的教育者、生活的导师和道德的引路人。"

(3)激发学生创新精神是教书育人的时代要求。在改革开放、建设创新型国家、培养创新型人才的当代社会，激发和培养学生创新精神就必然成为当代社会教师职业道德的重要内容。所谓创新精神是一种勇于抛弃旧思想旧事物、创立新思想新事物的精神，是指人们进行创新活动必须具备的一些心理特征，包括创新意识、创新兴趣和热情、创新胆量和勇气、创新决心和意志以及相关的思维活动等。比如：不满足已有认识（掌握的事实、建立的理论、总结的方法），不断追求新知；不满足现有的生活生产方式、方法、工具、材料、物品，根据实际需要或新的情况，不断进行改革和革新；不墨守成规（规则、方法、理论、说法、习惯），敢于打破原有框框，探索新的规律和新的方法；不迷信书本、权威，敢于根据事实和自己的思考，向书本和权威质疑；不盲目效仿别人的想法、说法、做法，不人云亦云，坚持独立思考，说自己的话，走自己的路；不喜欢一般化，追求新颖、独特、与众不同；不僵化、呆板，灵活地应用已有知识和能力解决问题等，都是创新精神的具体表现。激发和培养学生的创新精神已成为当前教育教学改革中的强势话语和实践主题，因此，教师在教育教学中除了要注重传播知识外，还应着力培养学生的创新意识，激发学生的创新思维，要让学生时刻有一种创新的强烈自信心和心理准备，要鼓励孩子们标新立异，大胆去想，对任何一件小事都要鼓励孩子想出不同于别人的思路，不要让学生养成懒于思考，只等着老师讲答案的习惯，要营造宽松和谐的创新教育环境，以教育者自身的创新火花在学生心灵中点燃创新之火。

4. 科学评价学生，不以分数作为评价学生的唯一标准

所谓科学评价学生是指教师应当客观、全面、辩证地评价学生，具体要求包括：

(1)教师要全面综合地评价学生。究竟什么样的学生是好学生？判定好学生的标准是什么？对于这一问题的回答是否正确最能检验一个教师的学生观是否科学。有的教师将"好学生"与"学习好"等同起来，以分数作为评价学生的唯一标准；有的教师认为，当学生的就要听话、用功、考高分，这样才能算作好学生，至于其他方面，学生的品德是否高尚、身体是否健康、爱好是否广泛以及人际关系是否和谐，则无关紧要；在有的教师眼里，那些具有较强个性、喜欢独立思考、敢于发表不同意见，但学习成绩却"一般"甚至"不佳"的学生，就是不守本分、狂妄自大，他们不可能成为"好学生"。长期以来，这些在应试教育理念支配下所形成的仅用分数来判定学生好坏的片面的评价模式，常常导致教师对学生产生偏见，导致师生关系紧张，导致学生独特个性被抹杀，独创精神遭打击，全面发展受损失。

评价学生的科学标准应当是什么呢？近年来，一些专家提出了新时期评价学生的十条标准、中学生综合素质评价标准；有的学者建议将中小学生评价标准拓宽为道德水平、心理健康、学业素质、身体素质、艺术与创造性等方面。一些中小学将沿袭多年的"三好生"评比改革为"新三好"评价体系。"新三好"的内涵包括在学校做主动学习全面发展的好学生，在家庭做勤俭自强孝敬长辈的好孩子，在社会做诚实守信遵守公德的好公民。简单地说，是指"在家做个好孩子，在校做个好学生，在社会做个好公民"。在"新三好"评选标准上还针对不同年龄阶段学生的特点和培养目标提出更为具体细致的、贴合学生实际的评价标准。还有的学校则直接取消了"三好生"评比，改为包括德育之星、智育之星、体育之星、美育之星、劳动之星的"五星少年"争创评比活动。虽然这些理论和尝试的具体内容不尽相同，但试图构建一个包含丰富内容的、贴近学生实际生活内容的、具有可操作性的、全面综合的科学评价体系的愿望却是共同的。在提倡素质教育的今天，教师必须充分意识到片面评价学生的严重危害性，必须摒弃以分数作为唯一内容的片面的评价标准，在自己的教育活动中做到全面科学地评价学生，不因学生成绩差而否定学生的一切，善于发现和肯定学生各个方面的优点，乐于赞扬学生各种良好品质，关注学生多方面的成长和进步。

(2)教师要以发展变化的眼光看待学生。教师不能用静止的、一成不变的眼光看待学生，要看到学生的发展与变化。古人云："士别三日，当刮目相看。"正处在成长中的儿童和青少年更是具有很大的可塑性，各种条件的变化都会带来学生的变化与发展。因此，教师应当确信在一定条件下任何学生都会发生变化，只是方向、程度不同而已，只要采取适当的教育方法，任何学生都可以在不同方面、不同层次上获得进步和发展。教师要以发展变化的眼光看待学生，并通过有针对性的教育引导帮助学生向正确的、积极的方向变化发展，尽力阻止其向错误的、消极的方向变化发展。特别是在对待一些学习成绩差的、有问题的、犯错误的学生的时候，更需要教师相信学生有改变的可能和希望，不抛弃，不放弃，而不是一棍子打死，彻底放弃对他们的期望和教育。

(3)不能以分数作为评价学生的唯一标准。《规范》明确规定"不以分数作为评价学生的唯一标准",这是针对一些地方和学校单纯搞应试教育而提出的。对于中小学生来说,考试成绩理所当然是考查学生在校学习情况的一个重要指标,但绝不是唯一指标。如果把分数当成衡量学生好坏的唯一标准,成绩好则一俊遮百丑,成绩差就一棍子打死,这样做会把学生的目光引向分数,使学生过度关注自己的考试成绩,而忽略了德、体、美、劳等方面的素质培养,忽略了学习过程、学习方法和学习态度,也忽略了生活中的其他乐趣。而一个人的一生当中,考试成绩仅仅是一个方面,还有比成绩更重要的东西有待学习和培养。

虽然素质教育的呼声日高,虽然新课改进行得轰轰烈烈,但仍有很多的中小学还在一如既往地进行着各种形式的分数排名:全校排名次、年级排名次、全班排名次、前五名、前十名、前五十名……这样做,对于考分低的学生来说,简直是让他们无地自容,就像身上长了疮疤,非要人家当众脱下衣服展览一样。这样做,除了让考分低的学生们难堪,除了严重地挫伤了他们的自尊心外,再没有任何好处。对于考试成绩好的学生来说,排名次对他们也并非什么好事。当时来说还是有些荣耀,但随后而来的便是恐惧、压力。生怕下一次考试自己会掉名次,丧失荣耀。可见,以考试分数衡量学生的好坏,对谁都没有好处。它只能把孩子引向两个极端,或者把学习当做唯一,或者把学习当做敌人,最后结果都是道德的失落,殊途同归。因此,教师应当慎重正确地对待学生的考试成绩,决不能以分数作为评价学生的唯一标准。

■ 五、为人师表:教师职业的内在要求

(一)为人师表是教师职业的内在要求

所谓为人师表,是指教师应该在各个方面以身作则,成为学生效法的表率。为人师表主要是指教师在做人和道德上为人师表,但又不局限于此,而是在各个方面,包括政治态度、思想作风、道德品质、治学精神、行为习惯、仪表风度等各个方面都能成为学生和人们的楷模。为人师表最根本的要求是言行一致、表里如一、严于律己、以身作则,对自己高标准、严要求。

为人师表是教师职业道德的优良传统,历来受到人们的重视和强调。汉代扬雄在《法言·学行》中明确界定:"师者,人之模范也,"这里的"模范",亦即表率、学习榜样的意思。英国思想家洛克认为,教育的目的在于培养有理想、有才干、有教养的资产阶级绅士。教师的一切工作都应围绕这一目标而努力。教

师要培养学生的绅士风度，自己必须首先具备这种风度，必须刻苦、能干、善于自控、怀抱德行与智慧。他说："做导师的人自己便应当具有良好的教养，随人、随时、随地都有适当的举止与礼貌。"[①]导师如果任情任性，那么教育儿童克制感情便是白费气力；自己如果行为邪恶，举止无礼，则儿童的行为邪恶、举止无礼，也就无法改正。由此可见，为人师表是古今中外的教师道德一贯倡导的重要规范，只不过是在不同社会、不同阶级那里，为人师表的具体内容和要求有所不同而已。

(二)为人师表的具体要求

1. 知荣明耻，严于律己，以身作则

为人师表首先要求教师树立正确的荣辱观，知荣明耻，严于律己，以身作则。"荣""辱"是一对基本道德范畴，"荣"即荣誉，"辱"即耻辱。荣誉是指社会对个人履行社会义务所给予的褒扬与赞许以及个人所产生的自我肯定性心理体验；耻辱是指社会对个人不履行社会义务所给予的贬斥与谴责以及个人所产生的自我否定性心理体验。荣辱观是人们对荣辱问题的根本看法和态度，是一定社会思想道德原则和规范的体现和表达。荣辱观对个人的思想行为具有鲜明的动力、导向和调节作用。正确的荣辱观，可以引导人们明辨是非、美丑，形成正确的自我评价，树立正确的行为导向，产生正确的价值激励，推进自身全面发展和社会全面进步。

承担着教书育人神圣职责的人民教师应当认真学习社会主义荣辱观，时时处处检查自己的言行举止，自省自警、自珍自爱，知荣求善、知耻改过，扬荣弃耻、提升人格，严于律己、以身作则，对自己高标准、严要求，才能做到为人师表。一个自我放任、是非不清、善恶混淆、荣辱倒错、不以荣为荣、不以耻为耻的教师，是不配为人师表的。

2. 衣着整洁得体，语言规范健康，举止文明礼貌

教师不但在政治思想、人生态度、行为作风上对学生有很大的影响，就是其言谈、举止、仪表风度也对学生起着耳濡目染、潜移默化的影响。这就要求教师不论从心灵到外表，还是从言谈到举止都要体现人民教师特有的精神风貌，以增强对学生的教育效果。

在衣着服饰方面，教师的衣着服饰要整齐清洁、大方得体、庄重典雅。这样，既能显示出教师丰富多彩的精神世界，又能给学生以美的享受，还是对学生的一种尊重。教师的衣着服饰不可过分奇特、花哨，也不可过分随便、裸露，

---

① 洛克：《教育漫话》，72页，北京，人民教育出版社，1963。

以免分散学生听课的注意力，或给人以庸俗、流气的感觉。总之，教师必须注意自己的仪表，借此把自己的完好形象、优美风度展现于学生面前，充分显示自己的文化修养、精神气质和风貌，以便对学生产生良好的影响。

教师的职业与语言一刻也不能分离，教师就处在语言的包围之中，教师是语言的使用者、受益者、创造者。教师通过语言使自己的教学活动得以完成，通过语言来展示自己的人格魅力，通过语言使自身得到发展。因此，作为教师，加强语言修养，提高语言的科学性和艺术性，就显得非常重要。具体而言，教师语言要具有规范性、准确性、生动性、严谨性、纯洁性、谦和性。

所谓教师语言的规范性，是指教师应使自己的语言符合一定的规格与标准，即在使用汉语的地区和学校，教师要用汉语普通话教学，在部分少数民族地区和学校，教师要用规范的少数民族语言教学。教师在教育教学中如果南腔北调，不仅影响知识的传授和接受，也干扰和妨碍师生之间情感的交流与和谐。

所谓教师语言的准确性，是指教师语言要确切清楚，能够准确地表述概念、规则、原理等内容，清晰地传达思想感情、愿望等教育要求。不能含混不清、模棱两可、似是而非、互相矛盾，"以其昏昏，使人昭昭"。掌握准确的语言，表达准确的思想，是教师的一项基本功。

所谓教师语言的生动性，是指教师语言要新鲜活泼、词汇丰富、感情洋溢、情趣盎然，具有说服力和感染力。在内容上，教师语言要丰富多彩、言辞精美，要能够根据不同的场合、不同的情况、不同的对象，恰当地使用语言，能够将抽象的概念具体化，深奥的道理形象化。在形式上，教师语言要音调抑扬顿挫、语感流畅自然、音色圆润优美、语速快慢适中，吸引学生的注意力，减少学生的疲劳感，使学生时刻处于最佳思维状态。

所谓教师语言的严谨性，是指教师语言要具有严密的逻辑性，思维清晰、准确，有层次，有条理，富有连贯性，不但论证严密，而且能取得言简易明的效果。

所谓语言的纯洁性，是指教师语言要文明纯洁，切忌一切低级、庸俗、下流的污言秽语。在任何时候、任何情况下，教师说话都要讲究文明礼貌，都要自爱自重、尊重别人，保持自己良好的风范形象。在教育学生的过程中，教师如果对学生讽刺挖苦、训斥奚落，语言刻薄蛮横、粗话连篇，缺乏应有的自制性，不仅损害教师的形象，而且给学生心灵带来污痕和创伤。

所谓教师语言的谦和性，是指教师在运用语言的过程中，要使学生体味到教师平等的心态、谦虚的胸怀。有些教师在运用语言的过程中，以绝对真理的拥有者自居，高高在上，不给学生留有平等对话的空间，不承认学生的独立性和思想自由，使用的语言充满了霸气，其结果扼杀了学生学习的积极性和热情，影响了教育教学效果。

在举止方面,教师要做到适度得体、端庄正派、不卑不亢、落落大方、潇洒优美,坐、站、行、走,都能表现出教师应有的文明、庄重、潇洒的风度。教师的表情和态度要做到和蔼可亲、平易近人、宽容豁达、热情诚恳、细致耐心,表情自然丰富,教态从容典雅。教师要加强道德和审美的修养,有意识地进行举止、姿态上的自我训练,求善求美。

3. 关心集体,团结协作,尊重同事,尊重家长

在处理个人与集体、个人与同事、教师与家长关系方面,为人师表要求教师做到关心集体、团结协作,尊重同事,尊重家长。

教师个体总是生活在集体之中,每个教师的个体劳动都与学校的发展、教育事业的兴旺密切相关,每个教师个体的成长、进步、发展、幸福都和所在集体的氛围、利益、发展密切相关。如果集体里有一种和谐、融洽的气氛,就会使处在这个集体中的教师保持一种愉快、积极的工作情绪。教师之间的相互配合与帮助,既能使教学工作顺利开展,又能加速个人进步。当一个教师来到集体之中,既获得了集体和同事关心的权利,同时也负有关心集体和同事的义务。因此,教师要把关心集体和同事,视为自己应尽的道德义务。

苏霍姆林斯基说:"把集体的全体成员团结起来的主要力量是什么呢?这种力量就是人关心人、人对人负责、人对集体和社会的责任感。"马卡连柯也说:"如果没有这样团结一致的教师集体,那么所谓正常的学校教育是很难想象的。"[①]教师之间能否建立起相互团结协作的良好道德关系,会直接影响教师的劳动情绪和工作积极性,直接影响教育教学工作的正常运行和卓有成效,直接影响一个学校的文化氛围和精神构建。因此,尊重同事、团结协作就成为教师道德的必然要求。教师要尊重其他教师的人格尊严和劳动价值,维护其他教师的教育威信,虚心听取其他教师的意见,为其他教师的工作提供方便和帮助。教师要心胸开阔,实事求是地肯定同事的成绩,赞扬同事的进步,虚心向优秀教师学习,要克服狭隘自私的嫉妒心理。经验比较丰富的教师,要满腔热情地帮助经验不足的教师,不能为保持自己的"领先地位"而拒绝帮助或贬低别的教师。对同事有看法和意见,要开诚布公地沟通意见,不要当面不说,背后乱说,更不能随便地扩散到学生中去。总之,教师在处理同事关系时,要努力做到同心同德、互尊互信、互助互帮、共同协作。只有这样,才能保证教育教学工作顺利高效地进行,也才能显示教师为人师表的良好形象。

在和学生家长交往的过程中,教师应当做到尊重家长,以诚相见、以礼相

[①] 转引自龚乐进等:《教师职业道德》,126页,北京,北京教育出版社,1988。

待，尊重他们提出的合理要求，注意听取家长对学校工作的意见和建议。同时，教师还有义务利用与学生家长交往的机会，向家长宣传一些教育科学知识，传播一些先进的教育理念，介绍一些科学的教育方法，促进家庭教育的科学化，从而使学校教育和家庭教育能够更好地相互配合，使学生更好地健康成长。

4. 作风正派，廉洁奉公

作风正派、廉洁从教，是为人师表的底线。教师要坚持严于律己、作风正派、坚持正义，以正直、诚实的实际行动引导学生、教育学生，不趋炎附势、欺上瞒下、弄虚作假、搬弄是非、拉帮结派、散布谣言、低级趣味。教师应把正派作为做人的准则，要在学生面前树立一身正气的良好形象，并敢于承认并自觉改正自己的不足和错误。教师的廉洁奉公主要表现为不搞有偿家教等营利性活动，不收受家长财物，不向学生强行推销教辅资料或文具用品和其他商品，不在招生、考试、职评、评优评先、学籍管理方面弄虚作假、徇私舞弊，不向学生增加收费项目，提高收费标准等，这是对教师工作的法律和道德要求。特别是在与学生家长的交往中，教师要做到洁身自好，自觉维护教师在人们心目中的美好形象，不做违反教师道德的事情。一个老教师说得好，"当教育把目光投注在金钱之上，教育就开始了堕落"。教师只有洁身自好，才能抵御金钱的诱惑，闯过金钱设下的险关，才能摆正教师的位置、摆正教育的位置，才能真正做到廉洁从教。

综上所述，为人师表道德规范要求教师对自己高标准、严要求，在各个方面以身作则、率先垂范，成为学生人格上的理想样板。一代师表霍懋征就是这样的典范。

六、终身学习：教师专业发展的不竭动力

（一）终身学习是教师专业发展的不竭动力

1. 终身学习是时代发展的要求

当今世界，科技发展日新月异，知识、信息的更新和增长空前快速，我们已经进入终身学习的时代。学习化社会是终身教育的理想和目标，是终身学习的理想境界。从传统社会转向"学习化社会"，意味着学习将成为人们的一种生活方式，学校仅是学习的场所之一，人的一生将无法区分成"教育阶段"和"工作阶段"，工作学习化，学习工作化，学习、工作一体化。新一代管理大师彼得·圣吉博士有句名言："未来唯一持久的优势，是有能力比你的竞争对手学习得更

快。"一个人要想不被社会淘汰,要想自己活得有尊严、有价值,实现自己的人生理想和积极的人生目标,就必须不断地进行自我认识、自我调试、自我学习,以更积极的方式生存和发展。

鉴于此,教师要树立终身求知、终身学习的理念,让学习成为自己生活的重要组成部分,才能适应新时代的新要求,担负起当今时代教书育人的重任。

2. 终身学习是教师劳动的特点所决定的

教师劳动的一个重要特点就是知识性。教师劳动的过程就是学习知识、储备知识、整理知识、运用知识、传授知识、创造新知识的过程。没有知识便没有教师,没有教育。这种职业特点必然要求教师学而不厌,掌握精深广博的科学文化知识,并随着社会的发展变化随时更新和补充自己的知识结构,这是为师者必须具备的起码条件。如果教师自己知识甚少,知识老化,甚至"以己昏昏,使人昭昭",是无法担负起教书育人的职业使命的。

从教师劳动对象看,教师的劳动对象是青少年学生,他们正处在长知识、长身体的时期,有着强烈的求知欲望,希望自己的老师学识渊博,有真才实学,以便能够从老师那里学到丰富的知识和高超的技能,尽快成才。因此,他们会经常向教师提出多方面的问题,如果教师业务素质低,不具备精深广博的文化科学知识,道之未闻,业之未精,百惑而不能解,就无法满足学生的求知欲望,就不是一个称职的教师。教师要给学生一杯水,自己必须要有一缸水,甚至是一条长流水。而教师要拥有这一缸水或一条长流水,就必须树立终身学习的理念,不断地学习新知识,不断地更新自己的知识结构。

3. 终身学习是教师保持教育威信和从教之乐的需要

教师要永远保持自己的教育威信和从教之乐,就必须终身学习、不断进步。教师如果停止了学习、探索和发现,就会变得枯燥、呆板,精神世界就会贫乏和僵化。苏霍姆林斯基说过:"面对勤学好问的满腔热情的青少年,教师只有每天都有新东西表现出来,才能受到他们的爱戴。如果你过了几年还是依然故我,如果失去的一天没有使你增加任何新的财富,那你就可能成为一个令人生厌甚至憎恶的人。"[①]我国著名教育家陶行知认为,教师只有"学而不厌",才能"诲人不倦","如果天天读旧货,索然无味,要想教师生活不感觉疲倦是很困难了。所以我们做教师的人,必须天天学习,天天进行再教育,才能有教学之乐而无教学之苦"。[②]

---

① 苏霍姆林斯基:《和青年校长的谈话》,172 页,上海,上海教育出版社,1983。
② 陶行知:《陶行知教育文选》,333 页,北京,教育科学出版社,1981。

(二)终身学习的具体要求

1. 树立终身学习理念，实施终身学习行动

在迈入学习型社会的进程中，教师作为"传道、授业、解惑"的教育者，责无旁贷地应成为引导社会公众投身于终身学习洪流之中的代表。教师只有再度成为学生，牢固树立终身学习的观念，让学习成为自己生活的重要组成部分，才能担当起教书育人的重任。

一个教师要真正确立起终身学习的理念，养成终身学习的习惯，离不开各级教育行政部门和学校的倡导、督促与保障，但起决定作用的因素无疑还是教师个人的持续努力。为了促使教师树立终身学习的理念，提高教师素质，近年来各级教育行政部门和学校不仅制定了各种规划，而且采取了一系列行动。例如，从《国家中长期教育改革和发展规划纲要（2010—2020年）》(下简称《纲要》)到各地的教育改革与发展规划，都把终身学习作为一项重要要求。《纲要》把"基本形成学习型社会"、"终身教育体系基本形成"作为战略目标；把"树立终身学习观念，为持续发展奠定基础"作为一种新的人才培养观念。再如，从教育部到基层学校都启动了不同层次的教师培训工程。教育部从2010年开始启动了中西部农村中小学教师国家级培训项目（简称"国培计划"），投资25亿元用于培训农村中小学教师，是新中国成立以来最大的一个教师培训项目；各省、市、自治区也相应增加了中小学教师培训经费。这些培训项目的实施大大促进了中小学教师专业素质和教学水平的提高。从教师个人方面来看，广大教师参加各种培训学习的积极性很高，提高了自身的教师专业水平和教学能力。还有很大一部分教师加强自主学习，努力阅读提高，不断完善自己，取得了很好的效果。从这里可以看出，终身学习的理念已经深入广大中小学教师的内心深处，成为他们不断提高自身素质的一个重要动力。

2. 拓宽知识视野，更新知识结构

为了适应社会发展和教育发展的新要求，教师们必须完善自身的知识体系，更新自身的知识结构。在现代教育背景下，一个中小学教师究竟需要什么样的知识体系和知识结构，究竟如何更新自身的知识结构？教育理论界对此问题已经提出了各种各样的观点。

根据教师所从事工作的特点，一般认为教师的基本素质要求应涵盖三个方面：即教师专业知识的发展、专业技能的娴熟、专业情意的健全。教师的专业知识包括学科知识、实践知识和教育理论知识。教师必须掌握一定量的学科知识。教师的实践知识是教师教学经验的积累，实践知识受一个人阅历的影响，

这些阅历包括个人的打算与目的以及人生经验的累积效应。教育理论知识是一个教师取得成功教学的重要保障，具体包括学生身心发展的知识、教与学的知识和学生成绩评价的知识三个方面。

理解教师的知识体系和知识结构，简单地说可以理解为处理好两个基本关系，即学科专业知识与教育专业知识的关系以及教育理念与教师技能的关系。

(1)学科专业知识与教育专业知识。学科专业知识和教育专业知识之间是一种既相互区别又紧密联系、相互配合的关系。首先，所有的教师必定都是有一定学科专业背景和基础的，无学科专业基础就无法解决"教什么"的问题。对于一个没有任何学科专业知识基础或背景的人来说，无论如何是无法胜任教师工作的。一个完全不知道数学为何物的人，是无法做数学教师的。语文、历史、物理、生物、化学等学科的教师亦复如是。就此意义而言，对于从事教师专业来说，学科专业知识是一个基本的和基础性的条件。可以用"皮之不存，毛将焉附"来比喻学科专业知识的地位和作用。但是，了解教育教学过程的人都清楚，仅有学科专业知识和素养还无法胜任教师工作。具有一定学科专业素养的人要担当教师职业，还必须具备从事教师工作的基本理念和基本技能，解决"怎么教"的问题。这些理念的确立和技能的获得是需要进行专门教育和训练的。教师教育所涉及的主要工作就是促使教师理念的确立和教师技能的获得与提高。教师教育从本质上说是培养一个人从教理念和从教技能的专门化、专业化的教育教学活动。有某种专业知识的人可以从事多种工作，或可以为从事多种工作奠定知识基础。但只有在此基础上进一步接受教师教育或教师专业教育，才有资格做教师，才能逐步成为一名合格的教师。

在处理学科专业教育与教师教育的关系时，要反对两种倾向。一种倾向是过分强调学科专业教育，忽视甚至否定教师教育或教师专业教育的价值。从教师成长发展规律的角度来认识问题，不能认为学科专业知识学得越多，就越能成为一名合格的教师。有些人学科专业知识学得很好，研究得很精深，但不会教，不知从何下手，这就不是一个合格的教师。另一种要反对的倾向是过分夸大教师教育的作用。对于一个没有任何学科专业知识基础或背景的人来说，教师教育知识学得再好，再具有从教的观念和理念，也无法胜任教师工作。

(2)教育理念与教师技能的关系。教育理念和观念是教师职业之根，没有正确而坚定的教育理念或观念，一个人就谈不上去做一名合格的教师。同时教师职业在一定意义上又是一项技艺，没有从事教师职业和教育工作的一定的技能和技艺，同样无法做好教师工作。

什么是教育理念或观念，它包括哪些内容？这是一个很大的问题，是全部教育学理论都在关注和探讨的问题。概言之，与教师职业发展密切相关的教育理念或观念主要包括教师的职业理念、教师的责任理念、教师的"专业情意"、教师的"自我效能感"、教师的"教育"理念、教师的教学理念、教师的学生理念、教师的人才理念等。例如关于教师的职业理念和角色理念，过去的观念认为教师不过是"技术熟练者"，现在的观念认为，教师应当成为"反思型专家"。这一新理念对教师提出了更高的要求，要求教师要同时成为知识的研究者和创造者。再如关于教师的"教育"理念，现在最重要的是必须确立素质教育的理念，确立实践的教育、创新的教育、个性化的教育以及人的独立性教育等教育理念，这些教育理念代表着世界教育改革的潮流，也是国内从政府主管部门到部分学校正在实践着的教育理念。

教师技能或教师的从教技能包括哪些内容？也是一个无法简单回答的问题。随着社会发展和科学技术进步，对教师的教育教学技能的要求会更多、更高。按中小学的一般教育教学常规来说，教师的基本从教技能或能力包括语言表达能力、书写能力、课堂教学组织能力、班主任工作能力、组织课外活动能力、教育艺术能力、情感能力、沟通能力等。在现代意义上，还要有计算机操作能力、多媒体课件制作能力以及开发和利用网络资源进行教学的能力。从这里看，仅仅就技能而言，做一名合格的中小学教师就不是一件轻而易举的事情。

教育理念和教师技能都不是与生俱来的。但理念可以培养，技能可以训练。如何培养教育理念和训练教师技能，是教师教育改革应当关注的核心问题。事实上，当前教师教育改革和创新的一个重要目标就是要培养具有先进教育理念和坚定信念、掌握现代教育技术、具有熟练教育教学基本技能、具有较强实践能力和创新精神的基础教育师资。

[阅读链接]

教师知识结构要实现四个转变

要适应社会发展和教育发展的要求，教师的知识结构必须实现四个转变：

（1）从轻量型结构到重量型结构转变。未来的师生关系不是单向传递的关系，而是双向交流的关系，教师不但要有能力回答学生各种各样的问题，而且要同学生进行各式各样的交流和交往。所有这些都要求教师成为一个学识渊博的人，要求教师的知识拥有量从轻量级向重量级转化。

（2）从单一型结构到复合型结构转变。当今知识发展的一个重要趋势是知识的一体化，自然科学、社会科学和人文科学在高度分化的基础上走向高度统一。因此新型的教师不应是只见树木不见森林的传授者，不应是固守于一门学科的狭隘专业人士，而应成为具有全面性知识的人才。文科教师应当有必要的自然科学素养，理科教师则应有必备的人文社会科学知识。对每一个教师来说，科学、技术、宗教、艺术、哲学等，都应在他的视野之内。

(3)从封闭型结构到开放型结构的转变。要适应知识发展和教育改革的要求，教师的知识结构应成为开放性结构，即对一切有用的新知识开放；通过对新知识的不断接纳和吸收，使自己的知识结构不断得到改造和更新。

(4)从被动型结构到创造型结构的转变。未来社会需要的是富有创新精神的开拓性人才，而要造就创新性人才，教师本人首先就应当具备创新意识和必备的创造能力。要做到这一点，教师的知识结构就必须实现从被动型结构向创造型结构的转化，其中十分重要的是要增加能力及方法方面的知识在教师知识结构中的比重。①

3. 潜心钻研业务，勇于探索创新，不断提高专业素养和教育教学水平

当代社会发展和教育发展不仅要求教师构建新的知识体系和知识结构，而且要求教师深入钻研教学业务，不断探索新的教学方法，提高专业素养和教育教学水平。概要地说有两个方面：

(1)做"反思型"专家和"研究型"教师。何为"反思型"专家和"研究型"教师？首先要了解"反思"的内涵。反思与经验总结有联系有区别。反思是总结经验的重要基础，反思与经验总结都是一种指向过去经验的回溯性认识活动，是对经验性认识的再认识。经验总结者既可以是实践者本人，也可以是别人，常见的是实践者与研究者互助合作进行总结。如果实践者本人就是经验总结者或参与经验总结，那么他首先必须对自己的实践过程以及在实践过程中形成的认识或经验进行理性的再思考、再认识，即进行认真的反思。反思是实践者的主体性行为，反思者只能是实践主体自身。只有实践者本人才能了解和把握自己在经历实践过程中的全部体验和意识活动，别人是无法替代的。教师教学反思的内容有很多方面，主要包括对教学设计的反思、对教学过程的反思、对教学效果的反思、对教学观念的反思。例如，对教学观念的反思主要就是对教师在教学实践中所应具备的教育信念及教学态度、价值观、人生观等进行的反思活动。教育教学观念是教师在教育教学中形成的对相关教育教学现象，特别是对自己的教学能力和所教学生的主体性认识，包括教师对教学的态度、对教学成败的归因、自我知觉和教学效能感等，它直接影响教师的知觉、判断，进而影响着教师的行为。因此，对教育教学观念的反思是改善教师教学行为的重要前提。

---

① 根据林建成《优化教师知识结构势在必行》(载《光明日报》，2000-02-15)一文整理。

专题五 《中小学教师职业道德规范》解读

按照"反思"的要求，中小学教师就不能满足于仅仅做一个简单的传授知识的人，而要有更高的目标追求，通过努力使自己成为"反思型"专家和"研究型"教师。做一个"反思型"专家和"研究型"教师，意味着一个教师要通过培训和自主学习，不断扩充更新自己的知识，既了解本学科的新知识、新理论、新信息和新进展，又了解教育科学知识，更新教育观念；要使自己掌握教育研究与教育实验的科学方法和现代化的教育教学技术，利用先进的理论、技术，探求改进教育教学、提高教育教学质量的更有效的途径和方法，充分总结并升华自己的经验。如果一个教师在这一过程中自觉养成了理性思考的习惯，能够站在理论高度分析教育教学问题，他就会真正成为一个"反思型"专家和"研究型"教师。

需要注意的是，作为"反思型"专家和"研究型"教师的中小学教师，他们的研究主要应当是教育教学方面的研究，而不是典型意义上的专业研究。易言之，不能要求中小学教师人人都像大学教授或研究员一样成为某一个领域的专家。中小学教师的研究应以提高教学质量和人才培养质量为中心，以研究教材、研究教学内容、研究教学过程、研究教学方法、研究学生为重点。在当前背景下，中小学教师更应该研究新课改所要求的教学观和学生观，这对于提高教学水平和教学效果十分重要。优秀的中小学教师必须成为教育教学方面的专家，成为一个有研究基础的、有深度的教育教学专家。

（2）做教育创新和教学改革的能手。在知识经济时代和互联网时代，改革和创新已经成为时代潮流和世界潮流，成为典型的时代精神。在基础教育领域，当代教师也不能满足于传统的教育理念和教学方式，而要不断创新教育理念和教学方式。按照联合国教科文组织的观点，教育应当促进每个人的全面发展，即身心、智力、敏感性、审美意识、个人责任感、精神价值等方面的发展。应该使每个人尤其借助于青年时代所受的教育，能够形成一种独立自主的、富有批判精神的思想意识，以及培养自己的判断能力，以便由他自己确定在人生的各种不同的情况下他认为应该做的事情。

在现代社会，如果一个教师不懂得实践教育的重要性，还在一味地搞所谓纯粹的课堂教学，肯定是有悖时代潮流的。在目前这样一个创新的时代，如果一个教师不懂得创新的重要性，还在沿袭一些陈规老套，肯定是无法得到学生认同的。同样，在强调创新的时代，自主教育、独立性教育和个性化教育越来越成为创新的一个重要源泉，如果一个教师还在固守满堂灌、一言堂的教学模式，还在试图用一个模式来培养学生，他的教学效果肯定是要大打折扣的。《纲要》在论及更新人才培养理念问题时，提出要树立五种人才培养观念，即"树立全面发展观念，努力造就德智体美全面发展的高素质人才。树立人人成才观念，面向全体学生，促进学生成长成才。树立多样化人才观念，尊重个人选择，鼓励个性发展，不拘一格培养人才。树立终身学习理念，为持续发展奠定基础。树立系统培养理念，推进小学、中学、大学有机衔接，教学、科研、实践紧密结合，学校、家庭、社会密切配合，加强学校之间、校企之间、学校与科研机构之间合作以及中外合作等多种联合培养方式，形成体系开放、机制灵活、渠道互通、选择多样的人才培养体制。"[1]这就是我们今天应当确立的人才培养观念，学校的一切教育教学活动都要体现和落实这样的观念。

---

[1] 《国家中长期教育改革和发展规划纲要(2010—2020年)》，37页，北京，人民出版社，2010。

专题六　中小学教师常见的道德问题与道德困惑

一、中小学教师常见的道德问题

近十年来，教师道德的确遭遇了前所未有的拷问，师德似乎降到了历史的最低点。2008年被认为是师德"井喷"之年。因为在这一年里被曝光的师德失范案例接二连三，如范跑跑事件、杨不管事件等。这些问题引起了网民的极大关注，批评文章在网络上被广泛转载评论。

腾讯网的师德调查问卷中设计了这样一项问题："对于老师，您最无法忍受的背离师德的行为有哪些？（多选）"网络投票总数为48 395张，根据各主要选项投票数的百分比，排序如下：①趋炎附势，以家庭背景好坏区别对待学生（10.68%）；②歧视"差生"，背离教育宗旨（10.20%）；③体罚、辱骂学生，令孩子身心受损（9.98%）；④收受钱物，不良风气影响学生（9.60%）；⑤上课敷衍、散漫随意、照本宣科（9.24%）；⑥争权夺利，眼中只有职称、职位、奖金（8.75%）；⑦学术不端，抄袭、冒名成风（7.80%）；⑧忙于"走穴"，荒了课堂（7.65%）；⑨有偿家教，强迫学生参与（7.21%）；⑩言行出格、仪表不整，不能为人师表（7.19%）；⑪只管讲课，不关心学生的其他方面（5.98%）；⑫不讲原则，课堂内容随心所欲，主观色彩浓厚（5.47%）。

把腾讯调查中的各项问题与2008年新颁布实施的《规范》中的六条规范一一对应，我们发现以上师德问题集中在师德规定中的四个方面：第二条"爱岗敬业"，第三条"关爱学生"，第四条"教书育人"和第五条"为人师表"。但从人们反感的程度来看，则发现教师不能"为人师表"是人们最难以容忍的；其他依次为"爱岗敬业""关爱学生""教书育人"。如上述调查中①、④、⑥、⑦、⑨、⑩项，均反映了"为人师表"方面的问题；⑤、⑧、⑫项反映的是"爱岗敬业"方面的问题；②、③项反映了"关爱学生"方面的问题；⑪项反映了"教书育人"方面的问题。在教师职业道德规范中，这四条是最为核心的内容，也最容易出现问题。

(一)为人师表意识不强

为人师表是指教师在学识和人品上能够成为别人的榜样。它是对教师综合素质的总体要求。我国当代著名教育家叶圣陶先生曾说:"教育工作者的全部工作就是为人师表。"它不特指教师在特定工作如教学或研究中的表现,而是指贯穿在教师全部教学与生活中的言行举止。教师是活的教育力量,比起预定的课程本身而言,教师对学生的影响既细微又重大。

然而,从 20 世纪 80 年代中期以来,在教师队伍的学历水平不断提高的同时,教师群体的社会形象却有所下降。教师中常见的师德问题有如下几种表现:

1. 向学生或学生家长提出非分要求

教师收受学生或其家长钱物;教师通过学生,向学生家长提出分外要求,请学生家长办私事。比如,有些中小学生家长反映这样一些现象,在班里当干部的,不是熟人的孩子就是给老师送过礼的,有些连班里的孩子都知道,班长是校长的亲戚、学习委员的阿姨在哪个班当老师、某某的妈妈开车接老师去买东西了,等等。

2. 趋炎附势,以学生家庭背景来区别对待学生

很多中小学校在升学之初了解学生的家庭背景,要求学生填写父母的工作单位和职务,如果了解学生的家庭背景是为了更好地教育学生,则此举无可非议,但有些教师却把这些信息拿来当做谋取个人利益的资本。有的教师对地位较高的家长,态度谦恭,对家境不好的家长态度恶劣,有辱教师尊严。在有背景的家长面前,对孩子搂搂抱抱,完全不顾其他孩子眼中的羡慕;对既没钱又没权的家长,不顾孩子和家长的尊严,当众数落。教师以家庭背景区别对待学生,违背了教育的基本精神。

3. 看重个人名利得失

为了争取荣誉,争当模范,教师之间明争暗斗,甚至大打出手的现象屡有发生;更有沽名钓誉的教师,弄虚作假、争权夺利,在学生中间产生了极坏的影响。争取荣誉、争当模范,本来是教师极其正当的进取行为,每个人都有上进的愿望,但是对待名利得失要抱着平常之心,荣誉只是表现自己成绩的一种方式,还有更多方法可以证明自己的努力。教师要相信,若自己真的付出了努力,绝对是会留下痕迹的。因此,教师不能把荣誉当成自己的终级追求目标,这样就本末倒置了。

4. 仪表不得体

教师的仪表是其精神面貌内在素质的表现。仪表是人的外部行为的综合表现,它包括人的形体、容貌、健康状况、姿态、举止、服饰、风度等方面,是

人举止风度的外在体现。教师仪表整洁干净、健康自然、不矫揉造作，会引起学生的尊重和好感；相反，打扮不合时宜不合身份、矫揉造作、故作姿态，则会引起学生反感。

（二）缺乏爱岗敬业精神

教师的敬业最直接表现在"认真"二字上，即能够"认真备课上课，认真批改作业，认真辅导学生"。"爱"则更深一层，除了能够认真之外，在情感上还多了一层对工作的热爱。这热爱可以是因为对教育对象的爱而转移的，可以是由于对工作本身的兴趣而产生的，也可以是因为崇高的责任心和事业心而催生出来的。但是，当教师缺乏"敬"和"爱"的精神时，教师就会对工作敷衍了事，牢骚满腹，甚至荒废工作。

1. 对待工作持敷衍态度

调课换课在中小学是常有的现象，在小学中更是常事，孩子们整上午或整下午上语文或数学的现象屡见不鲜。若是考察教师的重要业务——备课、写教案，中小学教师中的不合格者就更多了。据了解，在中小学教学管理中，督促教师写教案是最难的一件事，多数学校的教务长遇到此事都会很头疼，因为极少有教师每节课都能坚持写教案。有学校校长反映，老师们对写教案很反感，认为是无用之功，增加了教师负担。如果采用强制手段，要检查教案，老师们就连夜突击，一晚上可以写好一学期的教案。上了一辈子课的老教师也有说法，课已经背得滚瓜烂熟了，还用得着备课写教案吗？

2. 爱发牢骚

大多数教师虽然能够坚守在岗位上，却很难谈得上甘为人梯或乐于奉献。国外有专门研究教师群体文化的学者，发现教师是一个容易滋生抱怨文化的群体。他们对每日与学生打交道感到身心疲惫、对重复的教学工作感到厌倦，教师们抱怨繁重的工作量与报酬不对等，抱怨学生对自己不尊重等。

3. 忙于开办校外辅导班

有一些教师为了提高学生成绩，不辞辛苦在课后办起补习班。但也有一些教师纯粹是为了赚钱而开办补习班，这些教师把副业当正业，而正业则成了副业。一些老师为了争取更多的学生加入他们的校外补习班，故意不重视正常的课堂教育，布置的作业不检查、不批改，致使学生认为老师既然不批改作业，干脆就不认真做作业，甚至有的学生干脆就不写作业了，造成很多学生因为这些不称职的老师给他们的误导而使学习成绩不断下降。

教育是心与心的沟通与交流，虚假无心的行为必然瑕疵毕现。教学生做人也一样，讲究公德、勤俭节约的教师，随手就会想到关灯、拧住水龙头、捡起地上的纸屑……当他对学生提出这样的要求时，学生就能联想起老师的日常行动，不用多讲道理，学生自然会照着做。学校教育不像科学技术研究部门，教师不可能有多大重大的创新与发明，不可能像企业家那样获得丰厚的经济回报，更不可能像歌星影星那样产生巨大的社会影响力。教师的影响只能像和风细雨一样，浸润学生的心田，甚至有时教师的付出并不为学生所察觉，也得不到学生的承认。然而，正如老子所说，"功成而弗居，百姓皆谓我自然"，真正的教育家是能够唤起学生自觉的行动。这是爱岗敬业的最高境界。

(三)教师的爱心得不到传递

"关爱学生是师德的灵魂"。如果没有对学生的关爱之心，就不具备成为教师的资格。然而，关爱学生在当代却成为一个重大的师德问题展现在我们面前。教师在关爱学生方面经常表现出来的问题主要有这样几种：偏爱优生，歧视差生；羞辱或体罚学生；对学生冷漠。

1. **偏爱优生，歧视差生**

长久以来，如何对待差生是教师在教育实践中不得不面临的难题，甚至在教育理论研究中，它也是一个难题。因为它不仅仅是道德问题，往往还涉及学校利益、其他学生利益以及教师个人利益，因而让教师很难把握。喜欢好学生似乎也还谈不到道德问题，因为爱才惜才是为师之常情，孟子也曾说"得天之英才而教育之"是人生的一大乐事。但是，如果这二者联系起来，偏爱好学生，而又歧视差学生，那么教师的职业道德天平便有点倾斜了。一偏一私之间，教师的行为已不具有教育意义，而实为伤害和摧残！把握好爱的尺度，像阳光一样，让每一个学生都能得到温暖，是教师爱的艺术。

2. **羞辱体罚学生**

在教育中，教师因为对教育惩罚的适度性认识不清，而导致惩罚行为过度。教育惩罚是教育者对学生的不良行为予以否定，使其经受不愉快的情感体验以期影响其行为或发展的一种教育方法。而体罚是指打击或限制学生身体自由。教育惩罚是以不损害学生身心健康为原则的一种教育方式，而体罚和羞辱是以损伤人体和损伤人的心灵为手段的处罚方法。

教师常用的体罚学生的方式主要有：罚站、罚跪、罚跑、罚面壁、罚做体力劳动（罚抄多遍作业也可以被列为体力劳动）、扭耳朵、打手心、扇耳光、蹲马步、拳打脚踢等。

教师常见的羞辱学生的方式有如下几种：

(1)言语羞辱。责骂、恐吓，例如："你这辈子也改不了了！""以后再做错题就不要你了！""把你的家长叫来！""完不成作业就别来上学！"等。讽刺、挖苦和嘲笑，有的教师骂学生"有娘养，没娘教""朽木不可雕""脸皮比城墙还厚""笨蛋、蠢货、最无能的草包"等。

(2)身体羞辱。有一些教师在应激状态下做出非常过激的行为，造成了恶劣影响。科技日报1999年10月29日报道："陕西省华阴市某校女教师崔某某，为了整治一个调皮男生，竟在他脸上划了一个'贼'字。"中央电视台《焦点访谈》栏目播出的一则新闻披露："2000年12月28日，在安徽淮南矿业集团新庄孜矿第三小学六(4)班教室的讲台上，发生了这样一幕：9名年仅十一二岁的学生被班主任强迫用小刀、剪刀当众刮脸直到流血为止。"

(3)侵犯学生隐私。私拆信件，公布日记等。例如：现在的学生比较早熟，小学阶段就有"早恋"现象，学生之间会产生朦胧的爱意。教师在教育这些学生时，往往会采取监控其信件、日记等做法，一旦发现，会公布其信件、日记内容，希望以此作为教育批评的榜样，并引起当事人的耻辱感，以杜绝"早恋"现象的发生。但是，教师却忘记了，这是学生的隐私，小学生也有自尊心，这样的行为会损害学生的自尊心，给学生留下无法愈合的心理创伤。

教师体罚和羞辱学生的现象与教师的心理健康相关。"师源性心理障碍"是指由于教师自身的心理素质和心理健康水平低下，引起对学生的不当教育行为，如讽刺、挖苦、体罚等，从心理学的角度分析，导致教师采用体罚手段的原因有如下一些因素：

第一，受个性心理特征影响。个性心理特征包括能力、气质与性格。其中气质与性格是反映人们之间个别差异的主要方面。心理学认为，气质虽然是在人出生之后表现出来的，但具有明显的遗传性特征。心理学家根据人的感受性、耐受性、反应的敏捷性、行为的可塑性、情绪的兴奋性以及外倾性与内倾性等特点，把人的气质分为不同的类型。研究表明，在不同气质类型的人中，有些气质类型的人生来具有暴力倾向，个性倔强、遇事不冷静、好逞强、好发火、好动手、喜好个人"痛快"、不顾后果。性格是一个人对现实的稳定的态度和行为方式。性格中具有与道德品质相联系的许多特征，比如大公无私、与人为善或损人利己等。另外一些与道德品质不直接相关，但往往从属于道德品质，比如虚荣心强、傲慢、偏执等。比如偏执性格的人，看人处事易走极端，这种人在认识上容易"认死理"，还好"坚持"到底，听不进别人的意见，把学生的一些小过失放大对待，通过体罚学生达成一种成就感、效能感。有的人控制欲强，当个别学生的行为偏离了群体的轨道，偏离了教师所指定的既定目标时，教师对其消极行为往往采取消极的控制方式予以矫正。因此，教师惩罚不守纪律的学生被看做是最安全的课堂控制方法。

第二，社会心理认知的影响。教师的权威心理会导致教师采用体罚方法。

教师体罚学生源于秩序和纪律，是维护自己家长式权威的心理反应。他们想通过体罚学生来捍卫师道尊严，建立或维护自己片面理解的教师权威，这是对社会赋予他的教育权力的滥用。泄压心理是影响教师采用体罚行为的原因。社会处在转型期，利益调整幅度大，生活节奏加快，人与人之间的碰撞增加，人的情绪变化大。有的人心理自我调适好，能正常宣泄，有的人则郁结在心头。教师也是这样，由于在校内外遇到不快之事，无法自我调节，最后就发泄在学生身上了。教师一旦发现个别学生违背自己的意志时，往往会迁怒于学生，并将其当做"替罪羊"，作为情绪宣泄的对象而加以体罚。尤其是当他们经常为困难的外界环境因素所控制却不思应对与积极调控时，其行为失当就是不可避免的了。

3. 对学生冷漠

比起偏爱和羞辱体罚来讲，冷漠更是一种可怕的状态。冷漠主要表现为对人怀有戒心甚至敌对情绪，既不与他人交流思想感情，又对他人的不幸冷眼旁观、无动于衷、毫无同情心。教师的冷漠表现为，上课夹着书本来，下课夹着书本走，教书是唯一任务，不愿意与学生打交道，更不用说关心学生的成长。学生成长的烦恼、学习的困惑完全是他们自己的事。教育事业中最重要的一个字便是"人"，教育是人与人交流的事业，教育是以更大的"人"为目标的事业。眼中看不见活生生的人，心中缺乏把学生当"人"的意识，便不会产生生动活泼的教育，也便得不到学生的爱戴与尊重。关爱教会关爱，冷漠教会冷漠。高尔基说，"只有爱孩子的人才能教育孩子"，那是因为爱孩子的人，才有教育敏感性，才能够体会孩子的所需。没有心与心的交流与沟通，教师和学生便只显示了其工具性价值，变成陌生的路人。关爱学生，尊重学生，保护学生，是教师最神圣的职业道德，不仅因为学生预示着人类的未来，更因为学生是正在发展着的人，是需要帮助的人，他们脆弱的心灵和躯体需要成人给予细心的呵护，他们能否步入幸福生活在一定意义上由教师在塑造着，因而这同时也是教师肩负的重大责任。

（四）忽视教师的育人职责

育人是教育的生命和灵魂，是教育本质的要求和价值诉求。教师不仅要关注学生的智力发展，更要关注学生的人格发展；不仅要关注学生的当前发展，还要关注学生的长远发展。教育的最高境界是满足每个人的个性需要和期望。1994年，联合国教科文组织通过的《萨拉曼卡宣言》首次提出了全纳教育的概念，就是为每个人提供一个有效的教育机会，同时符合每个学生或学习者不同的需求，也就是要让每个人获得他所需求的有效的学习机会。育人为本教育思想要求教育既要了解社会和文化的多样性，也要了解到每个人、每个学生都有着不同的个性，使教育能够满足每一个学生的需求和他们的期望。

忽视育人职责的课堂教学往往关注的是教师的成功，而忽略了学生的成功。有这样一个例子，一位孩子因为要上老师的公开课，前一天，要妈妈给他把校服洗了，也熨了，希望在课堂上表现得精神一些。可是到第二天却接到通知，他和另外几个孩子被剔除出去，不能参加公开课。原因就是他们的学习基础比较差，教师怕影响了公开课的质量，把他们挡在了课堂之外。李希贵在自己的反思中这样写道："课堂的结构可以不完整，但学生的人格发展要完整；课堂教学的脉络可以不够清晰，但每一位学生的学习情感、态度在教师的脑海里应该清晰；课堂的气氛不一定要堂堂火爆，但一定要努力让每一位学生都喜欢你的课。立足于学生成功的课堂，教师就是当然的成功者，这样的课堂也理应是成功的课堂。"

二、职业迷惘与师德困惑

教师职业迷惘与教师职业的社会地位、经济地位无关，而与教师职业越来越专业化的特征相关。由于教师职业正在逐渐成为一个专门职业，很多教师正在被自己从事多年的职业边缘化，在这个过程中，生出职业迷惘之感。

新时期教育改革在带给教育工作者兴奋和希望的同时，也给教育工作者带来了不可消解的迷惘。教育改革必然会带来新教育观念与传统教育观念之间的冲突，改造旧教育不是一日之功，维护旧教育的体制是一个系统工程，在旧教育体制没有被彻底摧毁之前，教育改革必然会出现反复现象。这些道理从理论上人人都可以理解，但在实践中却给教育工作者带来无所适从之感。

1. 改革带来的迷惘与不安

改革是20世纪80年代以来中国教育的典型特征。大大小小的改革几乎没有间断过，大的改革如1985年的学校管理体制改革、双基达标工程、高校扩招给基础教育带来的链式反应、素质教育改革以及21世纪初开始的基础教育新课程改革等。随着办学自主权的下放，地方性改革和学校内部改革更是名目繁多。地方政府和中小学校纷纷获得了较大的办学权利，调动了学校谋求发展的积极性。于是，中小学校为了寻求更好的发展之路，形成了你方唱罢我登场的热闹改革局面。可是让人眼花缭乱的改革给中小学教师带来的不只是兴奋，也有强烈的不适应感。

(1)中小学教师们普遍感到,学校正在自己身边逐渐陌生化。这些变化当中有些是令人兴奋的新鲜事物带来的,这些改革往往都自称会给教育带来更大的福利,使教师学生更加喜爱课堂。教师或多或少对这些导向教学的改革是怀有一些好奇和热心的,毕竟课堂是教师生活的主要场景。比如新的技术不断地进入教学环节,从最初的黑板粉笔到幻灯片的应用,由投影仪发展到多媒体的使用,网络教室、微格教室以及大型阶梯教室的出现……学校教学越来越脱离"常规",原本轻车熟路的教学工作也变得如此陌生,这不仅令那些中老年教师们感到无所适从,就连新毕业的大学生也感到难以应付。

教师们还必须面对不断翻新变化的教育理念。他们中有些人对近些年层出不穷的新名词新理念完全陌生,教师们不得不面对不断变化的教材和课程,不得不面对机灵而且难以对付的学生。教学改革一浪接着一浪,似乎从未停歇,又似乎总也不见成效;学生似乎也如九斤老太的口头禅"一代不如一代",师生关系紧张。有些教师仿佛一夜之间不会教书了。以往耳熟能详的方式,被否定了;新的方式,又尚未来得及掌握。

公开课上按照录像、光盘、优质课展演中看到的教学方式照猫画虎,演示与活动是充分了,学生是"动"起来了,可学生的思维水平是否真正提高了?教师们心存疑虑。回到"家常课"上,因为对教师的评价机制没有得到根本改变,考试成绩排名仍然是最重要指标,许多教师又依然故我。参与课程改革的积极性与表现并没有列入对教师的评价指标,造成了教师改革动力的缺失。而在一些学校,又将重大改革成果的取得作为重要评价指标,甚至凌驾于教师的正常教学工作之上,巨大的压力和诱惑反而容易加剧造假或使教师产生倦怠。

(2)教师的教育信仰衰落。自古至今,小到个人家庭,大到社会国家,人们无不抱着对"教育改变命运"的真诚信仰。然而,教师个人社会地位的改善与社会的进步并不同步,教师的经济和社会地位不升反降。一些非教学的改革宣称能够增加教师的福利,比如工资改革,但许多有关工资和福利的各项改革都在地方政府的托辞中被搁置下来,与社会其他行业相比,中小学教育的福利总体而言还是低下的。

教育也似乎不像人们所宣称的那样,改变学生的命运。教育和职业的代际传递,让很多家庭选择放弃进一步接受教育,教师也对自身价值产生怀疑。学校教育改革本身常常缺乏统一部署,甚至没有明确目标,给人们带来如同儿戏的感觉。从素质教育到新课程改革至创新教育到许许多多新教育理念的交替出现,冲击了教育者对教育自身严肃性的信仰,也冲击了社会对教育所残存的崇敬,改革在人们心目中总是与更好的状况相联系,然而现实的结果是改革的效果往往差强人意，甚至有时改革者反而成为笑柄，以至于在教师心中产生了这样的认识，"改革总是以失败告终"。

(3)新课改带来教育价值冲突。新课程改革不仅是课程体系或课程标准的改革，本次新课程改革是教育价值观念与教育教学模式的共同变革。教育价值观是一个价值体系，包括教育观、学生观、教师观、家长观、教育管理观、教育质量观等。总体而言，在这些观念中包含着共同特征，就是系统论、生态论的特征。比如，在新课改理念下，师生关系是一种建立在相互尊重基础上的、动态的平等对话关系。首先是建立在教师与学生相互尊重的基础上的，这种相互尊重在要求教师尊重学生的同时，也要求学生尊重教师。其次，这种关系是建立在教师与学生地位平等的基础之上的，在相互尊重与地位平等的基础之上，教师与学生之间是一种动态的对话关系。再如教师与家长是沟通、对话的关系，一方面，教师客观、全面地把学生的情况告诉家长，并指导、帮助家长制订出有针对性的教育计划；另一方面，家长也能及时了解学生在校学习、生活和与他人交往的情况，提供学生在家庭、社区的生活和活动情况，并与教师一起共同寻求教育学生的最佳途径。

新课程改革要求教学理念重建。新课程改革要求教学过程由"专制"走向民主；由封闭走向开放；由专家走向教师；由立足结果走向立足过程。因而要求教师确立全新的教学理念，建立民主的教学关系，改革教学与学习方式，重建教学管理与评价制度。在新课改中产生的一些新的教学方式如合作学习、探究教学等均是对这一学习理念的贯彻。

新课程改革倡导学习理念的改变。学习是自主的、意义生成的过程，教师尊重并且支持学生的独特体验，而不是以一般的、公认的知识来代替学生的自我知识；倡导的学习方式是发现学习，它以问题的形式把学习内容间接呈现出来，学生是知识的发现者。传统教学向学生展示学习内容以及结论，它束缚了学生们的思考兴趣，培养了一批懒于思考，弱于提问，更不善于发现问题的学生。

2. 教学变得复杂而陌生

新课程理念由于强调学生的广泛参与，强调学习的过程性与独立性，强调师生平等，强调个体经验的地位，这种观念导致许多在传统教育中相对单纯的教育现象变得复杂起来，令教师普遍感到难以应付。

(1)师生关系如何处理。师生关系是教育中最重要的影响因素，它的影响甚至大于教师本人的学术水平。传统的师生关系虽然强调教师对学生的关爱，但更强调学生对教师的尊敬，在这种师生关系中，教师的权威地位是首要的，教师对学生的关爱仅是教师在此前提下发生的。而新教育理念，要求师生平等对话，强调师生的交往关系。从教师一方讲，这样的师生关系对教师而言是巨大的负担，交往是双方相互理解的前提，在交往中双方能够进入彼此的生活世界，达到深层理解，这对于构建和谐师生关系当然是有效的。然而，这样的师生关系从教育伦理上讲，则可能侵犯了教师的独立空间。在日常生活中，并不是任何人都可以交往，每一个人都会选择自己的交往对象，然而在新教育理念所描述的师生关系中，教师需要无可选择地与每一个学生交往，事实上这是不可能的，因为尽管很少有哪个教师对学生怀有敌意，然而，教师无法完成关注每一个学生的使命。

（2）课堂秩序如何维持。新课程改革要求教师的一系列日常教学行为发生相应的变革，比如关于学生在课堂中的地位，新课程改革前后产生几种相互冲突的观念，传统教学中，学生往往被置于被动地位，相当于教学的客体；在新课程改革中逐渐升起了两种观念，一种是在课堂中教师和学生是双主体；另一种则更加强调学生的主体地位。这两种观念是不是意味着要放手让学生活动？放开的程度如何控制？处理不当，课堂会乱成一窝蜂，师生都会像无头苍蝇一样，没有方向感。

（3）如何处理教材。传统教学模式下，教材是教师教学的主要资源。教师只需要死扣教材，就可以保证学生取得好成绩。批评者认为传统的教学把教材本身看作了绝对权威，不是教学，而是"教'教材'"。新课程改革鼓励学生的独立思考与理解，鼓励学生对标准答案的质疑，有的教育者甚至提出，允许并鼓励学生犯错，因为学生在错误中才能成长；同时新课程改革鼓励教师多方挖掘课程资源，教材不再是唯一的教学资源。那么如何处理教材？这是不是就意味着可以放任学生随意解读课本？如何处理学生个人见解与标准答案之间的关系？处理不当，便会导致教师把更多的个人见解强加给学生，或者由于无法处理教材和学生个人见解的关系，导致无果而终，随之出现新的教学行为问题，如教师胡言乱语、对课程内容随意发挥等。

多年来教师已经习惯了作为"知识传授者"这一角色，突然间转换成为学生学习的"辅助者"的角色让教师诚惶诚恐，畏葸不前。角色转变会给教师带来没有依据的漂浮感，更可能是毫无成就的痛苦感。许多中小学教师在课程改革初期曾经十分兴奋，积极投身于课程改革，但实际的结果却常常是自食其果，由于考试方式不变，改革者往往成为失败者。经历过改革伤痛的教师会变得明哲保身，不再敢于冒险尝试新的改革。

（4）产生了新的学习问题。新课程改革提倡学生自主、合作、探究的学习方式，这是对以教师为主的"一言堂"式的教学方式的批判与变革，那么，传统的讲授法还能不能在课堂上使用？自主、合作和探究的学习方式被认为是更为有效的学习方式，这种学习方式更加强调让学生们自己去理解，课堂常常被分为若干个小组，由学生自己组织讨论、提出问题并尝试解决问题，组织得好这种教学方法的确能够改变传统课堂被动学习的弊端。但是，是不是每一个学生都能够适应这种学习方式？对于学习主动性差的学生而言，这种教学方式能不能照顾到他们的需要？他们会不会在这种方法中落得更远？小组教学的风险可能比班级讲授的风险更大，因为在小组中，实际上控制小组学习进程的，是小组中学习能力较强的学生，但学生的主要任务是学习，他至少不会像教师那样更多关注其他组员是否理解。处理不当，就会产生新的教育不公平或差生歧视，那些在小组中很少有发言机会的学生，或在探究活动中很难参与的学生，则会成为新的被边缘化对象。

3. 教师的职业幸福感降低

幸福这个词语在今天的学校教育和教师群体中频频出现，人们不断地提出问题，教育为何让儿童不幸福？教师为何不幸福？还有一些新的名词如教师职业幸福、教育幸福、幸福教育等，这些词语的出现，实际上表征着教育正日益成为一项最不幸福的事业。

英国教师援助网曾组织过一次研究，他们了解到这样一些情况。在教师教育学院录取的教师中，40%的人中途放弃了学业；15%的人改学教育的其他分支学科；另有10%的人仅仅做了3年老师便改行。因此，大约仅有1/3的人最终会选择教师作为终身职业。会议上提供了一项英国政府的调查数据，教师的疾病水平面大约是每年10天。教育界49%的病退申请都是因为精神原因。教师的幸福感确实面临挑战。

教师幸福感的降低与当代学校生活复杂有关。当代教育理念强调，教师需要不断地适应新时代的要求，改造自己原有教学观念，提升教学能力。教师不再是以往成熟和权威的形象，其自身也需要不断成长。因而教学活动就成为学生和教师共同成长的活动。为了达到这一目标，除了传统的备课、教学、辅导学生、管理班级、批改作业之外，听课、评课、写教学反思、写案例也成为教师教学工作的必须环节。为了评职称还要写论文，有时还要迎接上级的检查验收。教师的共同感受是学校的事务性工作越来越多。教师要花费大量精力参加各种培训、应付各种教学检查、汲汲于各种与自己利益相关的评比活动。校园变得不再安静，充斥着名利之争。除了奔波在课堂和办公室之间，老师们还要填一张又一张名目繁多的表格，写一篇又一篇计划、总结、论文、教学反思、教学案例，准备一份又一份课题验收或质量评估的材料，参加一个又一个层次不同、规模各异的会议和培训，还要参与课题研究、开展学生活动……同时，在没有一定准备和基础的情况下，课题研究也给教师带来了些许惶恐与不安。

　　教师的幸福关系到教育本身的质量和前途，人们相信，不幸福的教师难以教育出幸福的学生。一个社会的教育事业不能由不幸福的教师承担，社会必须为教师幸福问题求解。许多研究已然表明，教师之所以不幸福与这一职业的社会地位、经济地位和职业压力相关。有人提出通过提高教师社会地位和经济待遇来提升教师幸福感，也有人提出减少教师工作压力来提升教育幸福感，也有人从提高教师对幸福的体验能力方面来设法提升教师的幸福感。

专题七 现代社会的师德培育和师德修养

提升教师职业道德素质，需要提高对师德建设重要性的认识，需要制订科学合理、切合实际的教师职业道德规范，也需要对师德建设中存在的问题进行有效分析。但归根到底，师德的提升需要有效的培育和持续的修养。在现代社会，师德培育和修养具有重要意义，其目标就是培育忠实践履《中小学教师职业道德规范》的教师，培育受学生爱戴、让人民满意的教师。

一、师德培育和修养的意义与目标

(一)师德培育和修养的意义

1. 师德是教师最重要的素质

教师作为人类文明的传承者和知识的重要传播者与创造者，所从事的是一项创造性的精神文化工作。这项工作对教师自身素质的要求是很高、很特殊的，并非所有的人都能胜任这一工作。美国克莱斯勒汽车公司前主席李·雅科卡说："在十足的理性社会中，只有最优秀的人才能成为教师，而其他人只能做一些次要的工作。"

一般地说，教师要完成自身的工作任务，需要具备思想道德素质、学科专业素质以及基本的教育教学理念和教育教学技能等几个方面的素质。在教师素质结构整体中，不同的素质各有各的用处，各有各的地位和价值。思想道德素质主要解决教师的工作动力、精神境界和职业操守问题，解决教师愿不愿意从事教师工作、愿不愿意教或愿不愿意教好等深层次的精神动力问题。学科专业素质主要解决教师"教什么"的问题。教育教学理念和教育教学技能主要解决教师"怎么教"的问题。教师素质结构中各个要素的地位不是平均的、等值的，其中师德是教师最重要的素质，是教师素质的核心和灵魂。对此问题，可以从三个方面认识：

(1)这是由教师的地位、作用、职业特点以及教师所担负的特殊责任所决定的。教师的工作对象不是僵硬的被动的物质，而是活生生的、个性能力性情迥异的受教育者，是有不同智力、不同需求、不同期待的学生。教师的基本职责不是创造某种物质产品，不是种树种草、放牧养殖、采矿冶炼，而是传播人类文明，启迪人类智慧，塑造人类灵魂，培育人类精神，开发人力资源。易言之，教师的天职是教书育人。教书意味着传播知识和创造知识，育人则意味着塑造学生的精神世界，培养学生的良好品行，激发学生的创新精神，促进学生的全面发展。而要履行教书育人的职责，没有过硬的思想素质和职业道德水平，没有较高的师德素养，是决然不行的。在现代中国，广大教师肩负着培养社会主义事业建设者和接班人的神圣职责，是亿万青少年学生成长的引路人。这是一项十分崇高、神圣和艰巨的责任。要完成这样的任务，高尚的师德就是一个最重要的保障。

（2）师德对学生思想和行为有巨大的影响和教育作用。教师之所以必须具备较高的师德素养，除了履行教师的基本职责外，还有一个十分重要的原因在于：教师自身的行为操守对学生的精神塑造和行为养成有巨大的影响。这一点在中小学生身上表现得尤为显著。心理学和教育学的相关研究表明，在少年儿童行为习惯形成过程中，模仿是一种基本的学习方式和养成方式。其中，父母和教师是少年儿童最主要的模仿对象，因而也是对他们品德养成和行为习惯养成影响最直接、最深刻的人。父母的一言一行深刻影响着孩子的思想和行为，教师的行为同样深刻影响着学生的思想和行为。教师是学生认识外部世界的一扇窗户，是学生把握社会生活的一面镜子。一个学高身正、乐以忘忧、富于人格魅力和学识魅力的教师，本身就是学生进行自我道德学习和行为积累的精神源泉和智慧宝藏。相反，一个精神萎靡、思想颓废、师德表现不佳甚或有失德行为的教师，其所作所为会直接毁坏学生对学习、对人生、对世界的美好憧憬和信任，直接影响学生良好思想行为的养成。试想，在少年儿童幼小心灵深处，老师都不可信任，还有谁值得信任呢？胡锦涛在谈到师德对学生的影响时指出："高尚的师德，是对学生最生动、最具体、最深远的教育。"[1]温家宝在谈到师德对学生的影响时也深情地说："教书者必先强己，育人者必先律己，教师的道德品质和人格对学生有重要的影响。教师要注重言教，更要注重身教。教师的日常工作虽然是平凡的，但教育工作的意义却是不平凡的。教师应该自觉地加强道德修养，率先垂范，既要有脚踏实地、乐于奉献的工作态度，又要有淡泊明志、甘为人梯的精神境界。以自己的高尚人格教育和影响学生，努力成为青少年学习的良师益友，成为全社会尊敬的人。"[2]

---

[1] 胡锦涛：《在全国优秀教师代表座谈会上的讲话》，2007-08-31。

[2] 温家宝：《百年大计，教育为本》。

(3)从教师自身职业发展动力方面看,高尚的师德直接决定着教师的工作动力、职业满足感和职业幸福感。教师虽然是人类文明的传承者和知识的重要传播者,教师工作虽然是一项十分崇高、神圣的工作,但在社会生活中,由于各种因素的影响,教师职业并不是人们争先恐后优先选择的职业,更不是社会上的热门职业。广大教师尤其是农村中小学教师在工作和生活中存在着太多的困难、难题和无奈。尤其是在中国社会深刻变革、市场经济深入发展、收入分配差距持续拉大、价值选择日益多元化的历史背景下,教师们的精神困惑必然会越来越多。当此之时,高尚的师德就发挥着为广大教师提供精神支柱和工作动力,使广大教师保持职业满足感和职业幸福感的作用。仅仅为了不让一个山区的孩子失学,一个教师就可以忍受孤独寂寞、甘愿平凡、默默无闻、奉献一生;仅仅为了不让那些内心充满渴望的孩子和家长失望,一个教师就可以奉献自己的全部青春年华。这就是普通教师的伟大形象,这就是高尚师德的巨大魅力。

2. 师德建设是教师队伍建设的首要环节

百年大计,教育为根本;教育发展,教师是关键,已经成为全社会的共识。建设一支高水平的教师队伍,是发展教育事业,提高教育质量的关键所在。胡锦涛在谈到教师队伍建设时说:"教师是人类文明的传承者。推动教育事业又好又快发展,培养高素质人才,教师是关键。没有高水平的教师队伍,就没有高质量的教育。尊重教师是重视教育的必然要求,是社会文明进步的重要标志,是尊重劳动、尊重知识、尊重人才、尊重创造的具体体现。"[1]他要求必须高度重视和切实加强教师队伍建设,必须吸引和鼓励优秀人才从事教育工作,必须形成尊师重教的良好社会风气。温家宝对教师队伍建设也提出了明确要求,他说:"百年大计,教育为本,教育大计,教师为本。有好的老师,才能有好的教育。要建设一支献身教育的高素质教师队伍。教育规划要把加强教师队伍建设作为一个重要内容,要采取有力措施吸引全社会最优秀的人才来当老师,提高教师队伍特别是农村教师的整体素质。"[2]这些论述抓住了教育发展的关键环节,也表达了提高教师队伍素质的强烈愿望。熟悉教育发展的人都明白一个基本事实,即提高教育质量,关键在教师质量。俗语"名师出高徒"反映的就是这个道理。我国城乡之间、区域之间教育发展的不均衡,一个关键环节就是教师队伍质量和水平的不均衡。近年来城市基础教育发展中矛盾突出的"择校"现象,说到底实际上是选择教师的竞争,是优质教师资源之争。

师德建设或教师职业道德建设虽然仅仅是教师队伍建设的一个方面,但从

---

[1] 胡锦涛:《在全国优秀教师代表座谈会上的讲话》,2007-08-31。
[2] 温家宝:《百年大计,教育为本》。

地位和重要性上考量，师德建设是教师队伍建设的首要环节，也是最为重要的一个方面。关于师德建设的重要性，在我国也是一个不言而喻的命题。各级各类学校在教师队伍建设上，历来是把师德建设放在首要位置的，从中央到地方的各级党委政府以及各级教育行政部门，历来也是把师德建设作为教师队伍建设的头等大事来对待。重视师德建设，是一个具有鲜明中国特色和中国风格的教育发展工程。2004年颁布的《中共中央国务院关于进一步加强和改进未成年人思想道德建设的若干意见》明确指出：要"切实加强教师职业道德建设。学校全体教职员工要树立育人为本的思想，认真贯彻《中华人民共和国教育法》《中华人民共和国教师法》和《中小学教师职业道德规范》，热爱学生，言传身教，为人师表，教书育人，以高尚的情操引导学生德、智、体、美全面发展。"2005年颁布的《教育部关于进一步加强和改进师德建设的意见》在论述加强和改进师德建设的重要性和紧迫性时指出："加强和改进师德建设是全面贯彻党的教育方针的根本保证，是进一步加强和改进青少年学生思想道德建设和思想政治教育的迫切要求。教师是人类灵魂的工程师，是青少年学生成长的引路人。教师的思想政治素质和职业道德水平直接关系到大中小学德育工作状况和亿万青少年的健康成长，关系到国家的前途命运和民族的未来。我们要从确保党的事业后继有人和社会主义事业兴旺发达的高度，从全面建设小康社会和实现中华民族伟大复兴的高度，从落实科学发展观，落实科教兴国、人才强国战略的高度，充分认识新时期加强和改进师德建设的重要意义。"这两个文件对师德建设重要性的论述，不是局限于师德建设对学生和教学本身的影响作用，而是站在国家前途命运和民族未来的高度，站在确保党的事业后继有人和社会主义事业兴旺发达的高度，站在全面建设小康社会和实现中华民族伟大复兴的高度，来强调加强和改进师德建设的重要性，立意高远，值得人们深思。事实上，师德建设也是教育改革发展的内在需要，师德建设水平也是人民群众对教育工作满意与否的一个重要标尺，是办让人民满意教育的题中应有之义。

3. 青年教师加强师德修养的特殊意义

讨论师德建设的重要性，必然涉及青年教师的师德修养问题。青年教师作为中小学教师队伍的一支重要力量，他们的师德素养如何，直接关乎教师队伍的整体道德素质。

(1) 青年教师已经成为中小学教师队伍的主力。青年是社会发展的未来，也是教育事业发展的希望。近几年来，随着教师培养、补充机制的不断创新，我国中小学教师队伍的整体面貌发生了新的变化。其中一个重要的新变化是，教师队伍总体上呈年轻化态势，中青年教师在各级各类教育中所占比例不断增大，已经成为中小学教师队伍的绝对主力。据教育部发布的数据，2008年，全国普通中小学专任教师1 056.64万人,其中小学562.19万人、初中346.90万人、高中147.55万人。从年龄结构上看,35岁以下的小学、初中和高中教师分别占43.41%、53.62%和56.46%;45岁以下的小学、初中、高中教师分别占70.54%、85.78%、89.72%。从这些数据看,除小学教师外,35岁以下初中、高中教师均超过了教师队伍的半数,而45岁以下的中青年教师均占绝对比例,中青年教师已经成为中小学教师队伍的主力军或绝对主体。在这种情况下,加强中小学教师队伍的师德建设,实际上主要是加强中青年教师的师德培育和师德修养的问题。中青年教师的师德建设搞好了,他们的师德素养提高了,中小学教师队伍整体道德素质的提高就有了可靠的保障。从这个意义上看,加强青年教师的师德培育和师德修养,具有特殊的意义和价值。

(2)青年教师作为教师队伍的新生力量,处在师德修养的草创和奠基时期。一个教师要形成良好的道德素质,培育稳固的师德行为,必然需要长期的行为积累和实践磨炼。师德培育和师德修养贯穿于一个教师职业生涯的全过程。与中老年教师相比,青年教师进入教育教学岗位的时间还比较短,他们的教育教学经验还比较少,对教书育人、为人师表等教师道德规范的深刻内涵的把握和理解也还比较肤浅。这一时期是师德培育和师德修养的起步和奠基时期,是一个人逐渐学习、体悟、认同和接受师德规范、培育师德素质的关键时期。这一时期对师德规范和教师风范认识和接受的状况,将直接关乎一个教师整个职业生涯里的师德修养状况。在这一奠基时期,如果一个教师能认真学习师德规范的基本要求,准确把握师德规范的深刻内涵和精神实质,并不断在教育实践中磨炼积累,将会为其整个教师职业生涯奠定坚实的道德基础。

(3)从现实情况看,青年教师道德生活中存在着不少缺陷和不足。目前我国中小学青年教师的整体状况还是比较好的,他们有很多优点和优势。例如,青年教师的知识基础比较扎实,知识面广,掌握的新知识多,获取新知识的手段和渠道也比较多;他们生活观念新,观察和思考问题的视野新,有闯劲、有活力。再如,教师队伍学历合格率显著提高,青年教师的学历层次在逐年提升,高学历教师比例逐年增加,青年教师队伍的整体素质不断提高。

但是也要看到,中小学青年教师身上也存在许多问题和不足。在工作动力和工作热情方面,一部分青年教师职业动力不足、缺乏职业自豪感和职业幸福感,敬业精神不足,精力投入不够。从一定意义上说,这是一个比较普遍的问题。在现代社会,大学毕业生包括师范院校毕业生在职业选择方面的首选是政府工作人员、公共服务部门工作人员、外企员工等,而不是中小学教师;他们选择的地方是北京、上海、广州、深圳等大城市,而不是中小城镇和农村。这样的职业选择趋向严重影响着一部分青年教师的职业动力和职业精神的确立。

从事中小学教师工作，对于很多青年教师来说可能是一种被动的选择或权宜之计。据统计，2008年中小学教师在城乡分布上的状况是：城市教师216.36万人，县镇360.27万人，农村480.01万人，县镇以下中小学教师占到79.5%。按照以上的分析，在县镇以下尤其是农村中小学青年教师中，缺乏职业动力和职业精神的教师占相当大的一部分。在道德行为方面，有些青年教师生活上自由散漫，纪律观念淡薄，集体意识淡薄，责任心缺乏；有些教师不能以身作则、为人师表；有些教师社会兼职过多，工作投入不足，心思没有放在教学和学生身上；更有甚者，有些教师行为不检，酒后上课，与教师形象极不相称等。在部分青年教师中，还存在职业诚信或学术不端行为以及利用职务之便谋取私利的行为。这些现象的存在，给青年教师的师德培育和师德修养提出了严峻的挑战和课题。加强青年教师的道德修养，提高他们的道德素质和道德水平，是中小学教师队伍建设和师德建设的一个紧迫任务。我们还要看到，青年教师的一部分人属于"80后"一代，他们普遍缺乏艰苦生活的磨炼，在价值观、人生观、生活观等方面存在着与其前辈迥然不同的问题，在加强青年教师师德建设时，要充分考虑这一特点。

(二)师德培育和修养的目标

确定师德培育和师德修养的目标，有很多视角，也有很多标准。在不同历史时代和不同国家，师德培育和师德修养的目标是不尽相同的；在同一个国家教育发展的不同阶段，师德培育和师德修养的目标也会呈现出不同的阶段性特征。在现代中国社会，在教育发展的新的历史阶段上，确立中小学教师师德培育和师德修养的目标，可以选择两个视角来进行考察，即规范层面的考察和社会满意度层面的考察。规范层面主要考察中小学教师能否忠实践履《中小学教师职业道德规范》的要求；社会满意度层面主要考查学生、学生家长和社会大众对特定教师的品性和德行是否认可和满意。

1. 培育忠实践履《中小学教师职业道德规范》的教师

规范即标准，规范即目标。在现阶段，由教育部和中国教科文卫体工会全国委员会重新修订的《中小学教师职业道德规范(2008年修订)》(下同)就是中小学教师师德培育和师德修养的"法"，也是中小学教师师德培育和师德修养的具体标准和目标。认真学习和领会《中小学教师职业道德规范》的精神实质和道德内涵，在实践中忠实践履《中小学教师职业道德规范》(下简称《规范》)的具体要求，是广大中小学教师进行师德培育和师德修养，提升师德境界的基本途径。换句话说，我们进行师德培育和师德修养的目标，就是要培育忠实践履"爱国守法、爱岗敬业、关爱学生、教书育人、为人师表、终身学习"等规范、具有高尚道德情操的优秀教师，在这些教师身上，要全面体现上述规范的基本要求。能够做到这六个方面的要求，就已经是一个具有较高师德修养的教师了，而做到这一点并不是一件轻而易举的事情。

为什么说忠实履行《中小学教师职业道德规范》就达到了师德培育和师德修养的目标？可以从以下三个方面理解：

(1)新《规范》的六条基本内容，体现了教师职业特点对师德的本质要求。原教育部长周济对《中小学教师职业道德规范》中每一个规范的地位和意义，提出一个精辟的概括，他认为：爱国守法是教师职业的基本要求；爱岗敬业是教师职业的本质要求；关爱学生是师德的灵魂；教书育人是教师的天职；为人师表是教师职业的内在要求；终身学习是教师专业发展不竭的动力。其中，爱和责任是贯穿新《规范》六条基本内容的核心和灵魂。可见，新《规范》的六条基本内容，每一条都紧扣教师职业的基本特点，反映了教师职业特点对师德的本质要求，因而能够成为中小学教师遵循的职业道德规范，成为中小学教师师德培育和师德修养的目标。

(2)新《规范》的六条基本内容，涵盖了教师职业活动的主要关系和方面。众所周知，道德要求本身就是调节一定社会关系的行为规范。毫无疑问，中小学教师职业道德规范也是用来调节中小学教师职业活动的各种关系的。中小学教师职业活动所涉及的关系很多，基本的关系无非是教师与国家、教师与社会、教师与教育事业、教师与学生、教师与家长、教师与学校的关系，其中教师与学生的关系是一个最基本的、核心的关系。从新《规范》的六条基本内容来看，"爱国守法"调节教师与国家、人民的关系，是教师作为公民的一个基本道德责任；"爱岗敬业"调节教师与教育事业、教师岗位、教学工作的关系，这一规范也是各行各业共有的一个道德要求；"关爱学生"调节教师与学生的关系，这是教师职业活动的一个核心关系，因而也成为师德的灵魂；"教书育人"调节教师与教育教学、教师与学生的关系，这一条最能体现教师职业的特点，也是教师职业与其他职业最鲜明的一个区别；"为人师表"是一个内涵极为丰富的规范，调节教师与集体、教师与同事、教师与家长、教师与社会的关系，同时也体现教师自处的道德要求；"终身学习"调节教师与专业、与知识进步的关系，是教师教书从业的基本保障。从这里可以看出，新《规范》的六条基本内容涵盖了教师职业活动的主要关系和主要方面，调节这些关系的道德规范完全可以作为师德培育和师德修养的目标。

(3)新《规范》的六条基本内容，反映了经济、社会和教育发展对师德提出的新要求，具有与时俱进的精神品质。新《规范》不是因循守旧、落后时代的，而是紧跟时代步伐、与时俱进的，完全可以指导现时代中小学教师的师德培育和师德修养。为了更为准确地把握新《规范》的内涵和精神实质,有必要对新《规范》的改进之处作一简要分析。《中小学教师职业道德规范(2008年修订)》是在《中小学教师职业道德规范(1997年修订)》的基础上进行修订的。新《规范》与原有《规范》相比,有很多改进和创新之处。首先,从规范条目上看,原有《规范》有8条规范,新《规范》为6条规范。新《规范》比原有《规范》更简洁,内容更集中、更具概括性。在新《规范》和原有《规范》中,只有"爱岗敬业"和"为人师表"是名称完全一致的规范,其他规范的名称表述均不一致。其次,新《规范》增加了一些新的道德要求,同时合并了一些道德规范。第一条规范"爱国守法"增加了"爱国"要求;原《规范》第三条"热爱学生"改为新《规范》第三条"关爱学生",并且增加了"保护学生安全"的条目;第四条规范"教书育人"在原《规范》中不是一个独立的条目,只是"爱岗敬业"规范中的一个条目,在新《规范》中变成了独立规范;不仅如此,"教书育人"规范中还增加了"不以分数作为评价学生的唯一标准"的条目;第五条规范"为人师表"在原《规范》中虽然是一个独立规范,但内容相对单薄,新《规范》的"为人师表"不仅合并了原《规范》中"团结协作""尊重家长""廉洁从教"三个规范,而且增加了"知荣明耻"的条目,还明确提出"自觉抵制有偿家教"的新要求。第六条规范"终身学习"是一个全新的要求,原《规范》中"严谨笃学"的内容并入"终身学习"规范中。可见,新《规范》根据经济、社会、科技和教育发展的客观要求,增添和补充了大量体现时代特征的新内容,为师德建设注入了全新的活力。按照新《规范》的要求进行师德培育和修养,不仅体现传统师德的魅力,而且体现时代趋势,反映时代潮流,对于推进师德建设和师德素养的提高具有重要指导价值。

2. 培育受学生爱戴、让人民满意的教师

规范层面的考察为我们提供了一个评判师德培育和修养目标的直观标准,可以帮助我们在标准的意义上把握师德培育和师德修养的目标。但仅有规范层面的考察还是远远不够的。还需要从教育对象及其利益相关者满意度或社会满意度的层面对师德培育和修养目标进行考察。这样的考察是一种追寻价值依据的考察,是对教师职业道德素养的更深层次的拷问。

一个教师是否具有高尚的道德情操,是否履行了师德规范所规定的各项标准,评判者不应当是教师本人,而是作为受教育者的学生、学生家长以及社会大众。学生是否认同和爱戴教师,家长是否对教师的德行表示满意,一个教师在同事中间或周围群众中是否具有某种声望和影响,这些因素构成衡量师德培育和师德修养是否有效的最重要、最有效的尺度。也就是说,受学生爱戴、让人民满意,是评判一个教师职业道德素养的根本标准,也是判定一个教师是否具有高尚师德的价值依据。这里实际上已经阐明了评判师德修养水平的价值依据和标准。就像一部文学作品被人们广泛阅读,一个作家被读者倾心崇拜,一个演员被观众深深喜爱一样,学生的崇敬和爱戴是对一个教师的最高褒奖。一个具有人格魅力和学识魅力的老师会永远被学生记住,这种记忆往往能够经得起时间的长久考验。

什么样的教师会得到学生的爱戴?什么样的教师能让广大人民群众尊重和满意?严格说来,这不是一个理论思辨问题,而是一个活生生的实践问题。在中小学教师广阔的教育教学实践中,我们可以找到对此问题的令人满意的答案。

在中小学校我们看到,那些充满人格魅力、诲人不倦、为人师表、默默奉献的教师,是最能让学生和家长肃然起敬的。教师的高尚人格是他们深受学生爱戴的一个根本原因。中小学教师的工作是极其平凡的,尤其是那些在偏远山区学校工作的教师,他们的工作更是十分琐细枯燥、默默无闻。有的教师在山区学校一干就是一辈子;有的教师所在的学校仅有一名教师、几个学生,冷冷清清;在交通不便的山区,有的教师不仅教书还要负责接送学生,陪学生翻山越岭、背学生过河的事成为工作的一部分,工作量极其繁重。如此等等,不一而足。正因为有千万个这样的教师,所以默默奉献成了广大中小学教师在人们心目中的一个典型印象。在我国东部发达地区或大中城市的中小学校,有大量默默无闻、无私奉献的教师;在中西部欠发达地区尤其是一些偏远的农村中小学校,这样的教师更多、事迹更感人。无论条件怎样艰苦,老师们都能克服困难认真备课上课,保证教育质量。春来暑往,送走一批批老学生,迎来一批批新学生,为人师表,无怨无悔。正是这样的高尚情操和人格魅力,使他们赢得了学生的爱戴和家长的认可。

■ 二、师德培育和修养的原则

师德培育和修养的原则是指师德培育和师德修养的基本指导思想。这些原则确定师德培育和师德修养过程中要处理的一些基本关系,划定相应的道德界线,揭示师德培育和师德修养的不同境界,提供师德素养评价的标准和尺度。认识和把握这些原则,对于有效进行师德培育和师德修养,具有重要指导意义。

(一)尊重教师的道德主体性和创造性

从哲学高度审视,主体和主体性问题是典型的哲学问题。主体是与客体相对的一个范畴。客体是指主体所要认识和把握的外部客观世界,既包括客观的外部自然世界,也包括客观的社会历史发展过程。主体就是指作为社会活动的发动者和承担者的人。人作为社会活动的主体，其活动首先要受外部客观世界的制约，人只能在外部客观世界所确定的范围内活动，人不可能超越外部客观世界及其规律的限制。但同时，人在外部客观世界及其规律面前也不是完全被动和消极的，人的活动有自身巨大的能动性、主动性和创造性特征。人不仅可以认识和把握外部客观世界的本质和规律，而且可以利用对本质和规律的把握改造外部客观世界，使外部世界发生有目的的变化，以实现自身的目的，满足自身的需要。这种对外部世界的认识、把握和改造作用，就是人的主体性。可见，人的主体性实质上就是人的社会活动的主动性、能动性和创造性。按照这样的逻辑，作为道德主体的人也是有道德主体性的。人的道德主体性体现在：人不仅可以确定道德规则，进行道德选择、道德评价、道德教育和道德修养，而且可以开拓新的道德生活，进行新的道德探索，提升和创造新的道德境界。

在师德培育和师德修养过程中，广大教师就是道德主体。作为道德主体，教师们具有巨大的道德主体性、能动性和创造性。

(1)广大教师具有遵守师德规范的高度主动性和自觉性。教师是社会上科学文化水平、道德素质和文明素养都比较高的群体，也是最能体现社会良心、维护自我形象和担当社会责任的群体。这几乎是社会的一个共识。由于教师职业的特殊性以及他们所具有的科学文化素质的影响，教师对职业道德规范的认同和遵守的程度一般是比较高的。教师的职业环境和工作方式也有其特殊性，教师每天要站在讲台上直接面对大批的学生。面对渴求知识和充满期待的学生，绝大多数教师都会自觉地遵守职业道德规范，自觉地约束自己的行为，自觉地维护自身的道德形象。在中小学校，优秀教师更是职业道德规范的忠实履行者和模范实践者。教师对于职业道德规范的自觉遵守，是他们的道德主体性的一个基本表现。

(2)广大教师是新道德生活的开拓者和创造者。教师不仅具有遵守职业道德规范的高度主动性和自觉性，而且他们还在不断追寻新的道德生活，攀登新的道德境界。无论中国外国，在中小学教师队伍中都有一大批优秀的教师。对这些教师道德生活实践的考察使我们确信，在优秀教师身上有一些共性的优秀行为品质和道德元素。例如，高度的工作责任心、主动性和创造性；对教书育人的全力投入和无私奉献；对知识的不懈追求和精益求精；不断更新教学观念和改进教学方法；对学生的倾心关爱、谆谆教诲；在平凡琐碎甚至有些枯燥的教学工作中追寻崇高的道德精神等。这些品质虽然与一个教师长期所受到的培养和教育有关，但不可否认的是，它们在很大程度上是教师们主动学习、主动创造、自我修养的结果。每一个优秀教师都是一座道德宝藏，在他们身上体现着许多优秀的道德品性。在优秀教师的责任心、主动性和创造性热情中，我们能感受到他们身上的道德激情和道德活力。优秀教师不是强制的结果,高尚的师德不是逼出来的,而是教师们自我发展、自我修养的结果。如果教师自身没有进行道德修养的积极性和主动性,道德建设的效果将会大打折扣。

作为师德培育和师德修养的原则,尊重教师的道德主体性和创造性,首先意味着要相信教师在道德上的自我发展能力,相信教师群体本身所蕴藏的巨大道德力量,尊重广大教师在道德实践中的主动精神和创造精神,保护他们进行道德创造的积极性。在这方面,单纯的说教和强制是苍白无力的。同时,社会和学校还要为广大教师在道德上的自我发展和自我修养创设良好的环境和平台,以此促进教师职业道德水平的提高。

(二)把遵守法律法规与践履道德规范统一起来

进行师德培育和师德修养,提高教师的道德素养,不能仅仅局限在道德自身的范畴内,眼光和视野要放宽一些。要超越道德的视域,把遵守法律法规和践履道德规范统一起来。

之所以要把遵守法律法规与践履道德规范统一起来,主要基于法律和道德之间的密切关联性。众所周知,人类社会的治理需要规则调节,对规则的遵循形成一定的社会秩序。社会生活中的规则有很多种类,构成一个复杂的规则体系。其中,法律和道德是两种最重要的社会规则。法律和道德交互作用,共同调节着人们之间的社会关系,维系着社会生活秩序。从理论上分析,法律和道德之间有区别也有联系,有分工也有互补。

(1)法律和道德之间有明显的区别。从产生和制定方面看,法律是一种国家意志,是由专门的国家机构制定的;道德则不是由专门的国家机构制定的。从实施和执行方面看,法律以国家暴力为后盾,由特定的国家权力机构来保障;道德则主要依靠社会舆论和内心信念的方式作用于社会。再深入一些说,道德主要涉及"应然"和"应当"的生活领域。作为"应然"和"应当",道德带有明显的倡导性、劝服性特征。道德主要通过社会舆论、风尚习俗、内心信念等方式作用于人们的内心,启发人们的道德自觉,从而达到敦风化俗、精神教化和行为约束的效果。道德作用的方式明显不同于法律。

(2)法律和道德有密切的关联性。一方面,在同一个社会中,法律和主流道德往往指向共同的社会目标,二者在实施过程中也常常相互支撑。在一个治理良好的良序社会里,法律规定与主流道德价值不能相互冲突,道德为法律的合理性正当性提供根据,法律的实施为道德建设提供最后保障,二者是相辅相成的。另一方面,有些法律条文和道德规范还是相互重叠、彼此渗透的。例如,《中华人民共和国宪法》就明确规定爱祖国、爱人民、爱劳动、爱科学、爱社会主义的"五爱"规范为全体公民的国民公德。《中华人民共和国教师法》也明确规定教师要遵守职业道德，为人师表，关心爱护全体学生，尊重学生人格，促进学生在品德、智力、体质等方面全面发展。而这些要求事实上都是标准的道德要求。同样，许多道德规范中不仅规定了"守法"的要求，而且有些道德规范也以类似于法律条文的禁行性规定表达出来。例如，《公民道德建设实施纲要》和《中小学教师职业道德规范(2008年修订)》就明确地把"爱国守法"作为首要的道德要求。再如，在《中小学教师职业道德规范(2008年修订)》中，前五条规范的最后一个规定都是禁行性的要求。如不得有违背党和国家方针政策的言行；不得敷衍塞责；不讽刺、挖苦、歧视学生，不体罚或变相体罚学生；不以分数作为评价学生的唯一标准；自觉抵制有偿家教，不利用职务之便谋取私利等，很好地体现了倡导性与禁行性的统一。这些禁行性规定体现教师职业道德的阶段性特征，针对当前师德建设中的共性问题和突出问题，具有较强的针对性和可操作性。

　　道德要求的主要特征的确是倡导性和劝导性的，但是，这绝不意味着道德要求是可有可无的，可以遵守可以不遵守，想遵守就遵守不想遵守就不遵守。事实上，道德本身也带有某种强制性。除了前面所说的道德规范所包括的一些禁止性要求之外，还有一个重要事实是，道德责任和道德义务本身就带有一定的强制性特征，就是一个人必须履行的责任。在道德生活中，不履行道德义务和道德责任，会受到社会舆论的谴责，也会受到内在良心的谴责。这种强制力往往是非常强大的。

　　在师德培育和师德修养中，强调把遵守法律法规与践履道德规范统一起来，意味着中小学教师在进行师德培育和师德修养时，不仅要认真学习和实践《中小学教师职业道德规范(2008年修订)》的各项道德要求，做忠实履行道德规范的典范；而且要认真学习和遵守相关的法律法规，尤其是教育领域的法律法规，做遵守法律法规的公民。一个连法律法规都不能认真遵守的人，很难想象他能够成为遵守道德规范的典范，很难想象他在道德发展的阶梯上能走多远。进行师德培育和师德修养，提升道德素养和道德境界，要从遵纪守法做起。

(三)把强化道德激励与保障教师权益结合起来

　　广大教师作为师德培育和师德修养的主体，具有巨大的道德主体性、能动性和创造性，这是不争的事实。但是，在构成教师工作积极性、主动性的深层动力系统中，道德激励仅仅是一种动力，而不是全部动力。换言之，即使在教师这个科学文化素质、道德素质和文明素养比较高的群体中，道德激励也不是万能的，道德的作用也是有限度的。仅靠道德激励或道德约束还不足以规范教师的行为，真正调动广大教师的工作积极性和主动性。因此，对于广大普通教师来说，进行师德培育和师德修养，要特别强调把明确道德责任、加强道德教育、强化道德约束与保障相关权益、提高物质待遇结合起来。实践反复证明，尊重教师劳动、保障教师权益、提高教师待遇、解决教师实际困难等，是保障师德培育和师德修养有效性的一个重要条件。

为什么在进行师德培育和师德修养的过程中要保障教师权益、提高教师待遇？既是一个复杂的理论问题，也是一个具有挑战性的实践问题。从理论上说，这个问题已经触及深奥的哲学层面，触及哲学中关于人类及其本性的理性沉思。为了使复杂问题简单化，我们无须去讨论哲学家们就这个问题所提出的无数抽象命题，我们把问题仅仅限制在教师作为普通劳动者的特性上来讨论。教师所从事的职业无论怎样特殊，对教师群体的素质要求无论怎样高过其他人，无论我们给予教师多少神圣的头衔，都改变不了一个简单的事实：教师也是普通劳动者，教师职业也是个人谋生的一种手段和方式。既然是谋生手段和方式，那么，与其他普通劳动者一样，教师们在工作中也会看重物质待遇和经济收入，也会有追求个人生活幸福的强烈愿望。这些追求同样构成推动教师积极工作的一个深层动力和动机。谁都不能否认，这是天经地义、顺理成章的事情。尤其是在改革开放和发展社会主义市场经济的历史背景下，这一点显得更为突出和现实。从这个意义上说，教师不是神仙圣人，不能把教师神化。要调动教师的工作积极性和主动性，就必须保障他们的权益，提高他们的待遇，提高他们的社会地位；要吸引优秀人才和优秀青年从事教师工作，就必须给他们以强有力的精神激励和物质刺激。加强教师队伍建设，强化师德培育和师德修养，必须面对这个看似庸俗却具有必然性的事实。

关于保障教师权益、提高教师待遇的重要意义，我们还可以从另一个视角得到确证。多年来，我们始终强调要形成"尊师重教"的社会风尚、"让教师成为社会上最受尊敬的职业"，但实际情况却是，教师职业尤其是中小学教师职业并没有真正成为社会上最受尊敬的职业，也没有成为优秀人才和杰出青年竞相追逐的职业目标。原因何在呢？毋庸讳言，根本原因还在于教师的经济待遇不高，教师的社会地位不显著。社会上的各种职业选择调查数据也证明，大学毕业生的职业首选是政府工作人员、公共服务部门工作人员、外企员工等，而不是中小学教师。我们常常看到，一个公务员岗位的招聘考试，经常会有成百上千的优秀青年报名竞逐，场面绝对堪称悲壮。反观教师职业，尽管我们一直在强调教师职业的光荣和神圣，尽管我们给予教师们各种各样的光荣称号和神圣头衔，尽管党和政府一直在努力改善教师的生活环境、提高教师的待遇，但教师职业仍然不是大多数青年职业选择的优先选项，更不是优秀人才和杰出青年竞相追逐的职业目标。两相对比，我们对保障教师权益、提高教师待遇在教师职业道德建设中的作用和意义会有更深刻的体悟。

关于保障教师权益，提高教师待遇，胡锦涛和温家宝都有明确的论述。胡锦涛指出："必须高度重视和切实加强教师队伍建设。要采取有力措施，保障教师的政治地位、社会地位、职业地位，维护教师合法权益。要随着经济发展不断提高教师待遇，依法保障教师收入水平，完善教师医疗、养老、住房等社会保障。要特别重视农村教师队伍建设，千方百计帮助农村教师排忧解难。要满腔热情关心教师，努力改善教师的工作、学习、生活条件，为教师教书育人创造良好环境。"[1]温家宝在谈到解决农村教育发展问题时说："农村教师在农村教育中起着关键作用，农村教师当前所面临的最大问题，一个是待遇问题，一个是素质问题。当然，这两个问题也是相互联系的。待遇问题，工资、职称、住房这些都应该逐步加以解决和提高。"温家宝的下面一段话是耐人寻味的："一个国家有没有前途，很大程度上取决于这个国家重视不重视教育；一个国家重视不重视教育，首先要看教师的社会地位。国家从今年起对义务教育阶段教师实行绩效工资，保证教师平均工资水平不低于当地公务员平均工资水平。我们要继续发扬中华民族尊师重教的优良传统，不断提高教师的政治地位、社会地位和生活待遇，把广大教师的积极性、主动性、创造性更好地发挥出来。各级政府都要满腔热情地关心和支持教育工作，积极改善教师的工作和生活条件。中小学教师非常重要，要像尊重大学教授一样尊重中小学教师。要大力宣传教育战线的先进事迹，营造良好的舆论氛围，让尊师重教蔚然成风，让教师成为全社会最受人尊敬、最值得羡慕的职业。"[2]

事实上，改革开放以来尤其是近几年来，党和政府对保障教师权益、提高教师待遇、提高教师社会地位是非常重视的，一系列提高教师待遇、改善教师生活的政策举措在贯彻落实。在提高教师待遇的各项政策中，最重要的、影响面也最大的是从2009年1月1日起，对义务教育阶段教师实行绩效工资，切实保证教师平均工资水平不低于当地公务员平均工资水平。一百个承诺抵不上一个实际行动。党和政府对教师权益和待遇的关心表明，让教师成为社会上最受尊敬的职业决不能仅仅停留在口头上或文件里，而要落实在行动上，落实在教师的各种权益和待遇中。要让教师真正扬眉吐气，真正活得体面和有尊严，这样才能激发教师的职业光荣感、职业自豪感和职业幸福感，调动教师教书育人的主动性、积极性和创造性，教育质量的提高和教育事业的发展才有可靠的保障。

---

[1] 胡锦涛：《在全国优秀教师代表座谈会上的讲话》，2007-08-31。
[2] 《温家宝在北京市第35中学调研时的讲话》，载《中国教育报》，2009-09-07。

[阅读链接]

义务教育学校绩效工资制度

根据国务院安排,从 2009 年 1 月 1 日起,义务教育阶段教师实施绩效工资制度。在义务教育学校实行教师绩效工资制度,是对教育人事制度的深化改革,也是党和国家持续推进教育优先发展战略的又一重大举措。实行教师绩效工资制度的主要政策有:

(1)总量核定:义务教育学校绩效工资总量按照学校工作人员上年度 12 月份基本工资额度和规范后的津贴补贴水平核定;其中,义务教育教师规范后的津贴补贴平均水平,由县级以上人民政府人事、财政部门按照教师平均工资水平不低于当地公务员平均工资水平的原则确定。

(2)绩效工资构成:义务教育学校绩效工资总量的 70% 作为基础性部分,绩效工资总量的 30% 作为奖励性绩效工资,由学校按照规范的程序和办法自主分配,主要体现工作量和实际贡献等因素。在绩效考核的基础上,合理确定奖励性绩效工资分配等次,一般按学期或者学年发放。

(3)经费保障:义务教育学校实施绩效工资所需经费,纳入财政预算。按照"管理以县为主、经费省级统筹、中央适当支持"的原则,确保落实到位。

(四)把履行道德职责与追求高尚境界统一起来

在中小学教师师德建设实践中,由于受各种条件制约,广大教师在道德发展阶梯上存在着很大的个体差异,显现各种不同的行为层次和道德境界。一般来说,大多数教师能够严格按照教师职业道德规范的各项要求约束和规范自己的行为,努力践行爱国守法、爱岗敬业、关爱学生、教书育人、为人师表和终身学习等道德规范。这部分教师构成教师队伍的主体。一些教师在道德修养方面倾心投入、孜孜不倦,成为受学生爱戴、被社会赞扬的道德典范。还有一部分教师在道德修养方面放松要求,不能按职业道德规范约束自己,甚至出现了失德违法的行为。这两部分教师在整个教师队伍中所占的比例都不大。上述三种情况大致反映了中小学教师师德培育和师德修养的客观实际。从道德评价角度看,第一种情况属于严格履行道德义务和道德责任的正当道德行为;第二种情况属于超义务的、高尚的道德行为;第三种情况则属于违反道德的不道德行为或道德上的落后行为。从这里可以看出,师德培育和师德修养是有不同层次和境界的。

从伦理学的高度审视,道德本身就区分为不同的层次,人们在道德发展阶梯上存在着高与低、先进与落后之分，人们的道德修养和人格修养境界也是各不相同的。中外伦理学关于道德层次性和道德境界问题，曾提出过各种不同的观点。例如，孔子把人区分为君子与小人两种类型，又强调仁人与圣人为两种不同的人格境界。哲学家冯友兰把人格境界概括为自然境界、功利境界、道德境界和天地境界四个等级。在西方思想史上，法国思想家卢梭把道德原则分为两个层次：一个是最高的层次，向人们提出"应当为善"的要求，即要求人们应当为他人和社会利益献身；另一个是较低的层次，向人们提出"不要损害他人"，即不要损人利己的要求。在现代伦理学中，美国伦理学家彼彻姆对道德理想和道德层次性的讨论就值得关注。彼彻姆认为存在着两种类型的道德善性："一种属于那些履行义务要求的人，另一种属于那些履行义务以外的值得赞扬的行为的人。"[1]换言之，存在着两种形式的道德，即"普通的道德"和"非普通的道德"。在彼彻姆看来，"普通的道德"基于对个人道德义务和道德责任的遵守和履行，它是对个人的最低限度的道德要求，并且带有一定的强制性，是被要求的；而"非普通的道德"对绝大多数人来说是无法实行的，它以一套道德理想为基础，是超越道德义务，成为这样的人是值得赞扬的。这种超越道德义务的行为无须进行强制，它完全出自行为者的自愿。

根据道德生活实际和以上理论，也为了分析的便利，我们可以把道德行为和道德境界区分为两个不同层次，即行为正当层次（普通善）和高尚行为层次。这两个道德层次分别对应于广泛性道德和先进性道德要求的层次。遵循广泛性道德要求的行为在道德价值等级上属于正当或普通善的层次；遵循先进性道德要求的行为在道德价值等级上属于高尚的层次。从角色义务和职业责任方面考察，履行角色义务和职业责任的行为就属于正当范畴的行为，超出角色义务和职业责任的行为就属于高尚范畴的行为。一般来说，正当或普通善的层次是较低层次的道德要求，是对人们起码的、基本的道德要求。高尚的行为则属于高层次的道德要求，是对人们较高的道德期望和要求。作为正当或普通善层次的道德要求，构成人们的基本道德义务和道德责任，而道德义务和道德责任的基本特点是"被要求"或"被规定"。这就意味着，道德义务与道德责任带有一定的必须性、约束性和强制性的因素，是一个人应当做而且必须做的，人们可以据此评判一个人的基本道德素质和境界。如果一个人不履行"被要求"或"被规定"的义务和责任，就会受到不同形式的谴责和惩罚。如不完成其职务所规定之义务的职员将受到处罚或被开除，玩忽职守的官吏会被降职或免职，不赡养父母

---

[1] [美]彼彻姆：《哲学的伦理学》，256页，雷克勤、郭夏娟、李兰芬、沈珏译，北京，中国社会科学出版社，1990。

的子女将受到社会谴责或被强制要求履行义务。尽管道德上的强制不像法律上的强制那么强烈或具有暴力性质,但它所表现的必须履行的倾向则是显而易见的。而作为高尚层次的道德要求,则不具有"被要求"或"被规定"的属性,它是人们自觉选择和自主追求的结果,其基础和依据是高度的道德自律。易言之,高尚不是"被规定"的,而是主体自我追求和设定的。在现实生活中,行为的道德高尚性或高尚行为不仅意味着所遵循的道德标准是先进的和高层次的,同时也意味着道德行为超越了自身的角色义务和职业责任的范围。从本质上说,"超越"是先进性道德或高尚行为的一个重要特征,而所谓"超越",实质上就是超出个人的职业责任和角色义务范围。例如,英雄人物或模范人物的行为都有一个共同特征,即超越义务性。他们所做的一些事情往往超出个人职责或责任范围以外。既不是法律上的要求,也不是角色义务要求和职业、职务的要求,甚至也不是严格意义上的公民道德义务。可以说,英雄模范之所以为英雄模范,关键之点在于"超越"。

在整个社会道德建设和公民道德建设中,遵循道德层次性和道德生成发展规律十分重要。在师德培育和师德修养中,区分不同道德层次和道德境界也十分重要和必要,也是道德生成发展规律和逻辑的必然要求。明确道德的个体差异和道德的层次性,有利于对广大教师的道德选择和道德行为作出科学的、可靠的、实事求是的评价,有利于调动广大教师的积极性。强调道德的个体差异和道德的层次性,还可以防止在师德培育和师德修养上超越道德发展阶段、脱离广大教师思想实际的倾向,增强师德建设的针对性,使师德培育和师德修养真正产生实效。

从具体要求上看,在师德培育和师德修养中区分普通善和高尚行为,其基本内涵是要求广大教师把履行基本道德职责与追求高尚师德境界统一起来,学校和社会把履行基本道德职责和追求高尚师德境界结合起来评价教师的道德品行。一方面,每个教师都要忠实履行《中小学教师职业道德规范》的要求以及其他方面的道德要求,把教师职业道德规范切实落实到教育教学的各个方面。这是身为教师的基本道德责任和道德义务。身为教师而不遵守起码的、基本的道德义务,本身就失去了做教师的资格和权利。实事求是地说,《中小学教师职业道德规范》的道德规定,并不是很高的、难以实践的道德要求。例如,爱国守法本身就是公民道德的基本要求,是公民最起码的道德职责;爱岗敬业是对所有从业者的基本职场道德要求;关爱学生是教师的一个基本道德责任,其核心是一个爱字,没有爱就没有教育;教书育人是教师的天职;为人师表是教师职业的内在要求。在现代社会,终身学习也不是一个很高的道德要求,而是一个全球性的、普通的公民道德要求。对于教师来说,上述要求没有一个是超越职责之外的。从这个意义上说，忠实履行《中小学教师职业道德规范》，绝不是对教师们的过分要求，而是广大教师应当履行的基本职责。另一方面，要鼓励教师追求高尚的师德境界。强调遵守教师的基本道德职责和道德义务，并不是要否定教师作为道德主体的道德主体性、主动性和创造性，并不是要否定广大教师对高尚道德情操的追求。在中小学教师队伍中，的确有一大批师德高尚的教师群体，在他们身上凝聚着教师们高迈的人生理想和价值追求，他们是广大教师学习的典范，也理应得到全社会的颂扬。

三、师德培育和修养的方法与途径

确立师德培育和修养的意义与目标，为师德培育和师德修养指明了努力方向；明确师德培育和师德修养的原则，为师德培育和师德修养提供了指导方针。在此基础上，还要探索师德培育和修养的基本方法和途径。

(一)师德培育和修养的基本方法

在中外伦理学和道德发展历史上，人们创造和实践了很多关于道德培育和道德修养的方法，这些方法同时也可运用于师德培育和师德修养。其中主要有：道德学习与自我反省方法、正面引导与典型示范方法、道德实践与道德积累方法。

1. 注重道德学习与自我反省

学习是个体认识和把握世界的一种基本方式。通过学习，人们获得对外部自然界本质和规律的认识，并不断提升驾驭自然、变革自然的能力；通过学习，人们学会区分是非、美丑、善恶，形成基本的道德价值观念。学习无论对于一个人还是对于一个民族，都是一件充满价值和魅力无穷的事情。学习开阔一个人的眼界和视野，丰富一个人的内心世界，提高一个人的文明素养；学习让一个人变得文明、高雅、富有智慧。学习也关乎一个民族的科学文化素质和文明道德素质的提升，关乎一个民族在世界历史发展中的地位。众所周知，在漠视学习的低文化人群中，往往盛行粗俗、不文明、低级趣味、迷信、盲从甚至野蛮；而在善于学习的高文化群体中，则大多推崇文明、文雅、高雅、优雅等情趣。从道德行为演进的过程看，一个人道德行为的养成首先是从道德学习和道德认识开始的。通过道德学习，人们首先产生道德认识或认知，继而激发道德情感，形成道德信念和道德信仰，最终转化为道德行为。通过道德学习，一个人会逐步了解和掌握一个社会、一个组织或一个职业的道德要求，逐步确立做人做事的基本道德观念。概言之，学习不仅是人类发展进步的基础，而且是全部道德行为演进的前提和基础。道德学习构成道德教育和道德修养的前提。

进行师德培育和师德修养，也要把学习作为基本立足点，从学习和掌握教师职业道德规范开始。一个人的师德观念和师德情操不是内心自生的，而是通过学习从社会获得的。教师的道德学习包括很多内容，如学习道德规则、学习道德人物、学习道德经验、学习道德行为等。从大的方面说，教师的道德学习包括对整个社会主义道德规范体系的学习，对公民道德建设规范的学习，对社会主义核心价值体系的学习，对社会主义荣辱观的学习等。从小的方面说，对于中小学教师来说，道德学习的首要内容就是《中小学教师职业道德规范》所规定的各项道德要求，同时还要学习中外历史上优秀教育家和优秀教师所积累的丰厚道德经验。在当今时代，全民学习、终身学习已成为一种世界性的潮流和趋势。对于中小学教师来说，为了提高自己的知识水平和道德修养，养成良好的学习习惯和阅读习惯就是至关重要的。现在一些中小学教师阅读面太窄，很多教师的阅读仅限于教材和教辅材料，这对于教育本身的前景来说是很危险、很可悲的事情。教师职业的特殊性决定了教师必须要做社会上有文化的人，而阅读和学习是走向文化之途的必由之路。阅读的本质就是与古今中外有文化有见识有修养的人对话、沟通和交流。阅读不仅使人增加知识，也在不知不觉中提高人的道德素养和文明素养。道德培育和道德修养的过程绝不是一个轰轰烈烈、风风火火的过程，而是一个潜移默化、润物无声的过程。这个过程常常就是在静静的阅读中实现的。所以，对于中小学教师来说，为了提升自身的道德修养水平，就必须坚守学习、学习、再学习和阅读、阅读、再阅读的信条。

道德学习为师德培育和师德修养提供了基本立足点和认知前提，其作用毋庸置疑。但仅有道德学习还远远不够。在学习的基础上还要不断对自己的所思所想、所作所为进行检查和检点，坚守正确行为，修正缺陷和不足。这种对自身行为的自我检查和检点，就是道德上的反省或内省功夫。反省或内省的本质在于：凡事强调从自身找原因，自己与自己算账，自己检查自己，自己修正自己，自己完善自己。强调内省和反省在道德完善中的重要作用，是一个最具有中国传统风格的道德修养方法，也是孔子和整个先秦儒家所强调的最重要的一种道德修养方法，也可视为儒家道德修养方法最突出的特色。《论语》中关于内省或反省的言论很多，典型的有："曾子曰：'吾日三省吾身——为人谋而不忠乎？与朋友交而不信乎？传不习乎？'"[①]"子曰：'见贤思齐焉，见不贤而内自省

---

① 《论语·学而》。

也。'"① 这些言论的主旨都在于强调自我检查、自我反省的重要性，主张通过反思和反省，达到行为自我约束的目的。孟子更强调反省和内省的作用，他在很大程度上已把"反求诸己"上升为一个具有普遍意义的修养方法。孟子的经典论述有："仁者如射：射者正己而后发；发而不中，不怨胜己者，反求诸己而已矣。"②"孟子曰：'爱人不亲，反其仁；治人不治，反其智；礼人不答，反其敬——行有不得者皆反求诸己，其身正而天下归之。'"③孟子思想的要旨在于，强调一切行为从主观上和内在方面寻找原因，而不要从外部环境中寻找原因，要自己和自己算账。这一方法看似消极，缺乏进攻性，但从个人道德修养的视野观察，这是一个最可靠、最有效的方法。只有从自身找原因，自己和自己算账，主动权才能始终掌握在自己手上，个人在道德上才能不断进步和完善。一味强调客观环境的作用，凡事怨天尤人，个人在道德上就会停滞不前。

进行师德培育和师德修养，同样需要对自己的思想和行为不断进行反省和检查。现代教师专业发展理论强调，教师要成为"反思型"专家。要求教师对自己的课堂教学过程要进行回顾和反思，总结和保持好的方面，纠正不足的方面。这一方法与师德培育和修养中的反省和内省方法，精神实质是一致的。要求教师对自己的思想和行为进行反省或内省，实质上就是要求教师时时刻刻注意检点自己的思想和行为，努力做到"不以善小而不为，不以恶小而为之"，从小处着手，防微杜渐，把不符合教师职业道德要求的思想和行为扼杀在萌芽状态。只有这样，师德培育和师德修养才能沿着正确的轨道不断向前发展，个人道德境界的提升才有可靠的保证。

2. 强化正面引导与典型示范

在任何一个社会，由社会集体所进行的道德宣传、道德教育、道德引导活动，都构成该社会道德培育和道德塑造活动的一个重要组成部分。同时，为了直观形象地宣传和阐释社会道德要求，各个社会都会树立一批道德典范，阐扬某种道德人格，作为人们学习效仿的对象。这里所描述的实际上是道德培育或道德教育的两种基本方法，社会性的引导活动就是道德教化和正面引导；树立道德典范就是典型示范作用。

在思想政治教育和道德建设中强化正面引导和典型示范，是中国共产党在长期革命和建设实践中所形成和积累的一个优良传统和宝贵经验。在社会主义道德建设实践中，正面引导和典型示范方法的作用是十分明显的。通过正面引

---

① 《论语·里仁》。
② 《孟子·公孙丑上》。
③ 《孟子·离娄上》。

导，可以旗帜鲜明地告诉广大人民群众坚持什么、反对什么、赞扬什么、谴责什么；从而在全社会营造健康向上、积极有为的精神氛围。当今世界，在道德价值观领域，社会主义核心价值体系和资本主义核心价值体系的斗争是长期的和激烈的。西方敌对势力对我和平演变的图谋始终没有停止过，他们在价值观方面的腐蚀和渗透每时每刻都在进行，青年人是他们争夺的主要对象。作为中小学教师队伍绝对主体的青年教师也深受西方价值观的冲击和影响。因此，在经济全球化和价值观念多元化的历史背景下，强化正面引导，高扬主旋律，深入进行社会主义核心价值体系的宣传教育，意义十分重大。

  榜样是活生生的道德典范。榜样的示范作用不同于一般的道德教育，它具有直观性和形象性的特点，能通过形象的感染力直接打动人们的心灵，激发人们的道德情感。在师德培育和师德修养中，榜样的作用同样是不可低估的。《教育部关于进一步加强和改进师德建设的意见》规定："每年教师节组织师德主题教育活动，以庆祝教师节和表彰优秀教师为契机，集中开展师德宣传教育活动；在三年一次全国性的教师和教育工作者表彰奖励中，表彰师德标兵、优秀班主任、辅导员、德育工作者和德育先进集体；组织师德典型重点宣传和优秀教师报告团活动，大力褒奖人民教师的高尚师德，广泛宣传模范教师先进事迹，展现当代教师的精神风貌，进一步倡导尊师重教的良好社会风尚；举办师德论坛，促进师德建设的理论创新、制度创新和管理创新，推动师德建设工作实现科学化、制度化。"自1986年以来，教育部会同人事部等部门先后进行了9次全国优秀教师和教育工作者表彰奖励，共表彰了4.9万人。2009年教师节，人力资源和社会保障部、教育部联合表彰了500个"全国教育系统先进集体"；831名"全国模范教师"和"全国教育系统先进工作者"。教育部还表彰了2 014名"全国优秀教师"和"全国优秀教育工作者"。在这些先进教师群体中，有各方面的先进典型：既有长期扎根在教育教学第一线，特别是在农村艰苦边远地区默默耕耘、无私奉献的先进典型，也有在积极探索教育教学改革、教书育人、科技创新等方面成绩显著的模范人物。既有在2008年抗震救灾中作出突出贡献的英雄教师，也有在乌鲁木齐"7·5"事件等重大事件中表现突出的优秀教师。2009年的评选还强调了"三个倾斜"，即向农村学校倾斜、向义务教育学校倾斜、向职业教育教师倾斜。(《中国教育报》2009年9月10日)其实，除此之外，各省、市、县、学校每年都要评选表彰优秀教师。各级各类优秀教师为广大教师树立了学习的榜样，在他们的带动下，广大教师勤奋敬业、为人师表，为我国教育事业的发展作出了巨大的贡献。事实证明，评选模范教师，用模范教师的事迹教育感染广大教师，是进行师德培育和师德修养的一个有效方法。

3. 注重道德实践与道德积累

从道德生成角度看，无论是道德行为的养成还是道德品性的培育，都不是孤立的、一次性完成的活动，而是一个连续实践和逐步积累的过程。道德培育和道德修养从本质上说就是一个道德行为和道德品性逐步积累的缓慢实践过程。因此，在道德培育和道德修养中，要特别重视道德实践与道德积累的作用。

关于道德实践与道德积累，中外思想家有很多经典论述。在中国古代思想家中，孔子和荀子最重视道德实践和道德积累。孔子对道德实践和道德积累的阐释，首先体现在其言行关系论。孔子重言更重行。《论语》记载："子曰：'古者言之不出，耻躬之不逮也'"[①]"子贡问君子。子曰：'先行其言而后从之'。"[②]"子曰：'君子欲讷于言，而敏于行。'"[③]这些言论都强调行的重要性，说明在言与行之间，孔子更注重行。与孔子一样，荀子也特别重视"行"的作用。例如他说："不闻不若闻之，闻之不若见之，见之不若知之，知之不若行之。学至于行之而止矣。"[④]不仅如此，荀子更重视道德上"积"或"积靡"的作用。强调道德积累的意义，突出"积"在行为养成中的作用，是荀子伦理思想的一个鲜明特色。荀子说："积土成山，风雨兴焉；积水成渊，蛟龙生焉；积善成德，而神明自得，圣心备焉。"[⑤]在荀子看来，人能成为什么样的人，与自己的行为实践和长期积累密切相关，他说："人积耨耕而为农夫，积斫削而为工匠，积反货而为商贾，积礼义而为君子。"[⑥]他还说："习俗移志，安久移质"，"故人知谨注错，慎习俗，大积靡，则为君子矣；纵性情而不足问学，则为小人矣。"[⑦]可见，要养成良好的道德行为，要成就完善的道德人格，就必须经过艰苦的实践活动和长期不懈的道德积累。

西方思想家对道德实践和道德积累也非常重视。亚里士多德非常重视"实现活动"在道德生成中的作用，并强调道德习惯养成的极端重要性。他认为，伦理德性由风俗习惯沿袭而来，在本质上属于行为习惯，只有在"实现活动"的基础上，人们才能获得伦理德性，"实现活动"是德性生成的基础。他说："正如其他技术一样，我们必须先进行实现活动，才能获得这些德性。我们必须制作才能

---

① 《论语·里仁》。
② 《论语·为政》。
③ 《论语·里仁》。
④ 《荀子·儒效》。
⑤ 《荀子·劝学》。
⑥ 《荀子·儒效》。
⑦ 同上。

学会。"①建造房屋，才能成为营造师；弹奏竖琴，才能成为操琴手；做公正的事情才能成为公正的，进行节制才能成为节制的，表现勇敢才能成为勇敢的。因而，总的说来，品质追随着相同的实现活动。德国哲学家黑格尔在论述个人品德问题时也强调，"德"是行为整体的倾向，"德"是由人的一系列行为决定的。黑格尔说："一个人做了这样或那样一件合乎伦理的事，还不能就说他是有德的；只有当这种行为方式成为他性格中的固定要素时，他才可以说是有德的。德毋宁应该说是一种伦理上的造诣。"②黑格尔还说："主体就等于它的一连串的行为。如果这些行为是一连串无价值的作品，那么他的意志的主观性也同样是无价值的；反之，如果他的一连串的行为是具有实体性质的，那么个人的内部意志也是具有实体性的。"③应当说，亚里士多德和黑格尔关于德性的讨论是十分中肯的。就个体道德品性的养成而言，实践和行动的确起着关键性的作用。一个人在道德上会成为什么样的人，一个人可能形成怎样的道德品性，从根本上取决于他做什么或实践什么。一种稳定的行为习惯、行为方式或"德"的养成，绝不仅仅是通过教导和培养所能解决的问题，它更需要长期的实践和磨炼，需要长期的行为"养成"。道德生活中所存在的一个主要矛盾并不是"知不知"的问题，而是"行不行"的问题，是"知而不行"或"知行相悖"的问题。

关于道德实践和道德积累的作用，也是马克思主义伦理学所一贯强调的。从哲学和伦理学的高度看，马克思主义最强调实践的作用。在马克思主义哲学体系中，实践的观点是首要的和基本的观点。实践不仅是人们全部认识活动的基础，而且是人的全部教育培养活动的基础。党和国家的教育方针就特别强调教育与生产劳动和社会实践相结合。毛泽东在谈到个人道德修养时说："一个人做一件好事并不难，难的是一辈子做好事，不做坏事。"这里所强调的就是道德实践和道德积累。事实上，在道德行为和道德品质养成过程中，实践和积累是两个最重要的要素。没有长期的行为实践，没有经年累月的行为积累，就谈不上道德培育和道德修养。我们衡量一个好的飞行员，一个重要指标是他的飞行时数；一个演员或运动员只有通过长期的刻苦训练，才能使自己的艺术造诣或运动技能臻于成熟。同理，一个道德模范的品质也是在若干年默默奉献的过程中积淀而成的。

在中小学教师道德培育和道德修养过程中，也需要强化道德实践和道德积

---

① [古希腊]亚里士多德：《尼各马可伦理学》，28 页，苗力田译，北京，中国社会科学出版社，1999。

② [德]黑格尔：《法哲学原理》，170 页，北京，商务印书馆，1961。

③ 同上，126 页。

累的作用。中小学教师进行道德培育和道德修养，需要进行道德学习和自我反省，也需要加强正面引导和典型示范的激励。但仅有这些还远远不够。一个教师优秀道德品质的形成，还需要在教育教学活动中的长期磨炼，尤其是要经受艰苦环境的磨炼和考验。在历年所评选的全国模范教师和优秀教师中，许多优秀的中小学教师都是在偏远地区的艰苦环境中成长起来的。他们扎根山区，扎根农村，一干就是几十年，一干就是一辈子。可以说，他们的优秀品质是"走出来"的、"做出来"的，甚至是默默忍耐出来的。从前文所提供的几个案例就可以确证这一点。近几年来，为了加强中西部农村中小学教师队伍建设，国家采取了一系列措施，如启动实施"农村义务教育阶段学校教师特设岗位计划"、城镇教师支援农村教育计划等。这些计划的实施不仅提高了农村中小学教师队伍的整体素质，提高了教育教学质量，也使广大青年教师通过艰苦环境的磨炼在个人道德素质方面有了极大的提高。同时，全国一些高等师范院校在进行教师教育改革过程中，也广泛开展了"实习支教"或"顶岗支教实习"活动。这项活动的基本内容是组织高年级师范生到农村中小学进行为期一个学期的教育教学活动。这项活动的收获是多方面的。通过"实习支教"或"顶岗支教实习"活动，学生们的教育教学技能得到提高，教育教学理念得到更新，就业观念也得到更新，就业能力大大提高。但无论是指导教师还是支教学生，大家普遍认为参与支教生活的最大收获是：学生们的意志品质得到磨炼，社会责任心和工作责任心大大增强，吃苦精神、奉献精神和爱心得以确立，感情得到升华，境界得以提升。"实习支教"或"顶岗支教实习"学校大多分布在偏远山区，那里的生活条件普遍比较艰苦。面对艰苦的生活环境，面对一个个渴望求知的贫穷的山村孩子，你将如何选择？在整个实习活动中，同学们时时刻刻都在经受着精神的冲击和心灵的震撼，这在很大程度上为他们进行自我修养和自我磨炼提供了机会。这是一种难得的人生经历和生活磨炼，对于一个青年人来说，亲身参与过这样的实践锻炼和生活磨砺，将使他们终身受益。从这里我们也可以看出，一个人的道德成长，尤其是青年人的道德成长，是需要艰苦实践的磨炼的。"艰难困苦，玉汝于成"，同样适用于中小学教师的师德培育和师德修养。

（二）正确处理自律与他律、教育与管理的关系

1. 注重自律与他律、教育与管理的结合

在道德行为、道德品质的形成过程中，有两种起作用的基本力量：一种是外在约束即道德他律；另一种是内在约束即道德自律。外在约束主要表现为道德教育、舆论监督和社会管理的力量，内在约束则集中表现为道德信念、道德良心、道德自觉性的作用。在师德培育和师德修养中，要保证道德规范真正深

入人心，真正变成广大教师的实际道德行为和道德品质，就必须处理好他律与自律、教育与管理的关系。

众所周知，道德价值的基本特征是自律。道德之所以为道德而区别于法律规范或政治规范，主要就在于道德是人类精神的自律。在道德抉择和道德品行形成过程中，个人的道德主体性、主动性、创造性等自律精神发挥着十分重要的作用。在一定意义上可以说，人在很大程度上是自我选择、自我塑造的结果。道德自律虽然有极其重要的作用，但道德行为的养成却不完全是由自律本身决定的，而是自律与他律交互作用的结果。有一个事实很典型：现实生活中大量违法败德行为的产生，并不是因为人们不通晓规则，而是由于不遵守规则或故意违反规则造成的；有时候也不是因为缺乏社会道德教育，而是因为社会管理措施不到位。知行相悖、明知故犯行为大量存在的深层原因，一方面在于一些人缺乏真正的道德自律精神；另一方面也说明社会管理和道德调控的力度不够。这从一个侧面说明了加强社会管理、强化道德他律的极端重要性。从中小学教师道德建设的实际看，在当代社会，广大教师的实际道德水平和道德觉悟还不是很高，而且存在着极为复杂的个体差异。进行师德培育和师德修养，决不能把全部希望都寄托在教师们的道德自觉性和道德自律上，必须把自律与他律结合起来，注重道德他律在道德行为控制中的作用。

除了自律与他律，还要处理好道德教育和社会管理的关系。教育和管理虽然都属于外部社会约束，但它们的着力点却不尽相同。教育的着力点在于传递好和坏、善和恶、应当与不应当的道德价值信息，解决人们的道德认知、道德情感、道德信念等问题；管理则着眼于道德价值标准的落实，它是道德要求向道德品行转化的重要环节。中小学教师道德素质的提高，良好教风学风校风的形成，绝不是开一次会，做一场报告，发一个文件就能解决问题的，一定要有严格的管理措施和体制机制相配合。把教育与管理结合起来，寓教育于管理之中，是我国一些精神文明建设和道德建设搞得好的地方的成功经验，也是新加坡、日本、韩国等国家进行社会道德和公民道德建设的成功经验，这一经验值得在师德培育和师德修养中借鉴和推广。从本质上说，管理是一种外在约束和外部强制，是一种道德他律。严格的规章制度、体制机制和行为管理不仅可以对人们的行为起到约束、监督作用，而且能够使道德建设实现由虚到实、由软到硬的转变。现实社会中大量平凡而琐细的道德生活事例都有力地表明，只有教育而无监督管理，完全靠人们的自律意识和道德自觉性来实施道德规范，其效果是大打折扣的。因此，在师德培育和师德修养过程中，一定要把道德教育和有效管理结合起来，把教育倡导、行为监督和行为管理有机统一起来。这应当成为提高师德培育和师德修养有效性的一个重要途径。

2. 师德培育和修养与教师日常行为管理相结合

师德培育和师德修养要真正产生实效，就必须与教师的日常行为管理结合起来，贯穿于教师日常行为管理的全过程，使师德培育和师德修养不仅仅停留在宣传倡导层面，而是变成可管理、可考评、可操作的制度化的东西。《教育部关于进一步加强和改进师德建设的意见》（下简称《意见》）在加强和改进师德建设的主要措施中，特别强调要严格考核管理、加强制度建设。《意见》指出："进一步完善教师资格认定和新教师聘用制度，把思想政治素质、思想道德品质作为必备条件和重要考察内容；建立师德考评制度，将师德表现作为教师年度考核、职务聘任、派出进修和评优奖励等的重要依据。对师德表现不佳的教师要及时劝诫，经劝诫仍不改正的，要进行严肃处理。对有严重失德行为、影响恶劣者一律撤销教师资格并一律解聘。建立师德问题报告制度和舆论监督的有效机制。将师德建设作为学校办学质量和水平评估的重要指标。"《国家中长期教育改革和发展规划纲要（2010—2020年）》（下简称《规划纲要》）也指出："将师德表现作为教师考核、聘任（聘用）和评价的首要内容。"[①]根据《意见》《规划纲要》的要求和中小学教师师德建设的实际，加强师德建设的考核管理要着眼于以下几个方面：

（1）把好入职关，把思想政治素质和思想道德品质作为教师资格认定和新教师聘用的必备条件和重要考察内容。这一点主要是教育行政管理部门和学校的责任。为了确保教师队伍的思想政治素质和道德素质，在教师资格认定和新教师聘用中，要把思想政治素质和道德品质作为必备条件和重要的考察内容。思想政治素质和道德品质不过关，道德品行和人格境界存在缺陷的，不能认定其教师资格，也不宜聘用。抓好这个环节，就从源头上和入口处把一些思想政治素质和道德素质不过关的人拒之门外，有利于确保新聘用教师的整体素质，也为今后的教师管理和师德建设奠定良好的基础。

（2）建立师德考评制度，加强对教师日常师德表现的考核与管理。教师的师德培育和师德修养是一个动态过程，贯穿于教师教育教学和日常生活的各个环节。中小学教师的工作虽然千头万绪，复杂琐细，但概括起来无非是教学和管理两件事。教学是中小学教师的主要工作。教学活动包括备课、上课、考试等基本环节。教学的每个环节首先是一个业务问题或技术问题，需要教师具备相应的专业知识和教学技能。但教学环节又不仅仅是业务问题或技术问题，每一个环节的实现都浸透着教师的敬业精神、工作态度、工作责任心、工作主动性和创造性等，反映着师德培育和师德修养的点点滴滴、方方面面。一个教师若能在教学的各个环节高度负责、精益求精，他的教学就一定是高质量的，反之

---

① 《国家中长期教育改革和发展规划纲要（2010—2020年）》，51页，北京，人民出版社，2010。

就是不合格的。从学校的角度看，抓好每一个教学环节的道德管理，就抓住了教学工作整体的道德管理。例如，备课、上课、考试等环节都可以制定可操作的管理规则。就上课来说，教师上课是否有迟到早退现象，是否有酒后上课情况，是否有东拉西扯、敷衍塞责行为，是否有讽刺、挖苦、歧视学生的行为，是否有违背党和国家方针政策的言行等，都可以作为师德考评的具体指标。而通过学生评教就可以掌握教师上课的有关数据，对教师的师德作出比较准确的评价。学生管理是教师的另一项主要工作。在这里，管理的对象是学生，教师和学生的关系构成管理的主线。管理中的道德主要体现在教师对学生的情感投入和态度。一个具有爱心和责任心、关爱学生、严慈相济，做学生良师益友的教师，就是一个具有道德心的教师。

从师德培育和师德修养的角度看，学校要制定每一个教学环节和管理环节的道德标准，建立严格有效的师德考评制度，定期进行师德考评，并将师德表现作为教师年度考核、职务聘任、派出进修和评优奖励等的重要依据。在这里最重要的是奖惩分明，维护道德公正。在师德建设中要避免造成老实人吃亏、聪明人占便宜的尴尬局面。师德考评要真正体现让老实人受表彰、得实惠、占便宜的价值导向，这样才能激发广大教师主动提高师德修养水平的积极性。对师德表现不佳的教师要及时劝诫，经劝诫仍不改正的，要进行严肃处理。对有严重失德行为、影响恶劣者一律撤销教师资格并一律解聘。当然，在年度考核、职务聘任中如何体现"德"的要求，是一个难题，需要学校各级管理部门在实践中不断摸索和创新。

参考文献

[1]国家中长期教育改革和发展规划纲要(2010—2020年).北京：人民出版社，2010.

[2](德)黑格尔.法哲学原理.北京：商务印书馆，1961.

[3](古希腊)亚里士多德著，苗力田译.尼各马可伦理学.北京：中国社会科学出版社，1999.

[4](美)弗兰克纳著，关键译.伦理学.北京：生活·读书·新知三联书店，1987.

[5](美)彼彻姆著，雷克勤、郭夏娟、李兰芬、沈珏译.哲学的伦理学.北京：中国社会科学出版社，1990.

[6](美)菲利普，比格勒等著，刘宏译.美国最优秀教师的自白.北京：中国青年出版社，2008.

[7]姚建宗.法理学.北京：中国政法大学出版社，2006.

[8](美)罗尔斯著，何怀宏等译.正义论.北京：中国社会科学出版社，1988.

[9]教育部人事司.教育法治基础.北京：北京师范大学出版社，2002.

[10]郑良信.教育法学通论.南宁：广西教育出版社，2000.

[11]褚宏启.中小学法律问题分析(理论篇).北京：红旗出版社，2003.

[12]张乐天.教育法规导读.上海：华东师范大学出版社，2000.

[13]郝淑华.教育法律实务.哈尔滨：黑龙江人民出版社，2002.

[14]徐敏.依法治教的理论与实践.哈尔滨：东北林业大学出版社，2005.

[15](古希腊)亚里士多德著，吴寿彭译.政治学.上海：商务印书馆，1998.

[16]刘旺洪.法律意识论.北京：法律出版社，2002.

[17]曾天山.科教兴国与依法治教.郑州：大象出版社，2005.

[18]扈中平等.现代教育学.北京：高等教育出版社，2000.

[19]郑杰.给教师的一百条新建议.上海：华东师范大学出版社，2004.

[20]龚乐进.教师职业道德.北京：北京教育出版社，1988.

[21](英)斯宾塞著，胡毅、王承绪译.斯宾塞教育论著选.北京：人民教

育出版社，2005.

[22]（法）卢梭．爱弥儿．北京：商务印书馆，1983.

[23]张仁贤．心灵启示录——经典教育理念案例．北京：中国轻工业出版社，2006.

[24]王鉴清．智力·人才·教学．合肥：安徽人民出版社，1981.

[25]（捷克）夸美纽斯．大教学论．北京：人民教育出版社，1957.

[26]（英）洛克．教育漫话．北京：人民教育出版社，1963.

[27]（苏）苏霍姆林斯基．和青年校长的谈话．上海：上海教育出版社，1983.

后　记

本书是为适应中小学教师职后培训设计编写的，也可以作为师范院校学生教师专业发展培训之用。本书是一个集体劳动的成果。主编提出总体设计和写作提纲，参编教师分别独立完成了写作任务，最后由主编统稿。参加本书编写的都是学有专长的中青年教师，本书也是各参编人员专业特长和学术研究成果的体现。周芬芬博士协助主编做了大量组织工作。

本书也是卫建国教授主持的国家软科学研究计划项目《教师教育改革与中部欠发达地区城乡教育发展研究》（课题编号：2009GXS5D102）和山西省高校人文社科重点研究基地项目《中小学教师职业道德提升研究》（课题编号：2010315）的阶段性研究成果之一。

感谢北京师范大学出版社为本书出版提供的支持和帮助；感谢中国人民大学哲学院宋希仁教授、李萍教授在本书设计和编写过程中提供的帮助。感谢山西师范大学教师教育学院教育经济与管理专业2009级、2010级研究生对本书初稿的讨论。本书的写作参考了其他作者的著作或论文，虽然在书中均已注明出处，在此还是要表示感谢。

本书由卫建国主编，参加编写的有卫建国、周芬芬、樊婧、白平则、闫建璋、白文宏、李海云。专题一至专题三由北京师范大学出版社陈红艳编辑参与改编，专题三至专题六由陈红艳与樊婧共同参与改编，最后由陈艳红整理参考文献，协助卫建国定稿。

本书是一个新的尝试，不足之处和缺点在所难免，敬请读者批评指正。

卫建国
2013年5月